课程整合

——HSA课堂模型建构研究

罗灿 ◎主编

东北师范大学出版社

长春

图书在版编目（CIP）数据

课程整合：HSA课堂模型建构研究 / 罗灿主编. —
长春：东北师范大学出版社，2020.4
ISBN 978-7-5681-6841-0

Ⅰ.①课… Ⅱ.①罗… Ⅲ.①中学语文课—课堂教学
—教学研究 Ⅳ.①G633.302

中国版本图书馆CIP数据核字（2020）第063546号

□策划创意：刘　鹏
□责任编辑：邓江英　刘贝贝　　□封面设计：姜　龙
□责任校对：刘彦妮　张小娅　　□责任印制：张允豪

东北师范大学出版社出版发行
长春净月经济开发区金宝街 118 号（邮政编码：130117）
电话：0431-84568115
网址：http://www.nenup.com
北京言之凿文化发展有限公司设计部制版
北京政采印刷服务有限公司印装
北京市中关村科技园区通州园金桥科技产业基地环科中路 17 号（邮编：101102）
2022年6月第1版　　2022年6月第1次印刷
幅面尺寸：170mm×240mm　印张：18.75　字数：301千

定价：45.00元

编 委 会

序言

课程整合的价值追求

由古到今，人类知识的发展经历了从静观到实践、从重思辨到重经验、从包罗万象的哲学到各种学科异彩纷呈的过程。随着自然科学的不断发展以及社会变革的出现，社会组织化程度越来越高，科学分层越来越细，学科分化就随之出现。学科分化有利于知识的系统化、高度的专业化，但与此同时也因门口狭隘导致学科壁垒森严。一句话，去背景化、去土壤化成为学科分化的一个硬伤。

这种去土壤化的现象贯穿在学习者的整个学习过程中，具体表现如下：

第一，在学习前，学科知识来源的缺失，学科知识背景的缺乏，换句话说，学习者不知道知识的来龙去脉，不知道为什么要学习这个（类）知识，这就导致兴趣的缺失。比如《孙权劝学》，这是节选自《资治通鉴》的一个故事，是史书里的故事，安排在人教版语文七年级下册第三单元。故事讲述了孙权劝解吕蒙学习以及鲁肃对吕蒙学习之后的赞美。纵观一线教师的《孙权劝学》的教学设计，大多在字词句的理解、人物形象分析以及情感价值观上面下功夫，引导学生向吕蒙学习。这样的教学应该基本完成了教学目标，但文言文的学习是一个由语言到文章到文学到文化的过程，文言文的教学落点在于文化的传承和反思。《孙权劝学》是一个经典的读书励志故事，要让这样一个经典作品渗入学生的内心，触动心灵，使其变为一种行动，仅仅停留在词语以及人物分析和片面化、标签式的教学理解上是不行的。

第二，在学习过程中，去土壤化导致学科壁垒森严，造成知识学习的条件缺乏，学科知识的习得片面。例如《黄河颂》，这是人教版语文七年级下册第二单元的一篇节选课文。很多教师不愿意教，学生也不愿意学，总觉得空、大，特别在读的过程中总会发笑，课堂总会失控。究其原因，就是教师不能带着学生走进文本。众所周知，《黄河大合唱》是一部大型合唱音乐作品，光未然作词，冼星海谱曲，是一个经典作品，气势磅礴，荡气回肠，当年不知道鼓舞了多少英雄儿女反抗日本帝国主义。但这样的一个作品为什么今天走不进学生的内心世界呢？

仔细阅读文本不难发现，《黄河颂》本身是一个音乐作品，有音乐的节奏和音乐的气势，这些仅靠朗诵是不能完全感受的，因为它饱含音乐学科的特质。这样一首气势磅礴、慷慨激昂的诗歌什么时候创作的？为什么创作这首诗歌？这需要历史学科来解决。在诗歌的意象选择上，作者为什么选择黄河？为什么在诗歌中说黄河是中华民族的摇篮，是我们民族的屏障？这又牵涉到地理学科的知识。《黄河颂》是一首诗，具有诗的节奏美、诗的音乐美、诗的意象美，这又是语文学科的问题。换句话说，要想完整地理解这篇文章，理解作者的内心世界，需要对音乐、历史、地理和语文四门学科进行整合。

第三，在学习后，学科知识应用缺位，知识学习的价值得不到体现。学科教学源于生活，回归到生活。但由于学科土壤化的缺失，致使学生的学习停留在简单记忆和重现，缺乏知识的"精加工"，因此，运用知识解决问题的能力就显得捉襟见肘。换言之，去土壤化造成学科和生活的分裂，学生应用能力的不足，而要解决这个问题关键在于思维能力的培养，特别是批判思维能力的培养。

《杞人忧天》是部编版新教材第六单元的一则寓言，节选自《列子·天瑞》。关于这则寓言，大多数观点是：为不必要忧虑的事情而忧虑（见《现代汉语词典》第7版第1028页）。很多教材和其他书籍也是这样解释的，人们通常的理解也是这样。但细读文本不难发现，晓之者安慰杞人，天是聚集起来的气体，日月星辰也是气体，只不过是发光的气；地是土块，四周到处是土块，就不会陷下去。但是，就连初中生都知道，月亮不是气体，地有地震的存在，这样的话，晓之者的解释就出问题了，杞人的担忧有没有必要呢？这些问题都值得进行审辨式思考。

总之，只有学科知识本位是不利于培养完整的人才的，未来呼唤具有综合、审辨、创新能力的人才。HSA课程整合，以语文学科为核心要素，以部编版初中语文教材为依据，在主题式教学中淡化学科边界，打通文科（Humanity）、理科（Science）的边界，并将艺术（Art）学科一并整合，旨在寻求不同分科课程内容之间所具有的逻辑上和价值上的相关性，借此打通学科壁垒，优化学生认知结构，培养学生思维的广阔性、深刻性与批判性。在课程整合课堂中，我们应根据课程价值定位课堂教学内容与课堂教学目标，将课堂模型要素进行组合，形成兼具思维流量与思维增量的多元的HSA课堂模型。

HSA课程整合提供文本解读的一个新的视角，展现出一种新的教学形式，建构一种全新的课堂模型，它的意义在于通、趣、思。

"通"，打通，落脚点在知识的系统。换句话说，学科整合提供的是多元的视角、完整的学科生态，打通学科之间的壁垒，重在对各种学科知识的融合。随着课程改革进入深水区，单一的某一学科的改革很难取得实质性的进展，通识教育、学科融合成为必然，于是全科教学应运而生，核心素养也被提上日程。核心素养的提出，标志着以知识为中心的学科教学转向以核心素养为核心的学科育人。教师要走出原来单一学科的局限，完成知识在不同学科之间的迁移和贯通。程红兵校长指出，课程整合的核心就是将被割裂的学科打通，让"深井"连成"汪洋"。传统学校中各门学科林立，学科之间缺少关联，给孩子们挖的是一口又一口的学科"深井"，于是就出现了这样的现象：看上去学生的学科知识学得很深很透，但是解决实际问题的能力偏弱。打破学科界限，实施跨学科教学和深度学习成为必然选择：从单一的学科走向跨学科的整合，将知识的学习立足于不同学科间的迁移和贯通，以及复杂生活场景的应用。课程整合在价值上实现1+1>2的效果，避免了学科的去土壤化和去背景化带来的知识狭窄化，实现了知识的互补或相互连接，建立系统知识体系。

"趣"，有趣，落脚点在兴趣的激发。传统的教学把重点放在知识的传授上，这种焦点错误导致出现以死记硬背和题海战术为主要特征的知识灌输型教学，它的方法就是"机械重复"，而大脑的一个特征就是讨厌重复性。于是，传统教学的危害就显现出来：学习过程枯燥无味，学习结果效率低下，学习体验痛苦无奈，久而久之，厌学、弃学现象就随之出现。"好看的皮囊千篇一律，有趣的灵魂万里挑一。"同样，智慧的课堂也是有灵魂的。课程整合提供一种与传统教学完全两样的教学视角，学生觉得新鲜、好玩，教学理念和方式的转变也便于激发学生主动学习。

"思"，思维，落脚点在思维的培养。爱因斯坦说："教育的价值不在于学习很多知识，而在于训练大脑会思考。"他提出了教育价值超越知识的另一个维度——思维，提出了有关教育价值的一个新命题，就是教育的价值不是记住很多知识，而是训练大脑的思维。

现代学科不可能孤军奋战，是在学科群落中存活的，每一部学科演化史都是其与母体学科的分娩史。去除学科视野窄化的天然缺陷，与亲缘学科结盟共进是学科群发展的一条重要路径。从学科走势来看，与学科分化、细化同步增长的是科技沟通的要求，每门学科是学科群落课程整合的生长基、生命线，课程整合是在学科生态中自在生长、整体演进的。多学科融合，带来不同的大量的学科信息，能还原学科背景。智慧课堂指的是上有思考的课，有思维的课，有思想的课。单一学科教学如果有了多学科知识，课堂的张力会得到前所未有的扩延，课堂的内涵将得到史无前例的拓展。程红兵校长说："教师在课堂教学中要激发学生进行有价值的思考，同时尽可能地让思维可视化。我们能否在课堂中让孩子掌握一些思维的方法，形成一种思维的习惯？比如我们是否可以引进对立思维，或者说矛盾思维，或者说双向思维？多角度看问题的方法和习惯，让学生在教师的指导下知道这堂课思维的价值意义在哪里，思维的问题在哪里。"学生不是单维度被动接受，应以单一学科到学科群落这种教学方式的改变来增加学生的思维流量。

总之，课程整合是教育改革的必然趋势，以激发学生的学习兴趣为出发点，以知识的系统学习为关键点，终极指向是思维品质的培养、创新能力的提高。HSA课程整合的案例是工作室成员近几年进行的一个课题，代表了工作室成员的思考和探索，难免存在不足之处，敬请大方之家指导。

HSA课程整合，我们一直在路上。

是为序。

罗 灿

2019年7月

目 录

课程整合
——HSA课堂模型建构研究

《蒹葭》课堂整合教学过程

深圳明德实验学校　左心彤　余志武　刘 忠

课文原文

蒹 葭

蒹葭苍苍，白露为霜。所谓伊人，在水一方。
溯洄从之，道阻且长。溯游从之，宛在水中央。

蒹葭萋萋，白露未晞。所谓伊人，在水之湄。
溯洄从之，道阻且跻。溯游从之，宛在水中坻。

蒹葭采采，白露未已。所谓伊人，在水之涘。
溯洄从之，道阻且右。溯游从之，宛在水中沚。

【教学目标及重难点】

（1）识记字词、字音，能有节奏、有感情地背诵全诗。

（2）整体感知文本内容，理解作者的思想感情。（重点）

（3）结合文献史料，推测"伊人"的内涵，深入理解情感。（重难点）

【教学方法】

示范法、给材料探究法、小组合作法。

【教学时间】

一课时。

【教学过程】

（一）导入新课

解题：《蒹葭》选自《国风》_____，属秦国民歌。

"蒹葭"的意思是_____，皆生于水边。（板书课题）

补充：《诗经》是我国最早的一部诗歌总集，收录了从西周到春秋时期的诗歌305篇，也称《诗三百》，这些诗歌分为《风》《雅》《颂》三部分。

（二）熟读成诵

（1）读准字音《蒹葭》。（借助注音，读准字词和节奏）

（2）读出曲调。（《诗经》中的诗歌，原为唱词）

音乐老师（刘忠）：

①介绍南北朝以来吟诵的特点。

②第一小节吟诵现场示范。

③第一小节吟唱现场示范。

④第一小节一句一句吟唱教导。

语文老师（左心彤）：

从音乐角度来看，《蒹葭》是一首优美的曲调，从文学角度来看呢？

（3）请你试用一句话来表现诗中优美的画面。

读这首诗，我仿佛看到了_____。

（4）诗的主人公是怎样一个形象？

明确：百折不挠、不畏险阻、执着追求、坚贞不渝的青年。

（5）诵出情感。

把握感情基调，进行个性化的配乐朗读，读出凄迷之景、惆怅之情。

（三）"伊人"解读

（1）你如何理解"所谓伊人"？

所恋的那个心上人？

（2）板书学生问题：

① 诗的作者和背景是什么？（火明贤、黄嘉茵、张思劢、李佳潞、柴子茹、谭嘉琦、庞增）

② 诗人这首诗是写给谁的？（刘飞阳、赵圳豪）"伊人"有迹可循吗？指的是谁？（李佳潞、徐艺嘉）诗人为何对此女如此着迷？（高谦）

③ 这首诗只想表达对爱人的思恋吗？（徐艺嘉、韩宛延）

（3）资料补充。

> 嘤其鸣矣，求其友声，
>
> 相彼鸟矣，犹求友声。
>
> 矧伊人矣，不求友生？
>
> 神之听之，终和且平。

——《诗经·小雅·伐木》

从中可看出"伊人"指代的是渴求志同道合的朋友的男子。

补充《诗经·国风·秦风》中《蒹葭》前后三首诗歌，可发现《秦风》中的诗歌，内容大多描写秦公、君子宴乐、丈夫出征等，语言粗犷、直接，与《蒹葭》的朦胧、优美截然不同，那么"伊人"究竟指的是什么呢？

（4）请同学们打开"智慧锦囊"，阅读历史背景和类文《秦风·无衣》。

3分钟后，小组讨论对"伊人"的猜测。

历史老师（余志武）举手，对"伊人"有不同意见。

《诗经》的每一篇都有小序，其中《蒹葭》的小序是这样的："《蒹葭》，刺襄公也。未能用周礼，将无以固其国焉。"

补充材料：

材料一：犬戎与申侯伐周，杀幽王郦山下。而秦襄公将兵救周，战甚力，有功。周避犬戎难，东徙洛邑，襄公以兵送周平王。平王封襄公为诸侯，赐之岐以西之地……襄公于是始国，与诸侯通使聘享之礼……十二年，伐戎而至岐，卒。

——《史记·秦本纪》

材料二：秦处周之旧土，其人被周之德教日久矣。今襄公新为诸侯，未习周之礼法，故国人未服焉。

——东汉郑玄《毛诗笺》

小结：所谓"伊人"指"周礼"。写《蒹葭》以讽刺秦襄公。

（5）语文老师（左心彤）：

结合材料，分析"伊人"其他可能：

盖秦处周地，不能用周礼。周之贤臣遗老，隐处水滨，不肯出仕。诗人惜之，托为招隐，作此见志。

——方玉润《诗经原始》

秦穆公能礼贤下士者，故百里奚、蹇叔、由余、公孙支皆往归之。因作是歌，申其景仰，叹贤人置身甚高，若可望而不可即也。

——吴懋清《毛诗复古录》

结合东周迁都洛阳地图：

《蒹葭》，思隐也。时有高士，隐于水滨，潜深伏隩，可望而不可即，君子叹美之。

——郝氏《诗问》

小结：所谓"伊人"指"贤人"（懂"周礼"的西周遗民）。写《蒹葭》渴求贤人、思慕隐士。

（6）"伊人"在历史演变中有三层含义，能否指代抽象事物？

明确：理想、目标。

正如读书的三重境界：

王国维《人间词话》

① 昨夜西风凋碧树，独上高楼，望尽天涯路。

——晏殊《蝶恋花·槛菊愁烟兰泣露》

② 衣带渐宽终不悔，为伊消得人憔悴。

——柳永《蝶恋花·伫倚危楼风细细》

③ 众里寻他千百度，蓦然回首，那人却在灯火阑珊处。

——辛弃疾《青玉案·元夕》

名人解读"伊人"：

明代朱善《诗解颐》："'所谓伊人'，虽不知其所指，然味其词，有敬慕之意，而无衰慢之情，则必指贤人之肥遁者，惜不知其何人耳。"

清代姚际恒《诗经通论》："此自是贤人隐居水滨，而人慕而思见之诗。"

朱熹：《蒹葭》一诗强化了寻找的艰难过程，但寻找的目标是什么，并不确定。

钱锺书："在水一方为启慕之象征。"不再将主题局限于寻找某一制度或人物，而是代表人类对某种理想或目标的求索，拓宽了诗歌的理解维度。

（四）推荐背诵

《国风·卫风·木瓜》："投我以木瓜，报之以琼琚。匪报也，永以为好也！"

《诗经·小雅·车辖》："高山仰止，景行行止。虽不能至，心向往之。"

（五）板书设计

《蒹葭》

何谓"伊人"？

所恋的那个心上人？

隐喻周礼，讽刺秦襄公？

渴求贤人、思慕隐士？

理想？

附："智慧锦囊"内容

《蒹葭》助读材料

一、历史背景

西周初期，秦只是西北一个小部落，文化落后，实力孱弱，中原民族视之为蛮夷。

西周后期，统治集团内部矛盾日趋激化。对土地以及政权的争夺，加速了西周的灭亡。国人暴动动摇了西周统治的基础……

公元前771年，犬戎攻破镐京，太子宜臼被拥立为王，是为周平王。镐京已经残破不堪，且仍处在犬戎的威胁之下，平王只好在诸侯（包括秦襄公）的帮助下东迁洛邑。

据《史记·秦本纪》记载：

西戎犬戎与申侯伐周，杀幽王郦山下。而秦襄公将兵救周，战甚力，有功。周避犬戎难，东徙雒邑，襄公以兵送周平王。平王封襄公为诸侯，赐之岐以西之地。曰："戎无道，侵夺我岐、丰之地，秦能攻逐戎，即有其地。"与誓，封爵之。襄公于是始国，与诸侯通使聘享之礼……十二年，伐戎而至岐，卒。

《诗经》的每一篇都有小序，其中《蒹葭》的小序是这样的："《蒹葭》，刺襄公也。未能用周礼，将无以固其国焉。"

二、类文欣赏

国风·秦风·无衣

岂曰无衣？与子同袍⁽¹⁾。王于兴师⁽²⁾，修我戈矛，与子同仇⁽³⁾！

岂曰无衣？与子同泽⁽⁴⁾。王于兴师，修我矛戟，与子偕作⁽⁵⁾！

岂曰无衣？与子同裳⁽⁶⁾。王于兴师，修我甲兵⁽⁷⁾，与子偕行⁽⁸⁾！

注释：

（1）袍：长袍，即今之斗篷。

（2）王：此指秦君。一说指周天子。于：语助词。兴师：起兵。

（3）同仇：共同对敌。

（4）泽：通"襗"，内衣，如今之汗衫。

（5）作：起。

（6）裳：下衣，此指战裙。

（7）甲兵：铠甲与兵器。

（8）行：往。

《秦风·无衣》一诗以其高亢的精神境界和独特的表现方式受到人们的重视。然而，由于作品的创作年代久远，文字叙述简略，故而后代对于它的时代背景、写作旨意产生种种推测，主要有三种意见：第一，认为《秦风·无衣》是讽刺秦君穷兵黩武、崇尚军力的作品，如《毛诗序》说："《无衣》，刺用兵也，秦人刺其君好攻战，亟用兵而不与民同欲焉。"第二，认为《秦风·无衣》乃是秦哀公应楚臣申包胥之请，出兵救楚抗吴而作，是哀公征召秦民从军，士卒相约之歌。第三，认为《秦风·无衣》是秦人攻逐犬戎时，兵士间团结友爱、同仇敌忾、偕作并行、准备抵御外侮的歌声。

一、进入文本，熟读诗歌

师：今天和同学们第一次见面，老师特意为大家带来一份见面礼，你们每人都能拿到一个黄色的"智慧锦囊"，但只能在关键和需要的时候打开。下面开始上课。

师：今天我们走进儒家经典《诗经》。《诗经》大家都知道，它记录了西周到春秋共305篇诗歌。在周代设有采诗之官，把能够反映人民欢乐疾苦的作品整理后交给太师谱曲，所以《诗经》中的诗歌原是歌词。我们首先用声音互相认识，请大家看屏幕及补充的字音，齐读一遍。

（生齐读）

师：大家读得字正腔圆，很标准，给我一个非常好的第一印象。但《诗经》大家通篇看下来，短句多是四字句，这种情况我们怎么处理节奏呢？

生：二二结构或一二一结构。

师：大家说得很好，我们能不能试着在节奏中加上一些情感和对它的理解呢？下面我们自由读一遍。

（生自读）

师：这一遍我听到了一些节奏的韵律，尤其是最后一句——"宛在水中沚"，延长和停顿大家处理得很好。但大家知道，《诗经》在古代属于唱词，最贴切的表达应该是唱，但语文老师音域有限，还经常跑调，很遗憾不能为大家演示。

二、感受曲调，领略音乐美

音乐部分，刘忠老师：

师：听同学们读了两遍后，我很想说说这首词的音乐美。古诗词需要吟唱，其实吟唱包括两种。一是"吟"，它包含我们说的节奏和韵律，我们刚才带有韵律吗？我来演示一遍。（吟第一小节）那么"唱"呢？"唱"我们

《蒹葭》课堂整合教学过程

现在和"律"来结合，"律"有起伏的音调，这时我们可以带上节奏而不带旋律，我们可以这样。（演示）你找不到我的旋律，但找得到节奏。那"吟唱"呢？我们把旋律加上节奏，就能够吟唱。除此之外，我们还有半吟半唱。就拿刚才唱的来讲，根据自己的心情、对这首词的理解和此时我想用什么情绪表达，并不按照一定的规律，可以随意表达。（演示）同时，每个民族又有自己的曲调。今天，我用汉民族民歌的形式把它谱了曲，教给大家。（演示）同学们，跟我一起感受一下，第一小节，我唱一句大家唱一句。

（生合唱第一小节）

师：吟唱古诗词的愉悦性和重要性我相信大家刚刚有了初步体会，其实古人讲究才意并举，我们从吟唱中能直接感受古诗词的深层魅力。《蒹葭》在我的心中是首优美婉转的曲调，不知在语文老师的心中呢？

三、分析文本，描述画面美

语文部分，左心彤老师：

师：刚才，大家的歌声带我感受到了唯美悠扬的曲调之美，这份美仿佛又让我看到了那痴痴等待的美丽画面，大家能否告诉我，从刚刚的吟唱中，你感受到一幅怎样的画面？

（PPT板书，以"读这首诗，我仿佛看到了_____"的格式说，并给出范例）

生1：读这首诗，我仿佛看到了苦苦等候伊人的那个男子。

生2：读这首诗，我仿佛看到了白茫茫的芦苇在微风中摆动，小河里的水叮咚地流着。

师：两位同学都很关注文本，我想请一位男生说一说。

生3：读这首诗，我仿佛感受到了绵远而悠长的思念。

师：听到这儿我不禁疑惑了，在这苍凉的景致中那个苦苦思念着伊人的主人公，究竟是怎样的形象呢？

生4：坚持不懈又美的公子。

生5：不畏艰难。

生6：执着、坚韧、专一。

师：为了什么而执着、专一？

生（齐）：伊人。

师：这也是我在大家的预习提问中看到提的最多的问题。"伊人"究竟是什么人？

师：《诗经》中一共有两处提到"伊人"，还有《小雅·伐木》中："矧伊人矣，不求友生？神之听之，终和且平！"（PPT板书并释义）我们不细究内容，仅从文本上看，这里的"伊人"是——

生7：想交朋友的人。

师：确实，这是一个渴求志同道合的朋友的男子形象。发现了吗？原来"伊人"可以是个男人。我们说一部作品的形象应该一以贯之，那么《蒹葭》中的"伊人"，可能并不是我们想象的美丽女子。

师：我们再看，《蒹葭》出自《诗经》中风、雅、颂的哪一部分？

生（齐）：《秦风》。

师：很好，《秦风》一共10首，《蒹葭》位于第四首，老师把前后三首各找给大家看。（PPT展示并用红线提醒关键词）尤其注意关键处：第一首讲朋友宴会劝乐，第二首描述秦公狩猎，第三首讲思妇赞美出征的丈夫。再看后三首，分别赞扬秦公，对秦穆公殉葬的憎恨，描述女子等待君子。纵观前后，《秦风》中的诗歌都在描述君子宴乐或车马征战，怎么突然有一首朦胧、含蓄的《蒹葭》夹在中间呢？

师：再一个，孔子从三千多首诗歌中挑选出三百多首编辑成册，成为后世长期的治世、科考的范本，诗歌总有它的借鉴意义。如果单纯表达爱情，那一时期的诗歌如"幼女怀春，吉士诱之""有美一人，宛如清扬"，都是大胆、热烈而直露的，为何这里的意境朦胧而含蓄呢？

师：请大家打开"智慧锦囊"，看看能否找到答案。

师：我看到有的同学面露难色，的确，有的文言材料不好理解，下面请集合大家的智慧，小组讨论，5分钟后，我想请每组派一个代表说说你们的猜想。

师：好了，时间到，请同学们来分享你们讨论的结果。

组1：我们认为"伊人"是"和平的美好事物"。材料中说当时社会混乱，人民流离失所，可能是对平静生活的向往。

组2：我们讨论的结果是"有才华的人"。根据材料可知秦地一直文化落后，只是西北小部落，帮助周王逃避战乱时获得封地，成为诸侯，所以没有当时所崇尚的礼乐制度。而有才华的人包括孔子，认为礼乐制度非常重要。材料中说"将无以固其国焉"，但文中并没说是什么保证国家力量，所以我们讨论出来"伊人"是有才华的人。

《蒹葭》课堂整合教学过程

师：历史老师也举手了，下面我们请余老师来分享。

四、分析主题，从"伊人"入手

历史部分，余志武老师：

师：同学们，对于如何理解"所谓伊人"这个问题，我有不同的看法。（历史老师一边举手，一边走上讲台）

生（鼓掌）：余老师好！

师：刚才，小组讨论的时候，陈果、龙凤两位同学的观点，我觉得有一定的道理。但是，"伊人"真的是指人吗？我看不一定！

生：那么，老师，"伊人"到底是指什么呢？

师：同学们先不要着急。《诗经》中的每一首诗歌都有小序。（PPT展示《蒹葭》小序）这些小序，虽然短小精练，但是会把诗歌的创作背景介绍清楚。我们来齐读一遍《蒹葭》的小序。

师生齐读：《蒹葭》，刺襄公也。未能用周礼，将无以固其国焉。

师：同学们，序言中"刺襄公"是何含义呢？

生1：是刺杀吗？

生2：不对，是讽刺。

师：我们得从整体上去把握。让我们先弄清楚周礼是什么。周礼是什么呢？

生3：老师，周礼是指周朝的礼乐制度，我们七年级历史课上学过。

师：你说得对。我们联系整个序言来理解就会发现，在这里，"刺襄公"不是刺杀襄公，而是指讽刺襄公。那么，为什么讽刺襄公呢？谁在讽刺襄公呢？

生4：因为襄公没有采用"周礼"治国。

生5：是那些憎恨秦襄公的人。

师：都有道理。大家知道，历史是最讲证据的。请同学们齐读《史记·秦本纪》和郑玄《毛诗笺》中有关秦襄公的片段。（PPT展示两个片段）

（生齐读）

犬戎与申侯伐周，杀幽王郦山下。而秦襄公将兵救周，战甚力，有功。周避犬戎难，东徙洛邑，襄公以兵送周平王。平王封襄公为诸侯，赐之岐以西之地……襄公于是始国，与诸侯通使聘享之礼……十二年，伐戎而至岐，卒。

秦处周之旧土，其人被周之德教日久矣。今襄公新为诸侯，未习周之礼法，故国人未服焉。

（历史老师在黑板上徒手画出了反映秦襄公救周、受封诸侯、征伐西戎的历史地图）

师：哪位同学说说这两个片段的大概意思？大家可以结合老师画的地图来讲。

生6：我觉得前面的那个片段，说的是秦襄公因功被封为诸侯；后面的片段，说的是秦襄公当了诸侯之后，不采用周礼治国，引起老百姓不满。

师：你概述得很好，非常接近原文意思。不过，我又有一个问题：百姓为什么对周礼情有独钟呢？

生7：因为周礼是个好东西。

生8：因为老百姓渴望过上幸福安宁的生活，采用周礼，能让国家安定，人民安居乐业。

师：秦襄公不用周礼，那他是怎样治国的呢？结果如何呢？

生9：为了扩张疆土，穷兵黩武，连年征战，弄得人民生活困苦、骨肉分离，就连襄公本人，也在西征的途中去世了。

师：那周礼到底是什么样的制度，有什么作用呢？（PPT展示《左传·隐公·隐公十一年》片段）

（生满脸困惑）

师：这里有段话，大家先读几遍，再尝试翻译出来。

生（齐）：礼，经国家、定社稷、序民人、利后嗣。

师：有没有哪位同学能来翻译一下？

师：这段文字确实有点难。大概意思是，礼乐制度可以管理国家，安定社会，使人民生活有序，对子孙后代有利。这么一个制度，能有这么重要的作用，老百姓当然喜欢了。但是，现实是，秦襄公抛弃了它，连年征战，民不聊生。但百姓又苦于自身力量太弱小，不能对抗，只能写诗歌讽刺他。

师：通过前面的探讨，大家应该知道《蒹葭》的写作目的，也应该知道"伊人"是指何物了。哪位同学来说说？

生10：《蒹葭》的写作目的是讽刺秦襄公，而"伊人"就是指"周礼"。

（这时，语文老师突然上台，表示又有不同意见）

《蒹葭》课堂整合教学过程

五、多元解读，不同角度

语文部分，左心彤老师：

师：在历史的解读中，一首唯美浪漫的情诗变成了一首带有政治色彩的讽刺诗。如果"伊人"指代"周礼"，那"伊人"这个"人"的意象在哪呢？再一个，如果它指代"周礼"，"溯洄从之，道阻且长"，沿着河道寻找；"宛在水中央、水中坻、水中沚"，一会儿在河中，一会儿在岸边，一会儿在对岸，而周礼，不是一直都在秦地吗，怎么会求而不得呢？而且，诗歌朦胧、美好的意境破坏殆尽。因此，在语文老师看来，历史老师为我们还原了秦襄公渴求贤人遇到西周遗民不愿真心归附的尴尬局面，但我们能否放大一些，还原"伊人"以人的意象呢？

（PPT展示背景文段）

师：方玉润在《诗经原始》中说道："盖秦处周地，不能用周礼。周之贤臣遗老，隐处水滨，不肯出仕。诗人惜之，托为招隐，作此见志。"从中我们可以推测出什么？

生1：懂周礼的人。

师：我非常认同，懂周礼的贤人。而且《蒹葭》我们拆开来看，《说文解字》中说，"蒹萑之未秀者，葭苇之未秀者"，简而言之，芦苇未抽穗、开花的状态，像不像贤人不为朝廷重用的状态？古时的贤人喜欢依水伴山而居。再往下看，吴懋清在《毛诗复古录》中说："秦穆公能礼贤下士者，故百里奚、蹇叔、由余、公孙支皆往归之。因作是歌，申其景仰，叹贤人置身甚高，若可望而不可即也。"可见，秦地统治者都非常渴求贤人。我们再借助历史中的地图做一联想，从镐京迁都洛邑，"在水一方"中的"水"我们暂且把它看作秦地的天水一带，"溯洄从之"，沿着河道逆流而上，到了哪？

生：犬戎之地。

师：是不是"道阻且长"？再看"溯洄从之"。沿着河道顺流而下，到了哪？中原一带！中原有什么呢？恰好秦穆公访贤的百里奚、蹇叔以及后来齐桓公门下的孙叔敖、鲍叔等人都在中原一带，还有大家所熟知的姜子牙。所以这么一联想，似乎说得通。在语文老师看来，这是一首求贤诗，表达思慕贤人。

师：其实一首诗，人们往往会根据所处年代的特点，加上自身理解赋予它含义。比如今天我们学的《蒹葭》，它在宋代前，被广泛看作对秦襄公不懂周礼治国的讽刺诗；宋朝开始，重文轻武的文治时代，统治者渴求贤人，很长一个时期它被看作对隐士、贤人的苦苦寻访；而后期，多趋向于我们今天的理解，认为它指代爱情。同学们看看屏幕，名人名家们从古至今对《蒹葭》中"伊人"的猜测有这么多，有时诗的朦胧，恰恰丰富了诗的内涵，留给我们广阔的想象和咀嚼空间。而同学们今天给了我惊喜，把"伊人"的意象做了抽象化理解，如第一组认为的"美好的事物"，其实放到诗文里放大来看，它是否还能有抽象的内涵？

生2：目标、梦想。

师：非常好，目标、理想，这可能是我们新时代对它的解读。这也是这节课想传递给大家的，不拘泥于唯一的所谓的标准答案，联系知识，大胆想象，敢于质疑、探究，从有限的文本里延伸出更有价值的内涵，才是我们学习的最终目的。就像王国维在《人间词话》中概括的读书的三重境界，从"昨夜西风凋碧树，独上高楼，望尽天涯路"的寻觅，了解世界是什么，到"衣带渐宽终不悔，为伊消得人憔悴"的不断求索中探索为什么，最终"蓦然回首，那人却在灯火阑珊处"时，知晓怎么做，我们才算真正实现了学习的目标。

师：《诗经》中有意思的文本还有很多，现在给大家推荐两首，一首是描写爱情的《木瓜》，一首是体现哲思的《车辖》。希望大家多积累，多思多得。最后，让我们在齐背中结束今天的课程。

"多元思维"启发式教学初探

——以整合课《蒹葭》为例

选择《蒹葭》作为整合课，是希望通过耳熟能详的文本，带学生体会不一样的多元思维，学会质疑，深入思考。所以我将教学目标设置为：推测"伊人"的内涵，深入理解情感。

1. 语文部分，左心彤老师

这节课面临的最大难度是课程容量大，要压缩时间实现散客教师的讲解、"伊人"形象的串联、学生的探索和小组讨论。同时，讲解诗歌一定要多读，多感，压缩到45分钟，既有思维流量的冲击，又有学科的串联，对教师的驾驭能力提出了高要求。

在给初二学生上课的，内容的推进显而更得心应手，学生已经有历史知识的背景，也有更强的文本理解和推理能力，几乎都能离教师的预期很近。

课后那一星期的周记，班上有个叫谭兴弘的学生，用900余字阐释了他在课后对于《蒹葭》中"伊人"的思索，引用史料驳斥了历史和语文教师关于"讽刺说"和"贤人隐士说"的观点，认为理解成"美丽的女子"这样一首美丽的爱情诗更合适。我对他的作文给予了充分的肯定和真心的赞赏，学生读后有所得、有所思，我想这便是这节课最成功的地方。多元启发式教学的初探似乎微见成效，也让我不断提醒和要求自己，世事尽有无限可能，学，无止境。

2. 音乐部分，刘忠老师

这一堂整合课，我负责还原《诗经》的音乐美。提及古诗，我想从多角度带学生体会"音"的韵律，从"吟诵"和"唱"，到"半吟半唱"，到结合现代音律的唱，又想讲清不同地域的唱腔各有不同，所以在时间把控上，由原先的五分钟拉长到了将近十分钟，非常遗憾。

课前我结合多种唱法，择定一种学生易于接受，旋律优美的谱曲。在试唱过程中，发现学生聚精会神，眼神很亮，我也被学生们感染，带着大家学唱了第一段。尽管个别学生调不对，但集体呈现的音乐美感深深地影响了我，像水波互相扩散，相互影响，碰撞出优美的旋律，让我感到所有努力都值得。如果有机会，希望下次课上调整"说"和"唱"的比重，以唱为主，压缩旋律的讲解比重，更有效地利用时间，回归课堂主线。

3. 历史部分，余志武老师

这一堂整合课，我负责讲"'伊人'指代'周礼'"这个说法。

在前面，已经有语文老师解读文本，有音乐老师带学生吟唱文本，还有小组讨论。在小组代表发言后，需要历史老师从历史的角度，解读《蒹葭》的写作目的，以及如何理解"所谓伊人"。

七年级时，学生们在历史课上已经学习过周朝的分封制，对周礼也有一定的了解。这为我的讲解奠定了良好的基础。

我在进行历史部分的教学设计时，采用还原背景的思维方法，选择从解读《蒹葭》序言入手，引出秦襄公救周、受封诸侯、征伐西戎、弃周礼的历史故事，从而将学生的注意力和兴趣引到"周礼"上来。我选择的材料，除了《诗经》的序言，还有司马迁的《史记·秦本纪》和郑玄的《毛诗笺》两个片段，还有网上查阅的《左传·隐公·隐公十一年》中有关"周礼"的论述。这些材料虽然是文言文，但是相对简单，容易翻译。

在设计教法时，我结合明德课堂模型建构的理论，选择了还原思维、追问等方法。例如，自己在黑板上徒手画"历史地图"，增强学生的历史时空观。又如，采用连环问的方式，将问题不断深入，层层递进，直至迎刃而解。不足的是，我将四段材料合在一起，放在一个幻灯片里，由于空间太小，不太美观，讲解的时候，也不能展开。结果证明，这样做，效果其实很不好。

遗憾和不足：在实际上课的过程中，我与学生互动较少。应该多让学生发言，激发他们发言的兴趣，创设环境和条件，让他们将自己的真实想法清楚地表达、展示出来。

"所谓伊人"中的探寻无穷性的多元思维启发式教学初探

——《蒹葭》整合课教学

"蒹葭苍苍，白露为霜，所谓伊人，在水一方。"这是很多学生小学时即能熟读成诵的诗歌，走进初中课本，除了字词正音解释、文意理解、情感体悟的传统教学，我在这节课上教什么？

一、课前构思

学生想从中学到什么？能不能用不同的课堂呈现得到新的课堂生成？

这一直是我教学以来的思考，为此，我按常例给学生准备了学案，完成读音和字词解释的梳理和检测后，又让学生针对文本提任意两个问题。（此部分已形成惯例）

批阅后将学生问题归纳为以下三类：

（1）诗的作者是谁？写作背景是什么？

（2）诗人这首诗是写给谁的？"伊人"有迹可循吗？诗人为何对此女如此着迷？

（3）这首诗只想表达对爱人的思恋吗？

学生的疑问与我的教学设想不谋而合。对初一学生讲解《蒹葭》中"伊人"的内涵，思考深度上有一定难度，恰逢学校"整合课"课程项目，因此我从启发思维的角度开始设计教学。

考虑到初一学生的学情，再结合我所带的班级，大部分学生仍保留小学生式思维模式，认知广度稍欠，思维低幼化，深度思考有限的现状，如何在课堂上通过有限的文本延伸扩宽学生思维深度的方向，从《诗经》的这首小诗中我依稀摸到脉络。因此，课程整合和多元思维启发式教学合并的一场

"大戏"开始酝酿。

《诗经》中的三百余首诗因年代久远，加之史料和表达习惯的不同，会发现就主题的理解大多数诗歌都有多种猜测。《蒹葭》中"伊人"形象的内涵就是一个典型，综合阅读多种文献后，主流猜测主要有三种：

（1）爱情诗，对美丽女子的追求。

（2）《毛诗序》中关于讽谏诗的猜测，认为是对秦襄公不懂周礼治国的讽刺。

（3）对贤人、隐士的追求。

我是否能把它们融入课堂中，带着这三种猜测引导学生在文本中思考不同的无穷可能呢？

二、课堂尝试

关于《蒹葭》传统的朗读和背诵很多学生已经在学前完成，那怎样读出区别和新意呢？《诗经》中的诗原本是唱词，是带有地域和时代特色的吟唱的文字记录，为此，我请来了音乐老师刘忠。在综合古音和《蒹葭》诞生的秦地一代的音律特点后，刘忠老师谱了曲，最后结合学生喜欢的现代歌唱形式，择定了一种唱法。在课堂开始的前5分钟，刘忠老师现场吟诵了《蒹葭》的第一小节。简易地介绍了吟和诵的区别及各地唱腔的差异后，刘忠老师用唱歌的方式把《蒹葭》唱了出来。现场震撼并快速地抓住了人心，学生很快进入情境，并尝试了第一小节一句一句的教唱，课堂气氛一下调动起来。

紧接着，我趁热打铁地让学生用一句话描述《蒹葭》吟唱过程中的音乐美和画面美的感受，给出了"读这首诗，我仿佛看到了_____"的可参考句式，让学生谈谈体会。有学生回答："读这首诗，我仿佛看到了萧瑟的秋风中芦苇起伏，芦花白茫茫一片。"也有学生回答："读这首诗，我仿佛看到一个痴情守候的人屹立在湖边等待。"在学生对诗歌的感受体会中，我追问道："那么这位等待的主人公是个怎样的形象？"并提醒学生结合诗文内容思考。

学生回答"坚持""不怕困难""目标坚定"……

我给学生归纳为"百折不挠、不畏险阻、执着追求、坚贞不渝的青年"。

带着对形象的理解，我们再次朗读诗歌，这一遍学生的朗读，已经在最初唱读的基础上多了一些韵律和情感。我让学生给自己的朗读评一评分，有学生毫不犹豫地给自己评了一百分，我微笑着给予了较上次进步的肯定，同

《蒹葭》课堂整合教学过程

时也指出总觉得还差了点什么。差了什么呢？学生小声地嘀咕着"情感"。我顺势而下，问道："要把握好这首诗的情感，那么对'伊人'形象的理解必不可少，同学们认为《蒹葭》中的'伊人'指的是谁呢？"这时七嘴八舌的意见很多，大多认为是一个美丽的女子，是诗人爱慕的对象。有学生甚至发出窃窃的笑声。

于是我引出了这节课的主题，"伊人"真的是所恋的那个心上人吗？《诗经》三百余首诗中出现"伊人"的共有两处，另一处是《诗经·小雅·伐木》中的"嘤其鸣矣，求其友声。相彼鸟矣，犹求友声。矧伊人矣，不求友生"，此处的"伊人"似乎更像一个渴求志同道合的朋友的男子形象。原来"伊人"不一定专指女子，而一部作品中的形象应该有一以贯之的统一性。此时我用幻灯片切入《蒹葭》所在的《诗经·秦风》中的前后各三首诗，点出关键词，发现《秦风》选取的内容大多描述君子宴乐、车马游猎、歌颂或嘲讽秦公，语言大多粗犷而热烈，直接而简洁，为什么独独《蒹葭》读来朦胧婉约，语言轻柔唯美呢？这两个问题抛出，我成功看到学生们脸上露出了好奇而疑惑的神色。于是我给学生们下发一份"智慧锦囊"，让他们阅读思考三分钟后讨论"伊人"可能指什么。"智慧锦囊"中补充了历史背景和同类诗歌《木瓜》的三种猜测。

我随堂走动，发现什么样的答案都有，而且有学生尝试说服对方。

"秦国统治者""战争""思妇""理想""爱国之心"……我得到了各式回答。正当几种思想火花不断碰撞交锋时，历史老师余志武举手了，于是历史老师被请上讲台。历史老师结合《毛诗序》中《蒹葭》的小序，联系当时诸侯秦襄公建业，秦地都城东迁洛邑的历史背景，同时引入《史记·秦本纪》的文献，"平王封襄公为诸侯，赐之岐以西之地……"得出观点，"伊人"指代周礼，全诗借此讽刺秦襄公不懂周礼治国。这时学生们哗然，推翻了最初对《蒹葭》的认知。

而我此时走上讲台，表示不同意历史老师的看法。小序的解说使得诗味和意境全无，况且联系诗文"所谓伊人，在水一方。溯洄从之，道阻且长；溯游从之，宛在水中央"，如果诗人苦苦追寻的是"周礼"，而"周礼"就在原来的西周旧地，为何还寻找不到呢？而且《诗经·秦风》的表达直白而大胆，为何此处要如此含蓄呢？

我跟学生做了这样一种假设，在历史老师的背景讲述中，如果这个"伊人"我们给它"人"的意象特征，把它理解成"懂得周礼的西周遗民"，那么"伊人"指代的是"贤人"。结合诗文内容，"蒹葭苍苍，白露为霜。所谓伊人，在水一方"也就理解成对秦地天水河畔西周贤人真心归附的渴求；再看"溯洄从之，道阻且长。溯游从之，宛在水中央"，仿佛在描述求贤道路的曲折和漫长。而且古代贤人有的喜欢就水滨隐居，恰恰符合古代贤人隐士的形象。

同时，引入《诗经原始》中方玉润的观点，"盖秦处周地，不能用周礼。周之贤臣遗老，隐处水滨，不肯出仕。诗人惜之，托为招隐，作此见志"进行佐证。再用《毛诗复古录》中吴懋清的秦穆公招隐贤士的观点，给以史料的证明。然后结合"周代徙都图"，在地图上沿着秦地（现甘肃南部、陕西东南部）做一假设：溯洄从之，即为犬戎之地，道险阻艰难；溯流从之，到了广大的中原一带，恰巧也是历史上百里奚、蹇叔、孙叔敖、姜子牙等栖居和后来出仕的地方。因此，总结"伊人"可能指代"贤人、隐士"，诗歌主题在表达对贤士不断渴望、招揽之志。

至此，"伊人"的三种含义的推测讲解结束，但仅仅停留在具象的理解上还不够，课堂上有学生提出了"理想"的猜测，在其阐述原因后，我启发学生们能否从抽象、宏观上进行推测。

学生中有的说，从"溯洄、溯游从之"的追求中，"宛在水中央、水中坻、水中沚"的朦胧中看，它像是指一种"志向"。

有的说，诗文中寻寻觅觅的过程，锲而不舍的精神，"伊人"更像一种"追求"，至于追求的是什么，可能因人而异。

学生的课堂生成让我激动万分，是啊，加入了时代的理解，"伊人"还可以指代"理想、目标、追求"等。

我趁热打铁，指出学习的过程就像《蒹葭》主人公孜孜不倦追求的过程，先不断积累知识，知道世界是什么，有什么，然后思考为什么是这样，在不断思辨的过程中，终于知道自己要怎样做。这个"是什么？为什么？怎么样？"的过程，也正如王国维《人间词话》中描述的读书的三重境界，由"独上高楼"到"衣带渐宽"，最后"灯火阑珊"。此时幻灯片展示王国维的读书的三重境界并标明出处。

最后，给学生展示名人解读"伊人"的不同看法，让学生略做了解。例如明代朱熹的"贤人"说，清代姚际恒的"隐居"说；当代钱钟书的"理想目标"说。告诉学生，在不同历史时代根据社会特色，对"伊人"会有不同的理解，而这种不确定性，加上诗歌的朦胧意境，给了我们无穷的想象空间。正如接受美学的观点："文学作品意义的不确定性与非完整性正是作品无限生命力之所在，它引领着读者进入文学作品的广阔天堂。"

下课前，我用幻灯片给学生推荐了《诗经》中的《木瓜》和《车辖》两首诗。一首侧重情感和表达，一首侧重道德规范，由课内延伸到课外，引领学生打开《诗经》阅读的大门，发现它的无穷魅力。

三、课后思索

这节公开课在正式上之前磨了三次课，对课堂的详略侧重和学生的心理有了一定的预判。正式上课时，在音乐和历史老师的衔接和串联的流畅和"无痕迹"上，还是留有遗憾。在本课的主题"伊人"的讲解和学生表现上比较满意，基本达到预期效果，也打破了我的对初一学生讲古诗文理解深度难以实现的观念。其中最让人惊喜的是请学生谈谈对"伊人"形象的理解猜测时，一位男同学结合"智慧锦囊"中的历史背景推测到指代秦襄公，但理解并不完全透彻，恰恰是学生的这一课堂表现为接下来历史老师上台讲解以及历史背景的铺开做了完美的承接。

《蒹葭》这堂课，我把"伊人"形象作为主线串联全诗，想通过历史和语文老师还原背景和补充史料的过程告诉学生多种可能。从课本中教学生思辨，但并不给予唯一的标准答案，试图从一个有限的入口延伸到无限的可能中，启发学生从常见事物中学会多思多质疑，真正把课本越读越厚。多元启发式教学的初探似乎微见成效，也让我不断提醒和要求自己，世事尽有无限可能，学，无止境。

《春望》课堂整合教学过程

深圳明德实验学校　刘爱红　付华敏

课文原文

春　望

杜　甫

国破山河在，城春草木深。
感时花溅泪，恨别鸟惊心。
烽火连三月，家书抵万金。
白头搔更短，浑欲不胜簪。

教学设计

【教学目标及重难点】

（1）了解诗歌的写作背景。

（2）能有节奏、有感情地朗读本诗，背诵本诗。（重点）

（3）品析诗句含义，体会诗中"感时恨别、忧国思亲"的情感。（重难点）

（4）从文化和历史的角度，体悟在诗歌赏析中"知人论世"的重要性。（重难点）

【教学方法】

《春望》这首诗歌对仗工整，情感沉郁。所以这节课的设计是，创设良好的课堂氛围，让学生通过诵读、划分节奏、体会诗歌情感等方式，深刻地体会诗歌中所蕴含的深沉情感，并积累和学习欣赏名句。

【教学时间】

一课时。

【教学过程】

（一）导入新课（导）

1. 情境导入

略。

2. 齐读（教学目标）

（1）了解诗歌的写作背景。

（2）熟读此诗，注意朗读节奏，达到背诵的程度。

（3）理解诗歌所表达的思想感情。

（4）体悟"知人论世"赏析诗歌的方法。

3. 检查课前预习

字音、字意、朗读。

（二）走进文本（学）

过渡：如何学习诗歌？老师教同学们三招——

第一招：多读——读诗韵

（1）听读感知：听名家朗诵《春望》。

要求：听读古诗要注意听准字音和停顿，注意句子的语气、语调和节奏（五言诗的节奏一般是二二一式或二一二式）。

（2）学生自由朗读，尝试把握节奏。

（3）再听朗读，体会朗读情感。

了解朗读技巧，然后小声跟读，注意体会节奏、语气、语调。

（4）学生再读，读出情感并能背诵。

请同学们大声自由朗读，读出诗的韵味来。

第二招：多品——品诗意

（1）过渡：为什么作者的笔下，"春天"的境况如此破败不堪？——作者是在什么社会背景之下写的这首诗歌？——知人论世

（2）历史老师讲解安史之乱等背景知识。

（3）文本解读。

"国破山河在，城春草木深。感时花溅泪，恨别鸟惊心。"——思考：首联、颔联描写了哪些意象？组成了怎样的一幅画面？抒发了什么样的情怀？

"烽火连三月，家书抵万金。白头搔更短，浑欲不胜簪。"——请通过联想和想象，用简单的语句，描述颈联和尾联的画面，并体会作者在这两联诗句中表露的情感。

第三招——悟诗情

（1）学生自由谈：本诗蕴含的作者情感。

（2）明确：《春望》一诗，诗人用悲悯的目光注视现实，用写实的笔法进行艺术创作，再现了唐王朝国家衰败的景象，也传达了诗人忧国忧民的情怀。

（三）对比探究（研）

《闻官军收河南河北》

杜甫（作于763年春）

剑外忽传收蓟北，初闻涕泪满衣裳。

却看妻子愁何在，漫卷诗书喜欲狂。

白日放歌须纵酒，青春作伴好还乡。

即从巴峡穿巫峡，便下襄阳向洛阳。

（1）历史老师介绍安史之乱平定之后的情景。

（2）思考：《春望》与《闻官军收河南河北》两诗，虽然一悲一喜，然而所表达的作者的思想感情是相同的，是什么样的思想感情呢？

（四）课堂小结

论世，让我们了解历史，明晓写作背景；知人，让我们更加了解诗人的情怀。孔子说，诗言志。今天，我们论世知人，论诗识人——"国破山河在，城春草木深"，诗人因国破而忧伤不已；"剑外忽传收蓟北，初闻涕泪满衣裳"，诗人因河山收复喜而落泪。这就是忧国忧民的"诗圣"杜甫，他为我们后人树起的，既是诗歌的丰碑，亦是人格的丰碑。

（五）课后练习（练）

对比赏析，感受在诗歌赏析中"知人论世"的重要性。

（六）板书设计

《春望》

杜 甫

读诗韵——停顿　节奏　语调

品诗意——触景生情　描摹现实

悟诗情——忧国伤时　思念亲人

一、情境导入

师（PPT展示图片）：花红柳绿、春意盎然、莺歌燕舞、小鸟啁啾，这是无数人眼中的春天的景象，然而，谁又曾想过战火纷飞的春天的景象？在一位诗人的笔下，春天的景观竟然截然不同。今天，我们就一起来学习唐朝伟大的现实主义诗人杜甫的《春望》一诗，让我们在反复诵读中领会诗歌丰富的内涵，感悟诗人忧国悯时的情怀。

师：请同学们齐读学习目标。

生（齐）：（1）了解作者、作品及写作背景。

（2）能有节奏、有感情地朗读本诗，背诵本诗。

（3）品析诗句含义，体会诗中"感时恨别、忧国思亲"的情感。

（4）体悟在诗歌赏析中"知人论世"的重要性。

师：我来检查一下我们课前预习的基础知识。

预习检查1：读准字音，解释字义。（生齐读）

预习检查2：朗读全诗。（生齐读）

二、走进文本

师：现在我们来学习这首诗歌。那么，如何学习诗歌呢？老师教同学们三招。第一招：多读——读诗韵。

师：请大家听读感知，听名家朗诵《春望》，要求：听读古诗要注意听准字音和停顿，注意句子的语气、语调和节奏（五言诗的节奏一般是二二一式或二一二式，PPT展示朗读节奏）。

（生自由朗读，尝试把握节奏）

春望

杜甫

国破/山河/在，城春/草木/深。

感时/花/溅泪，恨别/鸟/惊心。

烽火/连/三月，家书/抵/万金。

白头/搔/更短，浑欲/不胜/簪。

《春望》古诗词

师：我们再来听一遍朗读，体会朗读情感。要求：了解朗读技巧，并小声跟读，注意体会朗读时的节奏、语气、语调。

（生再读，慢读，读出情感）

师：请同学们大声自由朗读，读出诗的韵味来。

（生再齐读，读出情感并能背诵）

师：将诗歌读熟、读透，就完成了诗歌学习的第一步。下面老师教大家学习诗歌的第二招：多品——品诗意，品读诗歌画面，感悟诗歌意境。

师：我想请大家思考一下：这首诗歌体现出了作者杜甫一贯的诗风特点吗？作者的情感所向是如何形成的？为什么在作者的笔下，"春天"的境况如此破败不堪？作者是在什么社会背景之下写的这首诗歌呢？——知人论世，还原背景，下面请历史专业人士付华敏老师给大家讲解一下本诗的背景知识——安史之乱。

师（付华敏）（PPT展示杜甫的简介）：从出身来看，杜甫出生于北方的大士族，奉儒守官，家学渊博。我们学习过儒家思想，培养的是怎样的人才？由此影响到杜甫的诗风，会具有怎样的情怀？

生1：忠君爱国，所以忧国忧民。

师：杜甫35岁以后"举进士不中第，困长安"，而后遭遇了安史之乱，杜甫早期生活富足、游历名山大川，曾经意气风发的他，诗风会发生怎样的转变呢？

生2：比较抑郁、痛苦。

师：我们可以概括为沉郁、顿挫。该风格的代表作之一《春望》作于唐肃宗至德二年（757年）三月，在什么历史时期？回顾一下我们七年级学过的历史知识。

生3：安史之乱。

师：请结合图片回顾一下我们七年级学习过的安史之乱。

安史之乱背景分析

（生4简要回答安史之乱的背景、过程和影响）

师（PPT展示地图）：让我们进入历史的细节，还原《春望》的背景。

756年正月安禄山在洛阳称帝；六月潼关失守，玄宗出逃，马嵬驿兵变，长安沦陷；七月唐肃宗即位；八月杜甫北上投奔唐肃宗。在投奔的过程中，杜甫被叛军抓住送往长安。在这种困境中，次年三月杜甫作这首《春望》。这就是这首诗歌的创作背景，希望对大家品读这首诗歌有帮助，谢谢。

下面请刘老师引领大家继续赏析诗歌。

师（刘爱红）：刚才付老师给我们讲析了《春望》这首诗歌的写作背景，我想大家对杜甫吟作这首诗的原因有了一定的了解，现在我们来品析诗歌的内涵。

"国破山河在，城春草木深。感时花溅泪，恨别鸟惊心。"请思考：首联、颔联描写了哪些意象？组成了怎样的一幅画面？抒发了什么样的情怀？

生5：首联写春到京城，而宫苑和民宅却荒芜不堪，杂草丛生。描绘了山河依旧，而人事已非、国家残破的景象。

生6：颔联说诗人因感伤时事和牵挂亲人，见花开而落泪，闻鸟鸣也感到心惊。

生7：这两联写了国家遭受战乱，国事艰难，诗人触目伤怀，心情悲愤。

师：大家分析得很好。那么，"烽火连三月，家书抵万金。白头搔更短，浑欲不胜簪。"这四句诗又写了什么内容呢？请通过联想和想象，用简单的语句描述颈联和尾联的画面，并体会作者在这两联诗句中表露的情感。

生8：颈联描写战火连绵，如今已是暮春三月，家书珍贵，足抵得上万两黄金。

生9：尾联写在这国破家亡的痛苦中，我的白发越搔越短，简直要插不上

《春望》课堂整合教学过程

头簪了。

生10：这两联描绘了国家动乱不安、战火经年不息、人民妻离子散的悲惨状况，这时候音书不通，于是收到家书尤为难能可贵。

师：是啊，这两联诗人是从侧面反映战争给人民带来的巨大痛苦和人民在动乱时期想知道亲人平安与否的迫切心情，同时也以家书的不易得来表现诗人对国家深深的忧虑。结尾两句写诗人那愈来愈稀疏的白发，连簪子都插不住了，以动作来写诗人忧愤之深广。

师：这首诗歌，我们了解了它的内涵，还要分析诗中蕴含的情感。学习诗歌第三招来了——悟诗情。我们来对比朗读两首诗歌，品味不同的诗情。你能说一说《春望》这首诗歌蕴含了作者的什么情感吗？

师：我感觉同学们对诗人情感的理解非常到位，对诗歌的内涵也体悟深刻。

三、对比探究

师：现在我们来学习另外一首诗歌——六年之后，当诗人听到官军平定安史之乱的消息后，心情和情感会是怎样的？我们一起来读杜甫的《闻官军收河南河北》（作于763年春）：

《闻官军收河南河北》

剑外忽传收蓟北，初闻涕泪满衣裳。

却看妻子愁何在，漫卷诗书喜欲狂。

白日放歌须纵酒，青春作伴好还乡。

即从巴峡穿巫峡，便下襄阳向洛阳。

师：下面我们请付华敏老师介绍安史之乱平定之后的社会状况，有助于我们分析这首诗歌的情感。

（付华敏老师出示安史之乱反攻胜利地图）

师（付华敏）：如图所示，762年四月肃宗驾崩，代宗即位；十月诸道节度使及回纥兵攻打史朝义，连战皆捷，收复洛阳、郑、汴等州；十一月叛军纷纷投降；763年正月叛将降，史朝义自缢而死，安史之乱平定。杜甫就在763年春作了《闻官军收河南河北》。诗中"即从巴峡穿巫峡，便下襄阳向洛阳"是怎么回事呢？请联系杜甫晚年的所在地杜甫草堂来思考。

生12：我知道，杜甫草堂在四川！他沿着长江而下要去洛阳。

师：去洛阳做什么呢？

生13：去投靠皇帝。

师：（地图显示杜甫草堂、巴峡、巫峡、襄阳、洛阳位置）的确，如今你们去往成都旅游还可以参观杜甫草堂。他听闻安史之乱平定的消息后，即使年迈贫困，依然想要沿长江而下，去洛阳继续报效君王。当然迫于生计，他此时未能成行。但在安史之乱平定后，杜甫难得过了几年比较安定的生活，尤其是听到官军平叛胜利的消息之后，简直欣喜若狂啊。因此他的诗歌里就体现出了这份"安定"和"喜悦"，大家仔细感受一下吧。

下面请刘老师和同学们对比品析诗歌。

师（刘爱红）：了解写作背景为我们品析诗歌提供了帮助。请大家思考：《春望》与《闻官军收河南河北》两诗虽然一悲一喜，然而所表达的作者的思想感情是相同的，那请问是什么样的思想感情呢？

生14：应该是体现大诗人杜甫忧国忧民的情怀吧。

师：是的，两首诗歌均体现了诗人为国为民的高尚情操。

四、课堂小结

师：同学们，本节课我和付老师一起为大家讲授新知——论世，让我们了解历史，明晓写作背景；知人，让我们更加了解诗人的情怀。孔子说，诗言志。今天，我们论世知人，论诗识人——"国破山河在，城春草木深"，诗人因国破而忧伤不已；"剑外忽传收蓟北，初闻涕泪满衣裳"，诗人因河山收复喜而落泪。这就是忧国忧民的诗圣杜甫，他为我们后人树起的，既是文学的丰碑，亦是人格的丰碑。让我们永远铭记这位伟大的现实主义诗人！

好，本节课我们就学习到这里，下课！同学们再见！

生（齐）：老师再见！

《春望》课堂整合教学过程

扩大教学容量，丰富思维层次

《春望》是语文部编教材八年级上册的一首诗歌，在文学史和文化史上都具有非常高的价值。诗歌写于唐朝安史之乱期间，国家动荡，民生艰苦，杜甫于混乱中被叛军抓住送往长安。

一、学科整合的巧妙结合

本节课是一节语文学科和历史学科整合的课型，新颖独特，别具一格。教师在授课中，将历史背景的知识点巧妙融于语文课堂，让历史真实还原，使学生更深切地体会到特定环境下诗人作诗时的情境和心情，更清晰地体悟作者的情感所在。

这节课中两门学科所选的契合点比较贴切，使"知人论世"在诗歌赏析中的重要性不言而喻，也使学生在品析诗句含义中体会到了诗中"感时恨别、忧国思亲"的情感，教学任务完成良好。

二、品味诗歌方法的多样化

本课中语文学科的主要任务是学习品味诗歌的方法，并体会诗人的沉郁情怀。赏析诗歌的方法，一是"多读，读诗韵"，在反复诵读诗歌的基础上读出诗韵和节奏，为分析诗歌内涵奠定基础；二是"多品，品诗意"，在分析文本内容的同时，品读诗歌的意境；三是"多悟，悟诗情"，在了解内容的基础上进一步体悟诗人蕴含其中的情感。这种"三步赏析法"，可以帮助学生逐步把握这篇诗文的含义和情感。所以，本节课的"诗歌赏析方法"的设计非常适合学情，学习效果良好。

另外，本节课中《春望》与《闻官军收河南河北》两首诗歌对比赏析的设计也很巧妙。用比较阅读的方法，让学生从写作背景、主题思想和诗作风格三方面比较两首诗的不同，让学生理解学习诗歌时"知人论世"的重要性——论世，可以了解历史，明晓写作背景；知人，可以更清晰地体悟诗人的情怀。这样授课可以让学生更好地掌握杜诗"诗史"的特点，印象也更加深刻。

三、知人论世，还原历史背景

本课中历史学科的主要任务是还原历史背景，帮助学生理解杜甫沉郁顿挫的诗风和《春望》的写作背景，同时对比安史之乱胜利后的作品，来丰富课堂、拓宽视野、深化立意。通过地图对历史细节的还原，使学生理解诗歌不再抽象，情感得以落地。不足之处是，此部分以教师讲授为主，师生互动较少，可以设计一些问题来促进学生思维的流动。

四、多媒体的直观辅助教学

本节课还有一个亮点是教学过程中多媒体的充分运用。使用多媒体，可以让课堂鲜活起来，有利于更好地达到教学目标。因为古诗学习往往比较抽象、含蓄，学生的学习若脱离了想象和画面，就比较枯燥。使用多媒体教学，通过鲜活的画面，直观的感受，反复地听读、吟诵，会加深学生对诗歌内容的理解，对诗人情感的体会，还会增进学生学习古诗文的兴趣。在这篇课文的教学中，教师使用多媒体辅助教学，创设情境，介绍背景，学生仿佛也走进了那个动乱的年代，拉近了学生与诗人的距离，让学生更易理解诗歌，更易理解诗人思想感情。

通过这节整合课的学习，师生一起感受到了作者忧国思亲的思想感情，更深刻地体会到了那句话——"国家兴亡，匹夫有责"。掌握诗歌赏析的方法，通过还原历史背景深刻体悟作者的情感，整合之功不容小视。在语文与历史学科整合中，教师提升分析处理教材的能力，在整合中简化教学头绪，扩大教学容量，丰富学生的思维层次，圆满且有效地完成了教学任务。

《木兰诗》课堂整合教学过程

深圳明德实验学校　李　柏　庞志伟

木兰诗

唧唧复唧唧，木兰当户织。不闻机杼声，惟闻女叹息。

问女何所思，问女何所忆。女亦无所思，女亦无所忆。

昨夜见军帖，可汗大点兵，军书十二卷，卷卷有爷名。

阿爷无大儿，木兰无长兄，愿为市鞍马，从此替爷征。

东市买骏马，西市买鞍鞯，南市买辔头，北市买长鞭。

旦辞爷娘去，暮宿黄河边，不闻爷娘唤女声，但闻黄河流水鸣溅溅。

旦辞黄河去，暮至黑山头，不闻爷娘唤女声，但闻燕山胡骑鸣啾啾。

万里赴戎机，关山度若飞。朔气传金柝，寒光照铁衣。

将军百战死，壮士十年归。归来见天子，天子坐明堂。

策勋十二转，赏赐百千强。可汗问所欲，木兰不用尚书郎，

愿驰千里足，送儿还故乡。

爷娘闻女来，出郭相扶将；阿姊闻妹来，当户理红妆；

小弟闻姊来，磨刀霍霍向猪羊。

开我东阁门，坐我西阁床，脱我战时袍，著我旧时裳。当窗理云鬓，

对镜帖花黄。出门看火伴，火伴皆惊忙：同行十二年，不知木兰是女郎。

雄兔脚扑朔，雌兔眼迷离；双兔傍地走，安能辨我是雄雌？

【教学目标】

（1）熟悉全文字、词、句内容，能有感情地背诵全诗。

（2）整体感知全诗，体会木兰替父从军、报国建功的思想感情。

（3）结合文献史料，了解北魏时期府兵制的内容及特点。

【教学重难点】

重点：通过文本内容，分析总结木兰的人物性格。

难点：结合历史资料，了解府兵制的制度特点和时代背景。

【教学方法】

诵读法、材料探究法、小组讨论法。

【教学时间】

1课时。

【教学过程】

1. 新课导入

教师通过一张北魏时期的地图展示北魏和柔然的地理位置，让学生直观地看到他们的关系，进而引出当时历史的大背景。

2. 文本细读

教师带领学生逐字逐句的解读文本的内容，但是通过还原木兰人物形象的方式将文字鲜活地展现在读者面前。

3. 历史疑问

教师引导学生对身为女人的木兰可以隐藏军中不被发现而产生疑问，进而引出"东市买骏马，西市买鞍鞯"的自备武器情况的疑问，以及为何家中无人还要必须参军的困惑，将府兵制呈现给学生。

4. 史料启智

教师首先通过史料让学生根据文献自己寻找问题的答案，并结合小组讨论的方式，分析总结自己认为可能的情况。

助读史料

材料一：

府兵制，起源于鲜卑族的部落兵制度，一直沿用到唐朝中期。府兵制实行兵农合一，士兵农时耕种，战时征战。他们的户籍由军府掌握，一人当兵，全家编入军籍，且终生为兵，世代为兵，因此被称为"兵户"。

材料二：

政府规定：府兵有自备的弓矢衣粮，不由国家供给，除了重兵器由政府置办……《唐律疏义》中记载，重兵器是指的"甲、弩、矛等，依令，私家不合有"。

5.文史互证

教师通过学生的总结全面分析了木兰的人物形象，府兵制的时代特点，得出了大家共同探讨后的答案。

【教学导入】

出示魏晋南北朝的朝代更替图，填出北朝的更替（请学生填写）。

还记得这张朝代更替图吗？东汉末年分三国，280年西晋短暂的统一之后316年又有了分裂，西晋贵族南迁到南方建立东晋，317年，北方一片混乱，439年北魏统一黄河流域。请你将空白部分的国家与朝代名称补充完整，写下来。

【教学过程】

第一节：

师：北魏是哪个民族建立的？鲜卑。历史上将南方的宋、齐、梁、陈统治时期称为南朝，北方这一时期就成为北朝，一直到隋朝统一。北朝统治时期，北方一个游牧民族悄然兴起并建立汗国，这就是柔然。柔然不断南下入侵黄河流域。有一种说法是在北魏太武帝年间，柔然各部大举进犯北魏边境，军情告急，太武帝拓跋焘下令举全国之兵抵抗柔然，于是就有了这样一个场景。

学生展示：圣旨到

可汗点兵，各乡军户，悉听皇命！今蛮族柔然进犯边境，抢掠扰民，冒犯我朝。为保境安民，根除柔然之患，现耕户出粮、兵户出丁，上下齐心，抗击犬虏！

师：就像这样，可汗点兵的命令被迅速传达到国家的每一个角落。这一天，有一户姓花的人家也接到了要出丁从军的命令。接下来，会发生什么事呢？让我们一起走进这户人家，看一看这次征兵令下达之后，他们家里发生的故事。首先，请同学们一起齐读课文的第一、二自然段。

（生齐读）

师：很好，大家读得很整齐，而且声音洪亮。现在，哪位同学能为大家复述一下，在前两段中这户人家发生了什么样的事。

生：花木兰要替代她的父亲去参加战争。

师：同学们，花木兰是男人还是女人？（生：女人。）对，她是个年轻的姑娘。那我有疑问了，为什么一个姑娘要去前线杀敌呢？

生：和她的性格应该有关系。

师：我们把这个问题放在这里，从诗中来找答案。

师：从第一句中你能看出木兰家是怎样的家庭背景吗？木兰这个女孩子身上又有哪些品质呢？

师（解读）："唧唧复唧唧，木兰当户织。"从这句话中我们能知道哪些信息？首先，一个大户人家的小姐会织布造衣，做很多女红活儿吗？所以木兰家是一个普普通通的平民家庭。而从"不闻机杼声，惟闻女叹息"一句知道，木兰是一个勤劳孝顺的孩子（引导学生说出答案）。

第二节：

师：阅读第二段第二句，"昨夜见军帖，可汗大点兵，军书十二卷，卷卷有爷名"中，哪个字可以体现出军情的紧急？

生：大。

师（追问）：还有哪句话可以体现出军情的紧急？

生："昨夜"，说明事态紧急。

师：但是木兰家的情况又是什么样的呢，家里有没有能去参军的人？

生：没有，原文说"阿爷无大儿，木兰无长兄"。

师：最后木兰家谁去了？原文是怎么说的？

生：木兰。"愿为市鞍马，从此替爷征。"

师：同学们，到这里我们又能看出木兰身上具有哪些品质？

生：孝顺，勇敢。

师：哪个字能看出孝顺？

生："愿"。

师：哪个字能看出勇敢？

生："替"，能看出她勇敢坚毅、忠孝两全。

师（总结）：以上是事情的起因。我们来一起看一下木兰的人物性格：勤劳孝顺，勇敢坚强。

第三节：

师：大战在即，木兰要做哪些准备呢？请同学们在课文第三段中找一下。

（学生回答）

师：我又有问题了，木兰是替代谁打仗？（生：父亲。）为了谁打仗？（生：国家。）那为什么她为国家打仗，武器装备还要自己买呢？（生思考）我们请历史老师来和大家一起讨论这个问题。（历史老师上台）

语文部分主要进行赏析，观察木兰的性格，同时引导学生注意两个问题：为什么一定要家中出丁去当兵？为什么要自己买装备？

　　（为什么要"东市买骏马，西市买鞍鞯"？学生回答：因为穿着合身；因为她是女子怕被发现。语文老师给出过渡到历史知识"府兵制"的讲解。）

　　第四节：

　　师（历史老师）：语文老师提出了两个非常好的问题：为什么家中无丁还要有人上战场？为什么要自己买装备？这种行为不是针对木兰个人，这是因为当时的制度——府兵制。府兵制从北朝开始，到唐朝中期才被废除。当时的百姓是有分工的，有的是耕户，有的是兵户。看我们的圣旨"耕户出粮，兵户出丁"，木兰家是什么户？

　　生：兵户。

　　师：成为兵户的就是府兵制下的士兵。耕户和兵户不是随便可以当的，是政府规定的。在北魏时期，一般的兵户都是鲜卑人来当，为什么？

　　生：北魏的建立者是鲜卑人。"非我族类，其心必异。"还有兵户相对耕户，可以上战场，建功立业。

　　师：我为大家找了两则材料，请你看材料，想一下课本中有没有在哪里体现到府兵制的特点。

　　材料一：

　　府兵制，起源于鲜卑族的部落兵制度，一直沿用到了唐朝中期。府兵制实行兵农合一，士兵农时耕种，战时征战。他们的户籍由军府掌握，一人当兵，全家编入军籍，且终生为兵，世代为兵，因此被称为"兵户"。

　　师：从这里我们找一下关键词。从府兵制的特点，你看到了什么？《木兰诗》中哪句有体现？

　　生："阿爷无大儿，木兰无长兄"。

　　材料二：

　　政府规定：府兵有自备的弓矢衣粮，不由国家供给，除了重兵器由政府置办。……《唐律疏义》中记载，重兵器是指的"甲、弩、矛等，依令，私家不合有"。这个在课文的哪句话中有体现？

　　生："东市买骏马，西市买鞍鞯"。

　　师：我们现在理解了刚才那两个问题：为什么一定去当兵？为什么要自己买？

　　师：第三个问题：木兰家依靠什么收入来保证他们有钱买装备？

我们看到"木兰当户织"。木兰家种的地用不用交税呢？这是跟当时的土地制度相关的，当时实行的均田制，就是把土地分给兵户耕作，兵户自备兵器，政府作为回报，免去兵户的赋税。

师：第四个问题，如果家里真的没有男丁怎么办？（学生思考）

师：府兵制立下了户籍制度，军府所以清楚地记载了可以从军的人。

据史料记载，府兵制和均田制一开始实行的时候，是分给女子地，后来政府掌控的地少了，人多了，就不分给女子地了。史料记载，男丁去世以后，会给妻妾留下三十亩地。

师：《木兰诗》是一种文学艺术作品，它是后人不断加工完成的。但是多少会反应一点现实，留下了历史印记，我们通过历史知识更详细地了解了《木兰诗》，这就说到了一种历史研究方法。我们研究历史可以看文物，也可以看一些比如《史记》这一类的正史，但是在民歌中也会有历史信息，我们可以从历史信息中不断地甄别。我们把这种历史方法叫作文史互证。《木兰诗》是一首北朝民歌，里面还蕴藏着哪些历史信息，我们继续进行由语文老师带领我们的探索之旅。

第五节：

师（语文老师）：搞清楚了这个问题，木兰也要出发了。哪位同学能告诉我木兰的行军路线呢，或者说，她都经过了哪些地方？

生：家—黄河—燕山。

师：好，同学们，大家注意到木兰出发的时间了吗？

生："旦""暮"。

师：早上离开家，晚上就到了黄河，第二天再出发，晚上就到了黑山，大家能得到什么信息？

生：木兰行军速度很快；战况紧急，两天就抵达了前线。

师：同学们，北魏是哪个民族建立的国家？

生：鲜卑。

师：府兵制主要是针对哪个民族而制定的？

生：鲜卑。

师：木兰家恰巧就是兵户，那么大家觉得木兰是什么民族？

生：鲜卑。

师：大家再看一下木兰所购买的装备，骏马、鞍鞯、辔头、长鞭，组到一起那是什么？

生：战马。

师：鲜卑族也是游牧民族，所以他们的军队通常是什么兵种？

生：骑兵。

师：木兰他们行军速度很快，古代行军最快的兵种是什么兵种？

生：骑兵。

师：所以大家认为木兰是什么兵种？

生：骑兵。

师：我们现在总结一下。木兰是一个出身平民家庭，具有兵户身份，同时兼备孝顺、勤劳、勇敢的鲜卑族女骑兵。

2014年3月初

　　用学科整合的方式来增加学生思维流量是一个值得尝试的途径。马克思说："如果世界上只剩下一门学科那就是历史。"所以历史可以与多个学科结合，关键是找到结合的切入点。正在我苦苦寻找结合点的时候，语文老师李柏找到了我，提出了《木兰诗》中讲到的木兰从军这件事可以与当时的国家兵制——府兵制结合。我不禁赞叹是一个好的结合点，着实佩服李柏老师丰富的历史知识。

2014年3月3日—7日

　　我一边准备着以史学为中心的《安史之乱与石壕吏》的整合课，一边寻找着《木兰诗》的府兵制的资料。李柏老师说，这个整合课的突破点在"东市买骏马，西市买鞍鞯"。为什么木兰替国家打仗，还要自备武器呢？从而引出这是因为北魏实行了一种兵制——府兵制。

　　我的任务是寻找府兵制的资料。府兵制的基础是均田制，府兵制又涉及当时户籍的划分，分耕户与兵户。

　　府兵制是一个非常专业的题目，在高中课本上只作为了解内容，向初一的学生讲这么复杂的问题是个难题。怎么寻找材料，用什么材料，怎么用材料，怎么让学生感觉有趣又能理性分析是这一阶段的主要问题，但是一切还是毫无头绪。我唯一能做的就是阅读，阅读的资料主要分为两类：一类是关于府兵制的专业资料，比如《府兵制度考释》《魏晋南北朝兵户制度研究》和其他从知网下载下来的资料；一类是查阅前人对于《木兰诗》中提到的兵制的研究，比如《木兰事迹考略》。

2014年3月14日

　　讲完了《石壕吏》的公开课，我开始专心设计府兵制的教学。我和李柏老师商量用"史—文—史"的教学结构。我设计了两种导入：

第一种：从历史背景讲起，引出木兰从军的大历史背景。

第二种：从历史的学习方法入手，告诉学生们，佐证历史不光可以从文物、正史出发，而且还可以从一些古代的文章中论证历史。

经过讨论，第二种方式虽然新颖，但是不符合七年级学生的认知特点，我们决定从大背景入手。

由我讲《木兰诗》的时代背景，引出北魏与柔然国的战争，为将目标聚焦到当时大时代下的一个小人物——花木兰做铺垫，李老师从文学赏析的角度分析木兰的人物特征，引导学生提出问题：为什么替国家打仗还要自备武器？进而引出府兵制。

讨论后，我自己梳理了一下在历史知识讲解方面将要解决的问题：

第一，时代背景。北朝的历史上学期已经学过，用什么方式引导学生回忆起那段历史及时代特征？

第二，怎么科学、自然地引向北魏和柔然的战争爆发？

第三，史学具有严密性，很多人在论证木兰人物的真实性，也有很多人在论证《木兰诗》不是记载的北朝时期的事情，也许是隋唐时期的，因为有的资料显示北朝的府兵制不用自备马匹，而隋唐才要备马匹。这个问题可不可以让学生在课堂上做讨论？

第四，怎么向学生简单解释兵户和军户，木兰是军户出身？

第五，没有课标，府兵制该解释到什么程度？

带着这些问题我度过了周末。

2014年3月16日

周一回到学校，我和李老师开始了磨课。

我想用上学期学过的"魏晋南北朝朝代更替"的思维导图作为导入，将北朝的国家留白，让学生注意到北魏，因为据传《木兰诗》中所描述的就是发生在北魏的事情。然后设置情境，借鉴电影《花木兰》中的一个片段，写了一道圣旨《可汗点兵》：

各乡军户，悉听皇命！今蛮族柔然进犯边境，抢掠扰民，冒犯我朝。为保境安民，根除柔然之患，现耕户出粮、兵户出丁，上下齐心，抗击犬虏！

李老师建议我在导入中加入一张地图，让学生从地图上明白柔然和北魏是邻国的关系。

那么，怎么处理历史的真实性与文学的虚构性这个问题呢？只能确定木兰从军讲述的是北朝的事情，不能确定是不是北魏，更不能确定发生在哪个皇帝时期，于是我们决定采取虚构传说的形式。

开头这个设计，是文史结合的第一点。

之后李老师从文学角度进行木兰人物赏析。同时，让学生发现在诗中有什么不寻常的事情，即为什么"家中无丁"却一定要出丁？为什么为国征战却要自己购买装备？引出这和当时的一项军事制度有关系。

府兵制讲到什么程度呢？怎么讲呢？

2014年3月17日

我一遍又一遍地翻资料。我觉得讲清楚府兵制很难，涉及均田制等很多内容。既然是文史综合课，不如就从课文中找府兵制的痕迹，深入浅出比较符合七年级学生的特点。我主要从三个方面说明府兵制：第一，府兵制是政府将百姓分为兵户与耕户；第二，府兵制具有世袭的特点，不管是兵户还是耕户都不能随意更改户籍；第三，兵户需要自备武器，作为补偿，政府分给兵户土地，同时不用收取赋税。

解决第一个特点，我从《可汗点兵》中提到的"耕户出粮，兵户出丁"入手。

解决第二个问题，我从一段关于府兵制的介绍的材料出发：府兵制，起源于鲜卑族的部落兵制度，一直沿用到了唐朝中期。府兵制实行兵农合一，士兵农时耕种，战时征战。他们的户籍由军府掌握，一人当兵，全家编入军籍，且终生为兵，世代为兵，因此被称为"兵户"。

让学生观察材料中提到了哪个特点，然后在《木兰诗》中找到佐证："阿爷无大儿，木兰无长兄，愿为市鞍马，从此替爷征。"

怎么解释"东市买骏马，西市买鞍鞯"呢？还是用资料。

做到这里我感觉差不多能讲清楚府兵制了。这个时候我觉得好像在设计上少点东西，只是就《木兰诗》讨论府兵制，内容单薄。我又想到了之前讨论的第二种导入方法，可不可以在讲解完《木兰诗》中体现出来的府兵制以后，上升到文史互证的角度呢？

我决定到这里就把课堂转回给语文老师，让李老师继续分析木兰的形象。

第一次试讲，课程按照预设的进行顺利。

就在这时，有学生有问题了。一名学生说："木兰家如果买不起兵器怎么办？木兰家如果没有人可以上战场怎么办？"

我的心不禁咯噔一下。孩子提出了问题，但是我却没有预设。幸运的是我对于府兵制比较了解。第一个问题体现了府兵制的基础是均田制，第二个问题涉及府兵制的户籍记录问题。我内心不禁感叹，教师备课总是习惯从自己的专业知识的角度出发，而课堂的主体是学生，他们习惯从自己的已知经验出发，怪不得说"教学相长"。

在我讲解完府兵制之后，李老师将历史的长镜头切换至木兰这个小人物的身上，继续分析木兰的人物形象。从"旦辞爷娘去，暮至黄河边"等这样的分析中引导学生看到，木兰是一个生活在黄河流域的普通兵户人家的善良、勤快的女孩。

试讲完后听课的老师们说不错。晚上，李老师和我们的历史实习老师都认为应该把课堂上学生生成的问题变成有组织的预设问题。但是我认为引导学生自己提问会更自然。

总体，在府兵制这一部分的讲解上是以问题带动思维。在文史综合方面，是以木兰的人物分析为主线，同时要向学生明确指出"文史互证"的学习方法。

《木兰诗》课堂整合教学过程

文史互证，历久弥新

讲完这节课再去反思，我有一些这样的感受。

教师的基本功底和心理素质是课堂质量的重要保证，第一，心中把握问题，掌控课堂，不能慌乱；第二，话语不能重复，语句简洁。

本次文史整合课，以文为中心，但是在操作中，历史的讲解时间还是占用过长。文史综合时，我们的综合方式就是找结合点，找到内隐关系。本课通过两则材料，分别反映府兵制的世袭制和自备武器的特点，让学生读懂材料以后回到《木兰诗》中去理解这两个特点。"阿爷无大儿，木兰无长兄""东市买骏马，西市买鞍鞯"两句话在PPT中呈现是非常有必要的。所以文史一定要融合在内容里，不能是形式上的，不能是学科的简单叠加，要综合，要上升，"文史互证"的观点引出是设计的升华。文史互证，史学讲理，文学说情，以理推情。历史的长短镜头切换是历史和语文衔接的一个转折点。

但是本课在历史知识的设计方面缺点很多，在引导学生了解府兵制时，教授形式太过单一。

第一次试讲时我准备的问题比较浅显，只是准备了府兵制在课本中的体现，其他的问题是由学生自己提问。在讲完以后，我就把课堂生成的问题做了归纳，希望能更清楚地呈现出来，更有条理。但是却设定成了问题模式，把自己套住了，总是想用固定问题，思维开始混乱，有点拖沓。

《石壕吏》课堂整合教学过程

深圳明德实验学校　向　丽　庞志伟

石壕吏

杜　甫

暮投石壕村，有吏夜捉人。

老翁逾墙走，老妇出门看。

吏呼一何怒，妇啼一何苦。

听妇前致词，三男邺城戍。

一男附书至，二男新战死。

存者且偷生，死者长已矣。

室中更无人，惟有乳下孙。

有孙母未去，出入无完裙。

老妪力虽衰，请从吏夜归。

急应河阳役，犹得备晨炊。

夜久语声绝，如闻泣幽咽。

天明登前途，独与老翁别。

【教学目标及重难点】

（1）了解与本文相关的文学常识和历史背景。

（2）在反复诵读中领会诗歌思想内容。（重难点）

（3）在还原历史背景中体会战争给人们带来的苦难以及诗人的伟大形象。（重难点）

【教学方法】

（1）朗读法。（文体特点）

（2）探究法。（年龄特点、文本特点）

（3）还原法。（年龄特点、文本特点）

【教学时间】

一课时。

【教学过程】

（一）作者及写作背景

1. 杜甫简介

"诗圣""诗史"。

2. 写作背景

"三吏""三别"。

古人云："书读百遍，其义自见。"就让我们来三读《石壕吏》。

（二）一读：读准

暮投石壕村，有吏夜捉人。老翁逾墙走，老妇出门看。吏呼一何怒，妇啼一何苦。

听妇前致词，三男邺城戍。一男附书至，二男新战死。存者且偷生，死者长已矣。

室中更无人，惟有乳下孙。有孙母未去，出入无完裙。老妪力虽衰，请从吏夜归。

急应河阳役，犹得备晨炊。夜久语声绝，如闻泣幽咽。天明登前途，独与老翁别。

（三）二读：读懂

1. 内容感知

吏——"有吏夜捉人"。

老翁——"老翁逾墙走"。

老妇——"听妇前致词：'请从吏夜归'"。

"我"——"独与老翁别"。

2. 问题解析

（1）"有吏夜捉人"。

（2）"老翁逾墙走"。

（3）"请从吏夜归"。

（通过分析学生的问题，教师提炼出理解《石壕吏》的三句关键句，在学生讨论、分析问题的过程中，学生也解决了对这首诗歌内容的深层理解：这个阶段，安史之乱已经白热化，生灵涂炭，已无壮丁可被征上战场，官吏凶残，老翁、老妇都不能躲避被抓。）

材料一：

安史之乱前的天宝十三年（公元754年）全国达九百零六万户，五千二百八十八万人口；而到上元元年（公元760年）全国仅有二百九十三万三千一百七十四户，一千六百九十九万口。

——摘自《情境还原下的〈石壕吏〉解读》

（学生可以直观感受到当时人口锐减，实在无丁可征的状况。第一个问题就解决了。）

材料二：

籍民每三丁选一壮者，免其租徭，给弓矢，行其赏罚。

——《资治通鉴·唐代宗永泰元年》

自今以后，百姓宜以十八以上为中男，二十三以上成丁。

——《新唐书》

府帖昨夜下，次选中男行。

——杜甫《新安吏》

（安史之乱时期，兵役制度重大改革——实行募兵制。国家给壮丁钱财，招募兵员，但有年龄规定，从二十岁到六十岁，且一家只征一男丁。后安史之乱战事吃紧，放宽年限到十八岁。由此可见，老翁已无服兵役义务，

《石壕吏》课堂整合教学过程

所以并不是不爱国。所以杜甫在本诗中对老翁也并不是持批判的态度，更多的是同情。）

古者有兄弟始遣一人从军。今驱尽壮丁，及于老弱。诗云：三男戍，二男死，孙方乳，媳无裙，翁逾墙，妇夜往。一家之中，父子、兄弟、祖孙、姑媳惨酷至此，民不聊生极矣！

——仇兆鳌《杜诗详注》

（四）三读：读情

由学生的问题："杜甫为何没被捉？"引出杜甫此时是华州司功参军，可免参军。

而正是由于这样的身份，使得杜甫在看到战争纷乱、民不聊生的惨状时，内心矛盾而复杂"忧国""怜民"。

（五）结课

一首《石壕吏》，让我们读得感慨万千，我们的情绪也是复杂的。

想象你是诗人，站在诗人的角度，带着诗人的情感，再读《石壕吏》。

一、作者及写作背景

师：4月13日，美、英、法对叙利亚进行精准打击，旷日持久的连绵战火让叙利亚满目疮痍，古迹摧毁殆尽，万千生灵涂炭，百姓流离失所。真正是："兴，百姓苦；亡，百姓苦。"发生在一千多年前的唐玄宗年间的安史之乱，也使得民不聊生，作为"诗圣"的大诗人杜甫有许多作品是对这场战争的记录。今天让我们来学习其中的一首——《石壕吏》。

师：古人云，"书读百遍，其义自见"。今天咱们就来"三读"《石壕吏》。

二、一读：读准

师：一读：读准。早读的时候，我已经让大家自由朗读这首诗。下面我就有请同学为我们单独朗读。好，请举手。

（生纷纷举手，师点名，生读）

师：同学们认为他读得如何？有没有要补充的？

生1："逾"读"yú"，不读"yù"。

生2："邺"这个字读"yè"。他没读出来。

生3："咽"读"yè"，是声音受阻而低沉的意思，不读"yàn"。

师：同学们补充得很到位。其他同学也要注意这些字词的读音，不同的读音也意味着字义的不同。来，我们齐读一遍。

（生齐读）

师：好。经过这一段时间的训练，同学们在朗读古诗文时已经基本能够做到读得字正腔圆，节奏分明。那回顾一下，我们接下来要怎么读啊？

生4：读得意思明白。

三、二读：读懂

师：很好。现在我们就二读《石壕吏》——读懂。

师：这是一首叙事诗，具体讲了怎样的事情呢？结合诗歌原文和课下注释，同桌之间互相讨论，并做下记录，给大家三分钟时间，之后我请同学们回答。

（生讨论）

师：好，你第一个举手。你来。

生5：我们讨论的结果是：一天夜里，官吏去作者投宿的一户人家抓人服兵役。这户人家的男主人公翻墙逃走了，女主人公开门，向官吏解释，家中的三个儿子都已投身战场，家中实在没有壮丁。若是你们不嫌弃我年老体弱，我就去给你们做饭吧。随后，老妇就跟随官吏而去。

师：好，你们概括的言简意赅。这首诗歌的大意并不难理解，大家也就字面意思理解得很到位。那我想问大家：你能不能用原文回答我，此诗写了何人的何事？

生6：写了"吏""老翁""老妇"。

生7：写了"有吏夜捉人""老翁逾墙走""听妇前致词"。

师：除了这些人物，还有没有呢？

生8：还有本诗的作者——"我"。

师：对，"暮投石壕村""独与老翁别"。

生9：这首诗很好读懂嘛。

（生笑）

师：真的是这样吗？课前我让大家关于这篇诗歌进行提问，下面是我归纳的大家的问题。

问题一：官吏为什么要捉人，还是在晚上？这是关乎"有吏夜捉人"这句的理解。

问题二：老翁那么老为何还会被捉？老翁为何逃走？这是不爱国的表现吗？

生10：这是关于"老翁逾墙走"这句的理解。

师：观察得很敏锐。

问题三：为什么老翁都不肯上战场，老妇却主动跟官吏走呢？

生11：请从吏夜归。

师：好。你们自己提出的问题自己能够解答吗？现在开始小组讨论并作答。

（三分钟后，有生举手欲回答）

师：大家讨论得很积极，并且反应很迅速啊。我看现在就有一些同学讨论出了结果。

师：好，请作答。

生12：我想回答问题三。我觉得老妇是想要牺牲自己来换取家中儿媳妇和小孙子的安全。

师：嗯，牺牲精神。

生13：我想补充。老妇更是为了保护老翁，也是为了保存家里的劳力。

师：很好，你有意识地联系历史背景，那还是农耕时代，家里必须有劳力。

生14：我想回答问题一。我查过资料，当时正值安史之乱，战事激烈而紧急，为了补充足够的兵役，官吏已经不分白天黑夜来抓人了，也可见战争给人民带来的疾苦。

师：我要表扬你，你掌握了正确的自习方法：联系背景理解文本。

生15：我觉得问题三解决了，问题二就很好理解了。因为三个儿子已经奔赴战场，家中实在没有劳力，老翁也知道自己的重要性，所以只能"逾墙走"。

生16：很有道理。

师：果真如此吗？

（生沉默）

师：我们常说"浅文深学"。那这样一篇你们认为没有什么疑惑的诗篇，还有没有可深度挖掘的地方呢？

师：今天我请来了一位高人。我们看看她对这三个问题有何见解？

师（历史老师）：同学们，就大家的问题，我想从历史的角度谈谈我的看法。

材料一：

妇人在军中，兵气恐不扬。

——《新婚别》

师：这两句诗选自杜甫所作《新婚别》，从中我们可以看出古人征战是有许多忌讳的，如不允许妇女留在军中，害怕士气不扬。那为何《石壕吏》

中的官吏还是把老妇带走了呢?

生17:说明战争到了白热化,这种避讳之辞已无暇顾及。

师:这位同学推测得非常好。我们再看这则材料。

材料二:

安史之乱前的天宝十三年(公元754年)全国达九百零六万户,五千二百八十八万人口;而到上元元年(公元760年)全国仅有二百九十三万三千一百七十四户,一千六百九十九万口。

——摘自《情境还原下的〈石壕吏〉解读》

从中我们可以看出安史之乱前后,仅六年时间人口减少了近三分之二。那这些人呢?

生18:大部分战死沙场。

师:是的。我们再看。

材料三:

籍民每三丁选一壮者,免其租徭,给弓矢,行其赏罚。

——《资治通鉴·唐代宗永泰元年》

唐朝兵役制度实行"募兵制"。在编人口,每户中每三名男丁中选一名身体壮实的来服兵役。而结合《石壕吏》,我们知道这一家已经有几人服兵役了?

生19:三人。

师:这就意味着……

生20:老翁本来就不用参战。

师:所以,老翁并不是逃脱兵役,这就与爱不爱国无关。同时,《新唐书》有记载:"自今以后,百姓宜以十八以上为中男,二十三以上成丁。"我们可以看出,二十三岁以上才到服兵役的年龄。而杜甫的《新安吏》中却说:"府帖昨夜下,次选中男行。"这意味着……

生21:战争非常激烈,死亡惨重,兵力极其缺乏,已经殃及老弱。

师:所以仇兆鳌《杜诗详注》有言——

古者有兄弟始遣一人从军。今驱尽壮丁,及于老弱。诗云:三男戍,二男死,孙方乳,媳无裙,翁逾墙,妇夜往。一家之中,父子、兄弟、祖孙、姑媳惨酷至此,民不聊生极矣!当时唐祚,亦岌岌乎危哉!

真正国破家亡,国运岌岌可危。现在大家对自己的问题有更深入的了解了吗?

生22：有了。谢谢老师。

四、三读：读情

师：同学们，还有最后一个问题：杜甫为何没被捉？是啊，官吏到处在征兵，连老妇人都没放过，为何投宿在此的杜甫没有被抓呢？

生23：因为杜甫当时由左拾遗被贬为华州司功参军，在上任途中，经过此地，看到此景而写就《石壕吏》。他此时是一个官员，不用服兵役。

师：这位同学对杜甫真是颇为了解。是的，杜甫当然不会被抓。那让我们想想，旁观的杜甫，面对此情此景，会有何感想？

生24：我觉得应该非常矛盾。一方面他所代表的阶级和立场决定了他希望看到战争的早日平定，他知道抓人属于无奈之举，平定战乱必定得有兵力。另一方面，他又目睹了人民生活的悲苦，不忍老弱都要被抓上战场。

师：你的共情能力很强。是的，这才是杜甫啊，"忧国、怜民"的诗圣形象一览无余。

师：至此，我们已经深刻体会到杜甫写就《石壕吏》时沉痛的情感。让我们再次齐读这篇诗歌，读出杜甫的感情吧。

五、四读：读情

配乐朗读课文，在朗读中结课。

中国古典诗词教学初探

诗歌教学，特别是中国古典诗词教学如何进行？这一直是困扰我的问题。看过很多课例，也听过许多公开课，基本都是这样两类模型：一类，注重诗歌具体字词、句子的理解；一类，知人论文，由作家及其写作背景开始讲起，随之联系到同类型的诗歌，让一节课显得内容丰富多彩。但我总隐约感到，这样的教学没有触到诗歌教学的核心。《毛诗序》有言："诗者，志之所之也，在心为志，发言为诗。"诗歌是内心志向的表达，并且是语言所吟咏出来的。所以，教诗、学诗，一定要读诗。由此就确定了我执教《石壕吏》的一个核心策略——"读"。

那具体要怎么读呢？想起老师对我的教导，一篇文章的解读必定是：从文章到文学再到文化的层面。结合学生的课前提问，我基本确定了教学目标：三读诗歌，通过不同层次的读，层层深入，直到本篇诗歌文化的层面。在执教前两天，大家正在热议美国对叙利亚进行精准打击。我正好以这一轰炸性的国际新闻为导入，一方面引起学生兴趣，一方面自然导入杜甫写就《石壕吏》时的社会背景：安史之乱，民不聊生，营造一种不那么愉快的氛围。接着直面文本，一读：读准。因为有了之前的铺垫，学生们的朗读很投入。二读：读懂。因为这是一首叙事诗，而杜甫又一直致力于追求自己诗歌语言的通俗易懂，所以通过同桌互相帮助，学生们掌握诗歌的大意并不困难。此环节教学的重点是解决学生在预习时，自己无法解决的问题。学生提出的问题集中在三句诗歌中："有吏夜敲门""老翁逾墙走""听妇前致词"。我一直相信学生有解决自己问题的能力，教师只需适当引导即可。于是，我在课堂上给学生时间，让学生小组讨论，然后回答自己的提问。果然，学生们没有让我失望，他们分析得相当精彩。本来，课堂进行到这里已经很不错了，学生的问题好像都已解决。但是，我却觉得少了点什么。

少了点什么呢？我苦苦思索。一日突然想起余映潮的言论："浅文深学。"是了，我们要有从一望而知到一望不知的深挖能力。因为杜甫的诗歌被称为"诗史"，是对历史进行真实的记录，而我们学校也倡导课堂模型建设，提出对学科整合，切实提高学生的思维品质。所以，我就找到历史老师来讨论学生提出的三个问题。学生的问题引起了历史老师的极大兴趣，她指出这些问题直指唐朝的兵役制度——募兵制。同时若是出具安史之乱前后人口数据对比和不同时期征兵年龄变化，能够使学生更深刻地理解杜甫写作"三吏""三别"时的复杂心情。于是，我把历史老师请入了课堂。事实证明，这一决定取得了很好的效果。学生从历史的角度更形象而深刻地理解了本诗内涵。

接下来，我就自然而然地抛出三读：读情，将杜甫当时"忧国怜民"的复杂而深刻的情感和盘托出。

反反复复读，有层次的读，切实提高了学生对这首诗歌的领悟能力，这是我和学生最大的收获。当然，我也知道自己的不足，最大的问题莫过于我一直就此篇来讲此篇，眼界不够开阔，本可以联系杜甫的其他诗歌甚至本时期其他诗人的诗歌，以诗证诗，教给学生更多的阅读诗歌的方法。

《石壕吏》课堂整合教学过程

《诫子书》课堂整合教学过程

深圳明德实验学校　杨金锋　付华敏

诫子书

诸葛亮

　　夫君子之行，静以修身，俭以养德。非澹泊无以明志，非宁静无以致远。夫学须静也，才须学也。非学无以广才，非志无以成学。淫慢则不能励精，险躁则不能治性。年与时驰，意与日去，遂成枯落，多不接世，悲守穷庐，将复何及！

【教学目标及重难点】

（1）积累"淫慢""澹泊""险躁"等文言词汇，能准确地翻译整篇文章。

（2）品味文本，在还原背景和课程整合中体会诸葛亮告诫儿子要勤学励志、修身养性、志存高远的情怀。（重难点）

（3）从文化和历史的角度，体悟《诫子书》的当代价值。（重难点）

【教学方法】

（1）朗读法。（文体特点）

（2）探究法。（年龄特点、文本特点）

（3）还原法。（年龄特点、文本特点）

【教学时间】

一课时。

【教学过程】

（一）开篇解题

戒，警戒，戒备

言+戒=诫，告诫，劝勉。

诫子书：告诫儿子的一封信。

（二）朗读，走进文本

1. 读得字正腔圆

夫君子之行静以修身俭以养德非澹泊无以明志非宁静无以致远夫学须静也才须学也非学无以广才非志无以成学淫慢则不能励精险躁则不能治性年与时驰意与日去遂成枯落多不接世悲守穷庐将复何及

（1）句句停顿

夫君子之行/静以修身/俭以养德/非澹泊无以明志/非宁静无以致远/夫学须静也/才须学也/非学无以广才/非志无以成学/淫慢则不能励精/险躁则不能

治性/年与时驰/意与日去/遂成枯落/多不接世/悲守穷庐/将复何及。

小结停顿依据：①意思；②句式；③重词；④虚词。

（2）句内停顿

夫/君子之行，静/以修身，俭/以养德。非澹泊/无以明志，非宁静/无以致远。夫/学/须静也，才/须学也，非学/无以广才，非志/无以成学。淫慢/则不能/励精，险躁/则不能/治性。年/与时驰，意/与日去，遂成/枯落，多/不接世，悲守/穷庐，将复/何及！

2. 读得节奏分明

夫君子/之行，静/以修身，俭/以养德。非/澹泊/无以/明志，非/宁静/无以/致远。夫/学须静也，才/须学也。非学/无以/广才，非志/无以/成学。淫慢/则/不能/励精，险躁/则/不能/治性。年与时/驰，意与日/去，遂成/枯落，多不/接世，悲守/穷庐，将/复何及！

3. 读得意思清楚

检查预习：

励精：振作精神。

险躁：偷巧浮躁。

年与时驰：跑。这里指消失、流逝。

意与日去：意志。

接世：接触社会，对社会有益。

穷庐：破房子。

将复何及：又怎么来得及。

（1）静以修身，俭以养德。

翻译：以宁静来修养身心，以节俭来培养品德。

（2）淫慢则不能励精，险躁则不能治性。

翻译：放松懈怠，就无法振奋精神；轻薄浮躁，就不能修养性情。

（3）悲守穷庐，将复何及！

翻译：只能悲哀地坐守着那穷困的居舍，那时再悔恨又怎么来得及！

（4）非澹泊无以明志，非宁静无以致远。

翻译：不能淡泊自守，就无法明确志向；不能宁静专一，就无法达到远大目标。

4. 读得平仄起伏

夫（——）君（——）子（│）之（——）行（——），静（│）以

（｜）修（—）身（—），俭（｜）以（｜）养（—）德（—）。非（—）澹（｜）泊（—）无（—）以（｜）明（—）志（｜），非（—）宁（—）静（｜）无（—）以（｜）致（｜）远（—）。

夫（—）学（｜）须（—）静（｜）也（｜），才（—）须（—）学（｜）也（｜）。非（—）学无（—）以（｜）广才（—），非（—）志（｜）无（—）以（｜）成（—）学（｜）。

淫（—）慢（｜）则（｜）不（｜）能（—）励（｜）精（｜），险（｜）躁（｜）则（｜）不（｜）能（—）治（｜）性（｜）。

年（—）与（｜）时（·—）驰（—），意（｜）与（｜）日（｜）去（｜），遂（｜）成（—）枯（—）落（｜），多（—）不（｜）接（—）世（｜），悲（—）守（｜）穷（—）庐（—），将（—）复（｜）何（—）及（｜）！

（三）探究，走出文本（读出疑问）

活动一：

请同学们仔细阅读文章，并思考诸葛亮在《诫子书》中为何一再强调"静"？

，青，"清"的省略，纯净。　，争，全力以赴，表示力图清

心。本义：努力去除杂念，清心寡欲。

小结：静。

（1）不争。静为治学之基。看淡名利，顺其自然。

（2）平和。静为修身之本。心平气和，陶冶性情。

（3）宁静。静为明志之根。志存高远，惜时进取。

（四）品说，读出自我

活动二：

请同学们再读课文，谈谈《诫子书》的当代价值。

小结：

勤学立志，修身养性要在澹泊宁静中下功夫。

静心养德，志存高远。

读书立志，珍惜时光。

……

《诫子书》课堂整合教学过程

一、开篇解题

师：今天，我们来学习一篇在文学史和文化史上都非常有影响的文章——《诫子书》。我们一起来看标题。从标题中你能看出什么信息？

生1："诫"，告诫的意思；"子"，就是儿子；"书"，就是信。"诫子书"就是"告诫儿子的一封信"。

师：非常好！逐字讲解，条理清晰，意思准确。我们来一起看一下"戒"字。（出示PPT）

"戒"字的甲骨文

师：这是甲骨文的"戒"字，下面是两只手，上面是兵器。它的意思很好理解：手拿兵器进行警戒，戒备。而我们今天所学的"诫"是用言语进行警戒，意思为告诫、劝勉。

二、走进文本

1. 读得字正腔圆

师：理解了课题只是其一，那么这封信到底劝诫儿子什么呢？我们一起来学习。这是一篇文言文，文言文最基本的学习方法是朗读。请看大屏幕。（出示PPT）

夫君子之行静以修身俭以养德非澹泊无以明志非宁静无以致远夫学须静也才须学也非学无以广才非志无以成学淫慢则不能励精险躁则不能治性年与

时驰意与日去遂成枯落多不接世悲守穷庐将复何及

师：古人读书是没有标点符号的，通常用"/"来表示停顿，这种断句的方法叫作什么？（师板书句读）

生：句读（dú）。

师：句读（dòu）。我们就用这种方法来学学古人读法——素读。哪位同学愿意尝试一下？

生2：夫君子之行/静以修身/俭以养德/非澹泊无以明志/非宁静无以致远/夫学须静也/才须学也/非学无以广才/非志无以成学/淫慢则不能励精/险躁则不能治性/年与时驰/意与日去/遂成枯落/多不接世/悲守穷庐/将复何及。

（生读，师画句读）

师：你划分的节奏非常准确，但我想知道你这样划分的依据是什么？

（生2沉默）

师：哪位同学帮他一下。为什么不这样断句："夫君子之行静/以修身？"

生3：这样断讲不通，不符合文意。

师：根据意思来断句，对吧！还有哪位同学说一下，还有什么依据？

生4：根据语感。

师：请举例说明。

生4："夫君子之行静以修身"这两句应该是四个字连在一起，感觉就应该是这样的。

师：对，这是一种语感，感觉就应该是这样的，这需要长期学习积累而成。我们今天思考一下语感的形成有没有依据。

生5："夫君子之行/静以修身/俭以养德"，这几句除去"夫"字，都是四个字，"非澹泊无以明志/非宁静无以致远"这两句都是七个字，"夫学须静也/才须学也"又是四个字，"淫慢则不能励精/险躁则不能治性"又是对仗的句子，"年与时驰/意与日去/遂成枯落/多不接世/悲守穷庐/将复何及"又都是四个字，所以应该这样断。

（生认可，自发鼓掌）

师：非常好！她的意思是根据句式进行断句。还有没有其他方法？

生6：还有一个规律，就是一个词语一般不可能在一句话中同时出现，比如"非澹泊无以明志/非宁静无以致远"两句的开头都是"非"，那么断句应该在第二个"非"前面。

师：你读书读得很细，这也是一个规律，还有一条不知道大家有没有注意，"夫学须静也/才须学也/"看这两句后面都有一个什么字？

生："也"字。

师：这种词是文言虚词，除"也"外，还有"哉""者""乎"等，凡是这样的词语就代表一句话，可以断句。

师：来，我们一起读一下。（出示带句读的PPT）

夫君子之行/静以修身/俭以养德/非澹泊无以明志/非宁静无以致远/夫学须静也/才须学也/非学无以广才/非志无以成学/淫慢则不能励精/险躁则不能治性/年与时驰/意与日去/遂成枯落/多不接世/悲守穷庐/将复何及

（生齐读）

2. 读得节奏分明

师：字正腔圆，清脆悦耳，非常好。刚才的断句是句子之间的停顿，其实句子内部也可以停顿，如"夫君子之行/静以修身/俭以养德"，还可以进一步划分，"夫/君子之行/静/以修身/俭/以养德"。古代汉语是有音韵美的，音韵美首先体现在节奏上。我们首先读前三句，在句与句之间停顿两秒钟，句子之间停顿一秒钟，来体会这种节奏感。

（生读前三句）

师：非常好，铿锵有力，节奏分明。再来。（出示PPT）

夫/君子之行，静/以修身，俭/以养德。非澹泊/无以明志，非宁静/无以致远。夫/学须静也，才/须学也，非学/无以广才，非志/无以成学。淫慢/则不能/励精，险躁/则不能/治性。年/与时驰，意/与日去，遂成/枯落，多/不接世，悲守/穷庐，将复/何及！

（生齐读）

3. 读得意思清楚

师：这就是文言文的节奏。学习文言文不仅要读出节奏，还要读出它的意思。诸葛亮到底要劝诫他儿子干什么？请同学们结合课下注释和学案相互翻译，时间五分钟。

（生相互翻译，师巡视）

师：时间到。我们先来一起解释一下学案的重点词语（师生一问一答）。

师：关于文章词语和句子翻译还有没有问题？

生（齐）：没有问题。

师：我来检测一下，请三位同学来翻译一下下面四句话（出示PPT）：

（1）静以修身，俭以养德。

（2）淫慢则不能励精，险躁则不能治性。

（3）悲守穷庐，将复何及。

（4）非澹泊无以明志，非宁静无以致远。

师：你来翻译第一句。

生7：从宁静中来修养身心，从节俭中来培养品德。

师：请坐，有没有不同意见？

生8："以"的意思是用，这句话的意思是"以宁静来修养身心，以节俭来培养品德"。

师：非常准确。大家注意到没有，两位同学翻译的时候语言顺序发生了变化，把"以"放在了"静"的前面。文中"静以修身"，把它翻译成了"以静修身"。因此，在翻译句子时，要注意句式变化，做到信、达、雅。关于这句，老师有个问题，节俭怎么就培养品德了？

生9：如果不节俭，就会贪婪安逸，希望得到更多的财富，成为物质的奴役，做一些违背初心、本心的事情。

师：他从追求物质的角度分析，如果不节俭，就会贪婪、享受，败坏德行。

生10：做到节俭，就会约束自己，追求精神的自律，就能修身养性。

师：非常好！下面看第二句翻译。

生11：放松懈怠，就无法振奋精神；轻薄浮躁，就不能修养性情。

师：非常准确。大家看看"淫慢则不能励精，险躁则不能治性"句式上有什么特点？

生：对仗。

师：对。所以翻译的时候，我们也要对仗，这样才雅致。老师在这里有一个问题，怎么理解"轻薄"？

生12：无知肤浅。

师：那你能阐释你对这一句话的理解吗？

（生12沉默）

生13：做事情不能只看表面，要深入，否则就不能达到修养品德的目的。

师："轻薄"这里指做事不专一，浮于表面，和浮躁的意思基本相同。

师：第三句一起来翻译。

生：只能悲哀地坐守着那穷困的居舍，那时再悔恨又怎么来得及！

师：第四句谁来翻译一下？

生14：不能淡泊自守，就无法明确志向；不能宁静专一，就无法达到远大目标。

师：非常准确。注意句式，"非……无以"。那这句话到底怎么理解？（PPT展示学生疑问）

为什么说"淡泊才能明志，宁静才能致远"，"淫慢就不能"？（罗逸翰）

卧龙先生是何以得出禁欲式的生活，专心且始终如一的工作学习，才能树立并完成远大的理想这一结论？（王昱凯）

生15：如果不淡泊名利就不会专注，最后一事无成。

生16：处处盯着名和利，就不能把事情做得精，做得细。

生17：淫慢是一种放纵，只顾享乐；淡泊能够修身养性，树立目标，并为之而奋斗。

师：都有道理。实际上，要想理解这句话，就要理解文章一个非常重要的字。（PPT展示学生疑问）

我感觉全文贯彻的理念是"静"。从"君子之行，静以修身"……"淡泊明志，宁静致远"下一句又再次提到了"静"，广才需要学习，学习需要明志，又回到了前面的"静"，"静"真的有那么重要吗？为什么？（邹岳玲）

文章中"静"的深刻含义是什么？（倪可佳、郭一嘉、周伊然）

为什么文中用"静"与"躁"？有什么作用？（李子涵）

为什么要先"静"才能"学"？（张嘉怡、叶靖凯）

为何"夫学须静也"？为何"静以修身"？（曹致远）

师：文中"静"字一共出现三次：（PPT展示）

（1）静以修身，俭以养德。

（2）非澹泊无以明志，非宁静无以致远。

（3）夫学须静也，才需学也。

师：我们追根溯源，来看看"静"。（PPT展示）

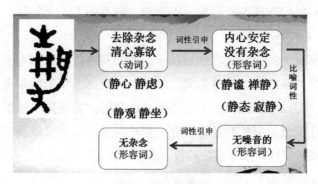

"静"的意思流变图

师：不难看出，"静"一共有四种意思，那么，诸葛亮在文中的"静"属于哪一种？

生18："静"首先是没有杂念，做到精神上的宁静，修养品德，成就大业。

生19："静"有两个意思，一是安静，不要受到外界的干扰而影响到学习；二是排除物质上的杂念，比如名和利。

生20：还可以是冷静和理性。冷静才能成就事业，即非宁静无以致远。理性才能去除杂念，清心寡欲，实现志向。

师：说的都有道理，老师来总结一下，"静"在文中至少有三种内涵。（PPT展示）

"静"的内涵：

（1）平和。静为修身之本：心平气和，陶冶性情。

（2）不争。静为治学之基：看淡名利，顺其自然。

（3）宁静。静为明志之根：志存高远，惜时进取。

4. 读出问题

师：文言文不仅要读得字正腔圆，节奏分明，意思清楚，还要读出问题。我们班很多同学提出了非常有价值的问题。（PPT展示学生疑问）

这是诸葛亮写给他儿子的一封信，那么当时他儿子堕落了吗？如不是的话，为什么文末用了一个感叹号以表示语气强烈？而且后面六句分明是在勉励他儿子"少壮不努力，老大徒伤悲"。（邹岳玲）

这篇文章是在什么情况下写的？为什么诸葛亮要告诫儿子？（杨宗儒、陈思同、欧阳森诺、王宸鹏、江诗悦、叶子瑜、黄培恒、何雅淇、何育锋、刘邦若、刘正阳）

《诫子书》课堂整合教学过程

师：你们提的问题很有深度，下面请一位专业人士来解答。有请付华敏老师。

师（付华敏）：中国人喜欢给孩子写家书和古代宗法制有关系。宗法制是用父系血缘关系的亲疏来维系政治等级，巩固国家统治的制度。因此，它的核心特征：①以父系血缘关系为纽带；②核心内容是嫡长子继承制。这样形成等级制度，维护家族利益。因此，宗法制形成后非常重视家教，强调伦常秩序，而家书就是一个非常好的教育形式。比较有名的家书有？

生：《颜氏家训》《曾国藩家书》。

师：对。除宗法制的原因外，我们再看看儒家思想。（PPT展示）

欲治其国者，先齐其家，欲齐其家者，先修其身。欲修其身者，先正其心。欲正其心者，先诚其意。

——曾子《大学》

师：从《大学》中我们可以看出儒家的什么理想？

生21：孝。

师：还有吗？

生22：齐家。

师：对。因此，在两汉，新兴的豪族大家通过密切家族联系来扩大社会影响力，纷纷制定家庭或家族的清规戒律。诸葛亮的《诫子书》正是在这样一种文化背景之下产生的，其后家教家训之作层出不穷。我们来看三国时期的地图。（PPT展示地图）

师：这一时期有什么特点？

生23：北方被曹魏占领，南方有刘备的蜀汉政权和孙权的东吴政权。

师：所以说，这个时期中国处于国家分裂、社会动荡的时期。一般情况下，在这样的社会时期家书都是明哲保身，躲避战乱，但诸葛亮的《诫子书》是什么样的？

生24：鼓励儿子树立志向，建功立业。

师：对！从另外一个角度讲，战乱时期也是建功立业的大好时期。请看诸葛亮的经历。（PPT展示）

公元208年，刘备三顾茅庐后得到诸葛亮支持，刘备和孙权通过赤壁之战合力击败曹操。

公元209年至219年益州之战、汉中之战后，建立蜀汉政权。

公元221年，刘备称帝。

公元225年，诸葛亮亲自率汉军，平定南中叛乱，蜀汉的实际控制领土也得以扩张。

蜀汉建兴十二年（公元234年），诸葛亮给他八岁的儿子诸葛瞻写了一封家书。

师：这是从时代背景上来讲的，诸葛亮把自己一生的思索临死前传递给儿子，希望他能有所作为。我们再看看诸葛亮的个人背景。（PPT展示）

诸葛亮青年时期院居隆中十年，躬耕于南阳。

师：隐居隆中十年，亲自耕种，你能看出他有什么样的性格？

生25：节俭，宁静。

师：非常好，我们再看看青年时的诸葛亮。（PPT展示）

亮躬耕陇亩，好为梁父吟。身长八尺，每自比於管仲、乐毅，时人莫之许也。

——《三国志·蜀书·诸葛亮传》

师：从这里你可以看出诸葛亮是一个什么样的人？

生26：充满理想和志向。

师：对，因此他希望自己的儿子也能够像他一样成就一番事业。我们一起总结一下诸葛亮写这封家书的文化背景：

（1）是古代中华民族重视家教的宗法制背景下的产物。

（2）具有浓厚的儒家传统文化特色：①体现了古代士大夫修身养德的道德素养要求；②尚志守道的崇高傲岸人格风范；③勤学成才、为世所用的积极入世精神。

（3）《诫子书》不仅是一代儒臣诸葛亮一生的真实写照，也是中华民族智慧的结晶。

三、走出文本

1. 读出疑问

师：刚才付老师从文化背景、时代背景和个人背景阐释了诸葛亮写这封家书的背景和文化，从中不难看出诸葛亮的良苦用心。这样一篇文章，今天我们为什么还要学习呢？它有何价值？在回答这个问题之前，我们看看诸葛瞻有没有按照他父亲的要求去做。（PPT展示）

诸葛瞻17岁娶公主，官拜骑都尉，后来屡迁为羽林中郎将、射声校尉、侍中、尚书仆射……蜀汉景耀六年（公元263年）冬，曹魏征西将军邓艾伐蜀。邓艾派人给诸葛瞻送信劝降，并说："若降者，必表为琅邪王。"诸葛瞻丝毫不为所动，先斩来使，以示决心，然后引兵出战，最后壮烈战死阵前，时年37岁。

——整理自陈寿《三国志》

师：诸葛瞻的一生是令人敬佩的一生，古人讲究的"三不朽"，他至少有两项：立功和立德。那么今天，我们为什么还要学习它呢？这作为今天的作业，但老师可以谈谈自己的理解（PPT展示）：

（1）志存高远，有为担当。

（2）甘于寂寞，执着坚守。

（3）惜时广学，磨炼自我。

2. 读出情感

师：最后，我们带着对诸葛亮的敬畏以及他对儿子的良苦用心来读一下这篇文章，用古人的读法，平仄读。"——"读得轻而长，"|"读得重而短。（生抑扬顿挫地朗读）

夫——君——子｜之——行——静｜以｜修——身——俭｜以｜养——德——非—淡｜泊——无——以｜明——志｜非——宁——静｜无——以｜致｜远——夫——学｜须——静｜也｜才——须——学｜也｜非——学｜无——以｜广｜才——非——志｜无——以｜成——学淫——慢｜则｜不｜能——励｜精｜险｜躁｜则｜不｜能——治｜性｜年——与｜时——驰——意｜与｜日｜去｜遂｜成——枯——落——多——不｜接——世｜悲——守｜穷——庐——将——复｜何——及｜

提升思维能力：学科整合的价值追求

《诫子书》是部编教材第四单元的一篇文言文，在文学史和文化史上都具有非常高的价值。文章写于蜀汉建兴十二年（公元234年）二月，八月诸葛亮病逝于五丈原。文章言辞恳切，谆谆教导，希望诸葛瞻淡泊明志、宁静致远、惜时有为、立志求学、勇于担当，言简义丰，情真意切。但这篇经典对于学生而言，存在时空和语言上的隔阂。如何让初一的学生走近文本，走进文本，进而走出文本，感受其魅力是个难题。笔者通过实施学科整合的方式，打通文学、历史和文化间的壁垒，在方法上采用还原理论，在还原朗读方式、学习状态、文化背景中理解、品味、赏析《诫子书》，进而提高学生的思维能力。

一、还原朗读方式，在陌生化中提高思维能力

朗读是文言文教学的基本手段。但在一线的课堂教学中，不管是朗读还是齐声读、个别读、角色读、教师范读，或者停留在读出韵味、读出情感的笼统要求上，或者成为教师自我展示的独角戏。朗读的形式是单调的，手法是单一的，内容是呆板的，地位是尴尬的。

"陌生化"由20世纪初俄国形式主义评论家什克洛夫斯基提出。所谓"陌生化"就是"使之陌生"，就是要审美主体对受日常生活的感觉方式支持的习惯化感知起反作用，要很自然地对主体生活于其中的世界不再看到或视而不见，使审美主体即使面临习以为常的事物也能不断有新的发现，从而延长其关注的时间和感受的难度，增加审美快感，并最终使主体在观察世界的原初感受之中化习见为新知，化腐朽为神奇。换句话说，在我们的教学过程中，如果能够让学生在司空见惯的事物面前产生前所未有的新奇，就能激发学生的兴趣，这样就能达到"陌生化"的效果。

在《诫子书》的朗读教学中，笔者两次还原古人读书的方式，进行陌

《诫子书》课堂整合教学过程

生化的处理，极大提高了学生的学习兴趣。一次是素读，即没有标点符号朗读，用"/"表句读：

夫君子之行/静以修身/俭以养德/非澹泊无以明志/非宁静无以致远/夫学须静也/才须学也/非学无以广才/非志无以成学/淫慢则不能励精/险躁则不能治性/年与时驰/意与日去/遂成枯落/多不接世/悲守穷庐/将复何及

学生要想断句，就必须读懂文章，或者基本读懂文章，这样就迫使学生进行思考。第二次还原，是用平仄法读文章。古代汉语具有音韵美，读起来抑扬顿挫。在学生理解文章内容后，笔者尝试一种全新的朗读方法：

夫——君——子｜之——行——，静｜以｜修——身——，俭｜以｜养——德——。非——澹｜泊——无——以｜明——志｜，非——宁｜静｜无——以｜致｜远——。夫——学｜须——静——也｜，才——须——学｜也｜。非——学｜无——以｜广｜才——，非——志｜无——以｜成——学｜。淫——慢｜则｜不｜能——励｜精，险｜躁｜则｜不｜能——治｜性｜。年——与｜时——驰——，意｜与｜日｜去｜，遂｜成——枯——落｜，多——不｜接——世｜，悲——守｜穷——庐——，将——复｜何——及｜！

杜威说："不断改进教学方法唯一直接的途径，就是把学生置于必须思考、促进思考和考验思考的情境之中。"陌生化的处理，在激发学生学习兴趣的同时，为学生创造了一种思考的情境，因此，课堂气氛比较热烈，学生的思考也是比较深入的。

二、还原学习状态，在可视化中提高思维力

据日本铃木太郎的研究，七岁儿童中心理年龄（mentalage）达到七岁标准的约占36.75%，达到九岁标准的占7.08%，仅及五岁标准的占4.51%。换句话说，同龄孩子的发展是存在差异的，而这种差异首先表现在思维上。也就是说，在面对同一问题时，不同学生对这个问题的理解和思考的程度是不一样的。因此，还原学生的学习思维就显得非常重要。

所谓"还原思维"，又称思维可视化，即在语文教学中为便于学生理解掌握，以图示或图示组合的方式把原本不可见的思维结构、思考路径及方法呈现出来，使其清晰可见。在《诫子书》的学习过程中，笔者先收集学生提出的问题。35位学生共提出23个问题，笔者在进行分类之后发现学生提出的问题主要有三个：

（1）如何理解文中的"静"？

（2）诸葛亮在什么背景下写的这篇文章？

（3）今天我们为什么还要学这篇文章？它有何价值？

应该说，学生抓到了问题的实质，前两个问题一个直指文章的核心，一个直指文章的文化，第三个问题则是学习目标的终极追求。为了帮助学生很好地理解这篇经典文章，笔者追根溯源，还原"静"的意思流变。

在"静"的意思流变可视化的情境下，对照课文，深入理解"静"的丰富内涵，最后总结为三点：

（1）平和。静为修身之本：心平气和，陶冶性情。

（2）不争。静为治学之基：看淡名利，顺其自然。

（3）宁静。静为明志之根：志存高远，惜时进取。

如果说对"静"的理解更多指向文章本身的话，那么历史学和文化学的引入则从更广的视角深入体悟其价值，而今天的价值思考，则更多地打通古今，传承经典，读出自我。这样学习的过程就形成一个"走近文本—走进文本—走出文本"的可视化的闭环，在可视化的过程中提升思维力。

三、还原文化背景，在大视野中提高思维力

学科分化有利于知识的系统化、高度的专业化，但与此同时也因门口狭隘导致学科壁垒森严。一句话，去背景化、去土壤化成为学科分化的一个硬伤。这种去土壤化的现象贯穿在学习者的整个学习过程中，具体表现在以下方面：

（1）在学习前，学科知识来源的缺失，学科知识背景的缺乏。

（2）在学习过程中，去土壤化导致学科壁垒森严，造成知识学习的条件缺乏，学科知识的习得片面。

（3）在学习后，学科知识应用缺位，知识学习的价值得不到体现。因此，要想改变这种状况，必须还原文化背景。

所谓"还原文化背景"就是课堂教学中为了便于学生理解文章的相关知识，可以有意识地引入时代故事、背景故事、作者的故事，还原作者所处的历史背景、当时情境。比如要读懂《木兰诗》，就必须知道南北朝时期的"府兵制"，否则无法理解为什么当时的人当兵要自己购买武器装备；要理解《石壕吏》，就必须了解安史之乱。

在《诫子书》的学习上，为了让学生更深层次地理解诸葛亮的良苦用

心以及对后世的影响，笔者专门邀请历史学科的付华敏老师从文化背景角度还原宗法制和儒家思想，从时代背景角度还原三国的时代特征，从个人背景角度还原诸葛亮的人生经历，让学生从历史和文化层面思考诸葛亮写《诫子书》的原因。

还原文化背景，把学生放入情境中去思考问题，为学生搭建思维的台阶，以大视角看问题，以更深层次思考问题，从而提高思维的深度。

总之，课程整合意在打通学科，还原文化背景，把学生置于促进思考、必须思考的情境之中，以解决问题为出发点，以提高思维能力为价值追求。

《猫》课堂整合教学过程

深圳明德实验学校　张　敏　庞志伟　肖　扬

猫

郑振铎

　　我家养了好几次猫，结局总是失踪或死亡。三妹是最喜欢猫的，她常在课后回家时，逗着猫玩。有一次，从隔壁要了一只新生的猫来。花白的毛，很活泼，如带着泥土的白雪球似的，常在廊前太阳光里滚来滚去。三妹常常取了一条红带，或一根绳子，在它面前来回地拖摇着，它便扑过来抢，又扑过去抢。我坐在藤椅上看着他们，可以微笑着消耗过一二小时的光阴，那时太阳光暖暖的照着，心上感着生命的新鲜与快乐。后来这只猫不知怎的忽然消瘦了，也不肯吃东西，光泽的毛也污涩了，终日躺在厅上的椅下，不肯出来。三妹想着种种方法逗它，它都不理会。我们都很替它忧郁。三妹特地买了一个很小很小的铜铃，用红绫带穿了，挂在它颈下，但只显得不相称，它只是毫无生意的，懒惰的，郁闷地躺着。有一天中午，我从编译所回来，三妹很难过地说道："哥哥，小猫死了！"

　　我心里也感着一缕的酸辛，可怜这两月来相伴的小侣！当时只得安慰着三妹道："不要紧，我再向别处要一只来给你。"

隔了几天，二妹从虹口舅舅家里回来，她道，舅舅那里有三四只小猫，很有趣，正要送给人家。三妹便怂恿着她去拿一只来。礼拜天，母亲回来了，却带了一只浑身黄色的小猫同来。立刻三妹一部分的注意，又被这只黄色小猫吸引去了。这只小猫较第一只更有趣、更活泼。它在园中乱跑，又会爬树，有时蝴蝶安详地飞过时，它也会扑过去捉。它似乎太活泼了，一点也不怕生人，有时由树上跃到墙上，又跑到街上，在那里晒太阳。我们都很为它提心吊胆，一天都要"小猫呢？小猫呢？"查问得好几次。每次总要寻找了一回，方才寻到。三妹常指它笑着骂道："你这小猫呀，要被乞丐捉去后才不会乱跑呢！"我回家吃中饭，总看见它坐在铁门外边，一见我进门，便飞也似地跑进去了。饭后的娱乐，是看它在爬树。隐身在阳光隐约里的绿叶中，好像在等待着要捕捉什么似的。把它抱了下来。一放手，又极快地爬上去了。过了二三个月，它会捉鼠了。有一次，居然捉到一只很肥大的鼠，自此，夜间便不再听见讨厌的吱吱的声了。

某一日清晨，我起床来，披了衣下楼，没有看见小猫，在小园里找了一遍，也不见。心里便有些亡失的预警。

"三妹，小猫呢？"

她慌忙地跑下楼来，答道："我刚才也寻了一遍，没有看见。"

家里的人都忙乱地在寻找，但终于不见。

李嫂道："我一早起来开门，还见它在厅上。烧饭时，才不见了它。"

大家都不高兴，好像亡失了一个亲爱的同伴，连向来不大喜欢它的张婶也说："可惜，可惜，这样好的一只小猫。"

我心里还有一线希望，以为它偶然跑到远处去，也许会认得归途的。

午饭时，张婶诉说道："刚才遇到隔壁周家的丫头，她说，早上看见我家的小猫在门外，被一个过路的人捉去了。"

于是这个亡失证实了。三妹很不高兴的咕噜着道："他们看见了，为什么不出来阻止？他们明晓得它是我家的！"

我也怅然的，愤恨的，在诅骂着那个不知名的夺去我们所爱的东西的人。

自此，我家好久不养猫。

冬天的早晨，门口蜷伏着一只很可怜的小猫。毛色是花白，但并不好看，又很瘦。它伏着不去。我们如不取来留养，至少也要为冬寒与饥饿所杀。张妈把它拾了进来，每天给它饭吃。但大家都不大喜欢它，它不活泼，也不像别的小猫之喜欢顽游，好像是具着天生的忧郁性似的，连三妹那样爱猫的，对于它也不加注意。如此的，过了几个月，它在我家仍是一只若有若无的动物。它渐渐的肥胖了，但仍不活泼。大家在廊前晒太阳闲谈着时，它也常来蜷伏在母亲或三妹的足下。三妹有时也逗着它玩，但没有对于前几只小猫那样感兴趣。有一天，它因夜里冷，钻到火炉底下去，毛被烧脱好几块，更觉得难看了。

春天来了，它成了一只壮猫了，却仍不改它的忧郁性，也不去捉鼠，终日懒惰的伏着，吃得胖胖的。

这时，妻买了一对黄色的芙蓉鸟来，挂在廊前，叫得很好听。妻常常叮嘱着张妈换水，加鸟粮，洗刷笼子。那只花白猫对于这一对黄鸟，似乎也特别注意，常常跳在桌上，对鸟笼凝望着。

妻道："张妈，留心猫，它会吃鸟呢。"

张妈便跑来把猫捉了去。隔一会，它又跳上桌子对鸟笼凝望着了。

一天，我下楼时，听见张妈在叫道："鸟死了一只，一条腿被咬去了，笼板上都是血。是什么东西把它咬死的？"

我匆匆跑下去看，果然一只鸟是死了，羽毛松散着，好像它曾与它的敌人挣扎了许久。

我很愤怒，叫道："一定是猫，一定是猫！"于是立刻便去找它。

妻听见了，也匆匆地跑下来，看了死鸟，很难过，便道："不是这猫咬死的还有谁？它常常对鸟笼望着，我早就叫张妈要小心了。张妈！你为什么不小心？"

张妈默默无言，不能有什么话来辩护。

于是猫的罪状证实了。大家都去找这可厌的猫，想给它以一顿惩戒。找了半天，却没找到。我以为它真是"畏罪潜逃"了。

三妹在楼上叫道："猫在这里了。"

它躺在露台板上晒太阳，态度很安详，嘴里好像还在吃着什么。我想，它一定是在吃着这可怜的鸟的腿了，一时怒气冲天，拿起楼门旁倚着的一根木棒，追过去打了一下。它很悲楚地叫了一声"咪呜！"便逃到屋瓦上了。

我心里还愤愤地，以为惩戒得还没有快意。

隔了几天，李嫂在楼下叫道："猫，猫！又来吃鸟了。"同时我看见一只黑猫飞快地逃过露台，嘴里衔着一只黄鸟。我开始觉得我是错了！

我心里十分的难过，真的，我的良心受伤了，我没有判断明白，便妄下断语，冤苦了一只不能说话辩诉的动物。想到它的无抵抗的逃避，益使我感到我的暴怒，我的虐待，都是针，刺我的良心的针！

我很想补救我的过失，但它是不能说话的，我将怎样的对它表白我的误解呢？

两个月后，我们的猫忽然死在邻家的屋脊上。我对于它的亡失，比以前的两只猫的亡失，更难过得多。

我永无改正我的过失的机会了！

自此，我家永不养猫。

一九二五年十一月七日于上海

【教学目标及重难点】

（1）在诵读文章的基础上，了解三只猫的不同外形、性情及在家中的地位，体会文章的思想感情及蕴含的人生哲理。（重点）

（2）在还原背景的基础上，了解历史文化中的猫。（难点）

（3）在多维反思中，培养关爱动物、善待生命的情感。（难点）

【整合科目】

语文+历史+心理健康。

【教学时间】

一课时。

【教学过程】

（一）语文

1.活动导入——猜谜语

猫是一种日常可见的可爱的动物，现在很多爱猫的人把猫称为"喵星人""喵主子"，把自己称为"铲屎官""猫奴"。今天我们就来学习一位"铲屎官"写于1925年的和猫有关的一篇文章。（板书课题）

2.小组活动——预习检测，完成"养猫"档案

"养猫"档案表

	来历	外形	性情	在家中的地位	结局	"我"失猫后的心情
第一只猫						
第二只猫						
第三只猫						

总结梳理：作者在文章中描述了三只猫，第一、二只是因为喜爱要来的，性情一只比一只活泼可爱，结果第一只病死，第二只走丢。第三只猫是因为可怜捡来的，性情不活泼，不大引人注意，因"偷鸟事件"被"我"打伤，不久就病死了。

3. 朗读文本

我们一起来读一下作者失去三只猫后的不同心情。（生齐读）

这里的重读应该是哪几个词语？（圈重读词语）让我们来重新读一下。（生再读）

问：哪只猫让作者感到最痛心？

学生回答：第三只猫。

问：为什么第三只猫让作者最痛心？是因为这牵涉到一宗冤假错案。现在让我们来还原案件。

4. 活动——案发现场情境还原

从文本中找出相应的内容，还原案件。

嫌疑猫的献身：

（1）案发现场：

（2）嫌疑猫：

（3）证据——案发前：

案发后：

（4）结案方式：

（5）案情真相：

问：知道真相后，作者心情如何？（生再读）

问："自此，我家好久不养猫"和"自此，我家永不养猫"有何不同？（生讨论）

小结："好久不养猫"是因为久久不能从失去猫的难过中恢复过来。"永不养猫"是因为作者酿成了第三只猫的冤案和死亡，无法补救，时时受到良心的谴责。因自己的冲动和武断伤害了一条无辜的生命，人性中的善良仁爱、公平正义让作者时刻处于内疚自责之中。对生命的尊重和热爱，这也正是这篇文章的要义所在。那么，猫作为一种长期存在于人类社会中的动物，在历史的长河中，人们又是怎样看待这种生命的呢？他们会和作者一样去尊重和热爱这种小生命吗？下面有请历史老师为我们讲解历史中的猫。

（二）历史

思考问题：猫在不同时期的文化里有什么不同呢？（生提问）

材料一：

有熊有罴，有猫有虎。

——《诗经》

鼠善害苗，而猫捕鼠，去苗之害，故"猫"字从苗。

——《诗经》

使鸡司夜，令狸执鼠，皆用其能，上乃无事。

——《韩非子》

问题：从材料中，可以看到人类和猫的关系发生了什么变化？

学生回答：猫逐渐被人类驯化。

设计意图：了解人类对猫的驯化过程。

材料二：

1765年某日，巴黎的圣塞佛伦街上发生了一桩令所有道德家蒙羞、理论家思索、猫族沉痛的"暴力事件"。一家纺织铺中的两个学徒和若干职工手持扫帚柄、纺织机横杆等"凶器"，对周边的猫进行了一场剿杀——师母的爱宠"小灰"首当其冲，后有数十只猫被"抓捕"并处以"绞刑"——工人们临时搭建了"刑台"并任命了"绞刑吏""卫兵""告解神父"等。师父师母对此气急败坏却无可奈何，杀猫者则更欣喜若狂，认为这次行动是"最开心的事"。

问题：1765年发生了什么事情？

设计意图：资本主义生产方式发展起来，人们把对工作的愤怒迁移到了对猫的态度上，体现出猫与人的关系。

小结：猫与人的关系受到了时代的影响。回想作者郑振铎生活的时代，他写于1925年，这个时期正是中国军阀混战之时，作者通过《猫》表达了对弱小者同情的诉求。在当今时代我们该怎么对待猫呢？请心理老师帮我们解析。

（三）心理健康

1. 情境提问

心理课向来强调感受，你喜欢小动物吗？你养过宠物吗？

2. 正例

著名作家村上春树非常喜欢猫，是一名资深的"铲屎官"。有一次在新书发布会上记者采访他："为何您的作品总能让人感到温暖呢？"村上春树回答说："也许，这应该归功于陪我写作的猫咪吧。"

问题：为什么有人喜欢养宠物？

学生回答：宠物很萌；能放松心情；能和它聊天排解苦闷……

问题：对于这些热爱小动物的人来说，小动物在他们心中的地位是怎样的？

设计意图：澄清在喜爱宠物的人心中，小动物的地位和人类是平等的。

3. 反例

近来，网络上曝光了多起虐猫事件。其中有一位"中国虐猫第一女"，该女子四处领养小猫，但实际上只是为了虐待它们。她的虐猫行为长达十年，伤害小猫的数量多达上百只。

问题：为什么有人会虐杀小动物？

学生回答：为了发泄情绪。

问题：小动物在这些人心中处于怎样的地位？

设计意图：澄清在虐猫的人心中，小动物的地位是像物品一样，低人一等的。

小结：两种人，两种截然相反的态度，背后是两种不同的价值观，一种认为人和动物的生命是平等的；另一种认为人和动物的生命是不平等的，人可以有特权。你认同哪一种呢？

小组讨论：就以上问题，给出你的观点和理由。

4. 总结提升

（1）语文、历史和心理，从不同的角度来讲述，但都在告诉我们要平等地对待生命。

（2）在我们的生活当中，也会有与其他的小生命或弱势群体共同相处的时候，若平等地对待他们、尊重他们，就更能感受到生命之美，体验到生活的乐趣，希望本次整合课能让你尊重生命，善待生命。

一、语文

师：同学们，在开始这节课之前，我们先来猜一个谜语。（PPT展示猜谜语）

师：我们一起来说出谜底——

生（齐）：猫！

师：对，很好！猫是一种日常可见的可爱的动物，现在很多爱猫的人把猫称为"喵星人""喵主子"，把自己称为"铲屎官""猫奴"。今天我们就来学习一位"铲屎官"写于1925年的和猫有关的一篇文章。（板书课题）

师：我们首先来进行小组活动——预习检测，完成"养猫"档案。（PPT展示）你们有五分钟的时间梳理信息，整理要点。

"养猫"档案表

	来历	外形	性情	在家中的地位	结局	"我"失猫后的心情
第一只猫						
第二只猫						
第三只猫						

师：好，请三个小组各派一名代表上来完成档案梳理，写下要点。

师：现在三个小组已经完成档案，有没有同学需要补充的？需要补充的请举手。

生：第二只小猫的性情相对第一只应该是更有趣、更活泼，我觉得只说活泼可爱不太准确。

师：对，很好，他关注到了两只小猫性格的对比点，加上"更"字更符合作者描述的事实。很好，我们给三个小组各加一分，给指出问题的同学加一分。

师：现在我们一起来看"养猫"档案。通过三个小组成员的梳理，我们

《猫》课堂整合教学过程

知道作者在文章中描述了三只猫，第一、二只是因为喜爱要来的，性情一只比一只活泼可爱，结果第一只病死，第二只走丢。第三只猫是因为可怜捡来的，性情不活泼，不大引人注意，因"偷鸟事件"被"我"打伤，不久就病死了。

师：现在，我们走进文本，一起来读一下作者失去三只猫后的不同心情。

（生齐读）

师：我们在朗读的时候，不同的声调会有不同的感情表达力度。在我们刚刚读过的内容里，应该重读哪几个词语？

生：老师，我觉得应该是"不要紧""自此""好久""永不"这几个词。

师：你真棒，找得非常好。好，我们大家一起按照刚才的同学给大家找的重读词语来重新读一遍，体会一下作者感情有什么不同。

（生再读）

师：现在老师又有问题了，哪只猫让作者感到最痛心？

生：第三只猫。

师：为什么第三只猫让作者最痛心？

生：因为作者内疚。

师：是的，很好。第三只猫的离去让作者最痛心，因为这牵涉到一宗冤假错案，让作者永怀内疚。现在让我们来还原案件吧。老师给你们三分钟时间来还原案件细节。

师：请三个小组再派一名代表来给大家还原案件。

嫌疑猫的献身：

（1）案发现场：

（2）嫌疑猫：

（3）证据——案发前：

案发后：

（4）结案方式：

（5）案情真相：

师：好的，现在三个小组的成员已经简单写下案情要点。现在我们请一位同学用专业语气来给大家复述案情。谁来复述？（生举手）好的，请你来复述案情。

生：在作者的家里发生了一起动物凶杀案。死者是作者最喜欢的芙蓉鸟，案发现场的情形是：鸟死了一只，一条腿被咬去了，笼板上都是血，羽毛松散着，好像它曾与它的敌人搏斗了许久。现在作者把犯罪嫌疑人定为第三只猫。理由有下：案发前这只小猫常常跳到桌上，对鸟笼凝望着，案发后它躺在露台板上晒太阳，态度很安详，嘴里还在吃什么。本案的结案方式是作者怒气冲天，拿起一根木棒，追过去打了一下。在结案以后，案情又有了转折，是黑猫吃了鸟，真相大白。

师：很好，非常有专业范儿，来，我们给优秀的"警方发言人"鼓个掌。

（生鼓掌）

师：再回到文本，知道真相后，作者心情如何？我们一起读一下。

（生再读）

师：这次事件的后果是"永不养猫"。那"自此，我家好久不养猫"和"自此，我家永不养猫"有何不同？

生："好久不养猫"是因为很久不能从打击中恢复过来，"永不养猫"是作者始终不能原谅自己，这是作者一生的遗憾。

师：说得非常好。

二、历史

师：请看材料。思考从以下材料中得出了什么结论？

材料一：

有熊有黑，有猫有虎。

——《诗经》

鼠善害苗，而猫捕鼠，去苗之害，故"猫"字从苗。

——《埤雅》

使鸡司夜，令狸执鼠，皆用其能，上乃无事。

——《韩非子》

生：猫很早就被驯服，与人类共居，是捕鼠的能手。

师：描述得很准确。下面请看这幅宋徽宗画的《猫蝶图》，说明什么问题？

生：说明猫成了一个吉祥物。

师：是的，"耄耋"与"猫蝶"同音，有富贵长寿之意。

师：那在国外，猫有什么社会含义呢？请看材料二。古埃及文化里人们对猫具有什么感情？你还知道埃及有哪些关于猫的故事？

材料二：

在这个地方，如果故意杀害猫，是会被判处死刑的；出于误杀，则要按照女祭司的要求赔偿相当数量的银子。家养猫死去的话（多数由于食物中毒或被其他野兽咬死），全家人都要剃掉眉毛以表哀悼，否则贝斯特神就会降灾。

——希罗多德

生：猫是一种文化，一种神圣的象征。

师：是的，也就是说猫与人类生活息息相关。我们再来看历史上发生过的真实事件。

材料三：

1765年某日，巴黎的圣塞佛伦街上发生了一桩令所有道德家蒙羞、理论家思索、猫族沉痛的"暴力事件"。一家纺织铺中的两个学徒和若干职工手持扫帚柄、纺织机横杆等"凶器"，对周边的猫进行了一场剿杀——师母的爱宠"小灰"首当其冲，后有数十只猫被"抓捕"并处以"绞刑"——工人们临时搭建了"刑台"并任命了"绞刑吏""卫兵""告解神父"等。师父师母对此气急败坏却无可奈何，杀猫者则更欣喜若狂，认为这次行动是"最开心的事"。

生：猫成了阶级矛盾的发泄对象。

师：我们看到了猫与人类社会息息相关。猫是一种灵动的生灵，也是大自然中的一种生物。我们该用什么样的态度去对待这种生灵呢？我们有请心理老师来讲解。

三、心理健康

师：现代的人们是怎么对待猫的？我们从自己身上说起吧！同学们，你们喜欢小动物吗？

生（异口同声）：喜欢。

师：那你们养过宠物吗？

生：（有人）养过，（有人）没有。

师：那养宠物是种什么样的感觉呢？为什么这么多人热衷于此？我们来看一个例子。著名作家村上春树非常喜欢猫，是一名资深的"铲屎官"。有一次在新书发布会上记者采访他："为何您的作品总能让人感到温暖呢？"村上春树回答说："也许，这应该归功于陪我写作的猫咪吧。"你怎么理解村上先生的这句话呢？

生：大概是猫咪给村上先生带来了温暖，所以他也把温暖融入作品里了。

师：非常好！由此，你知道为什么很多人喜欢养宠物了吗？

生1：宠物很萌，可以帮人放松心情。

生2：和它聊天可以排解苦闷。

生3：和它一起不会觉得孤独。

师：的确！所以对于这些热爱小动物的人来说，小动物在他们心中的地位是怎样的？

生：就像朋友一样。

师：没错，所以他们把宠物看成是和自己一样的、平等的生命。但是，现在社会上却出现了另外一群人。近来，网络上曝光了多起虐猫事件。其中有一位"中国虐猫第一女"，该女子四处领养小猫，但实际上只是为了虐待它们。她的虐猫行为长达十年，伤害小猫的数量多达上百只。小猫那么可爱，为什么会有人虐杀它们呢？

生1：可能是她在工作中受了气，无处发泄，只能发泄在小猫身上。

生2：可能她心理有问题，喜欢虐猫取乐。

生3：有可能她小时候被猫咬过，有阴影。

师：哇！你们的猜测都很有心理学意味，非常专业呢！的确，这些原因都有可能。那么对于这样的一群人，小猫、小狗等小动物在他们心中处于怎样的地位呢？

生：感觉低人一等，别人想怎么样就怎么样。

师：很好，在虐待动物的人眼里，动物就像物品一样，它们不如人类有价值，可以随意处置。现在我们可以进行小结：我们刚才讲了当今时代对小动物持有截然相反态度的两种人，在他们的背后其实是两种不同的价值观，一种认为人和动物的地位是平等的；另一种认为人和动物的地位是不平等的，人可以有特权。

师：我们看到文章作者既有爱猫的时候，又有虐猫的时候，他是持哪一种价值观的人呢？

生：我认为他是爱猫的。

师：为什么？

生：因为他虽然打了猫，但之后发现是自己误会了猫，他会感到愧疚。如果他不看重那只猫，他是不会愧疚的。

师：其他同学，你们同意吗？

生（齐）：同意。

师：分析得非常好！那么，你们又是认同哪一种价值观的呢？请课后相互分享讨论。

师：今天，我们从语文、历史和心理三个不同的角度讲述了人和猫之间的关系，所有的内容都告诉我们要平等地对待生命。在我们的生活当中，也会有与其他的小生命或弱势群体共同相处的时候，若平等地对待他们、尊重他们，就更能感受到生命之美，体验到生活的乐趣。今天的课就到这里。下课。

在课程整合中学会尊重生命

《猫》是当代作家郑振铎于1925年创作的一篇散文。文章讲述作者一家前后三次养猫的经历，真切表现了作者跌宕起伏的复杂情感。文中最感人的地方，是作者第三次养猫的故事。这只猫是被拾来养的，与前两只猫相比，一点也不可爱，家人也没有过多理它。有一天，作者喜爱的芙蓉鸟被外来的一只黑猫盗吃，作者误以为是这只家猫所为，于是不分青红皂白，用木棒追打这只可怜的猫，以致其后来忽然死在邻家的屋脊上。后来作者明白了真相，心灵受到极大的震动。

本文作为整合课，以语文为中心学科，整合历史和心理健康两门学科，通过挖掘文本和纵向深化，在多维反思中，让学生和作者发生情感共鸣，培养学生关爱动物、善待生命的情感。语文学科的授课内容主要是放在文本挖掘上，先是整理作者的养猫档案，梳理文中对三只小猫的描写，再通过对第三只小猫"案情"的回顾和对比"好久不养猫"和"永不养猫"的情感差异，让学生进入作者的感情世界，明确人性中的善良仁爱、公平正义让作者时刻处于内疚自责之中，引出对生命的尊重和热爱。纵观整个文本梳理的过程，教学活动主要落实在了两个活动（养猫档案和案情还原）和两句话（"很久"一句和"永不"一句）上。学生的活动参与度高，而且都能做到有话可说，对作者感情的把握也比较到位。这为以后的教学提供了很好的借鉴意义，一定要在课堂上多设计活动，提高学生的课堂参与度。

历史好似是大事年记，缺乏血肉。文史结合能够体现历史事实的具体性，增强说服力、感染力，有助于学生展开想象，再造历史形象，因此恰当的运用可以使课堂更加生动，更有吸引力。学科知识"整合"有很多复杂的问题，如哪些知识点可以整合，该怎么整合，这些问题解决的恰当与否直接关系到课堂的成败。英国著名历史教育学者唐纳德·汤普森指出："教师的重要活动之一是筛选和精简资料，对资料进行相当专业的评判，以便适用于

《猫》课堂整合教学过程

学生。"而整合课中的"整合点"就是挑选资料的节点。因此，在整合课中要寻找有效问题。在本书整合课中，我们寻找的文史结合的有效问题就是"在人类历史上，人与猫的关系如何"。通过这个问题透析猫在人类生活中的位置，拓宽学生的思考空间，引发学生思考社会问题，即如何对待猫这种生命，为心理老师的出场奠定基础。

心理部分的教学内容条理清晰、目标明确，采用矛盾质疑的方法，通过正例和反例引导学生看到爱猫和虐猫背后的人的价值观。同时，结合学生实际生活的导入能够快速调动学生的注意力，保证了紧张有序的教学节奏。教学理念上，教师站在中立的立场，客观地呈现两种人的状态，由学生自发生成看待小动物的态度，尊重了学生的主体地位。然而，心理部分在教学形式上显得有些单一，都是通过师生问答的形式来呈现，短时间的教学可能不影响，但最好适当加入一些体验、活动或视频，增加学生的参与感，同时也增加课堂形式的多样性。或者，可以加入一些学生讨论，增加生生互动。

在整合课中，语文学科作为文本基础，教学效果会直接影响到整合课堂的上课效果。找好学科结合点，落实文本内容，是语文教师首先需要完成的任务。在本课中，历史学科让学生的视野从文本走向历史和文化传统，对课文的理解从点拓展到面，而心理学科则把知识的问题落实到情感维度。从整合课堂效果来看，这是一次有益的实践。

《珍珠鸟》课堂整合教学过程

深圳明德实验学校　宋慧俊　任　静　马睿哲

珍珠鸟

冯骥才

真好！朋友送我一对珍珠鸟，放在一个简易的竹条编成的笼子里。笼内还有一卷干草，那是小鸟舒适又温暖的巢。

有人说，这是一种怕人的鸟。

我把它挂在窗前。那儿还有一大盆异常茂盛的法国吊兰。我便用吊兰长长的、串生着小绿叶的垂蔓蒙盖在鸟笼上，它们就像躲进幽深的丛林一样安全，从中传出的笛儿般又细又亮的叫声，也就格外轻松自在了。

阳光从窗外射入，透过这里，吊兰那些无数指甲状的小叶，一半成了黑影，一半被照透，如同碧玉，斑斑驳驳，生意葱茏。小鸟的影子就在这中间隐约闪动，看不完整，有时连笼子也看不出来，却见它们可爱的鲜红小嘴从绿叶中伸出来。

我很少扒开叶蔓瞧它们，它们便渐渐敢伸出小脑袋瞅瞅我。我们就这样一点点熟悉了。

三个月后，那一团越发繁茂的绿蔓里边，发出一种尖细又娇嫩的鸣叫。我猜到，是它们有了雏儿。我呢，决不掀开叶片往里看，连添食加水时也不睁大好奇的眼睛去惊动它们。过不多久，忽然有一个更小的脑袋从叶间探出来，哟，雏儿！正是这个小家伙！

它小，就能轻易地由疏格的笼子里钻出来。瞧，多么像它的母亲：红嘴红脚，灰蓝色的毛，只是后背还没生出珍珠似的圆圆的白点。它好肥，整个身子好像一个蓬松的球儿。

起先，这小家伙只在笼子四周活动，随后就在屋里飞来飞去，一会儿落在柜顶上，一会儿神气十足地站在书架上，啄着书背上那些大文豪的名字，一会儿把灯绳撞得来回摇动，跟着逃到画框上去了。只要大鸟在笼里生气地叫一声，它就立即飞回笼里去。

我不管它。这样久了，打开窗子，它最多只在窗框上站一会儿，决不飞出去。

渐渐它胆子大了，就落在我的书桌上。它先是离我较远，见我不去伤害它，便一点点挨近，然后蹦到我的杯子上，俯下头来喝茶，再偏过脸瞧瞧我的反应。我只是微微一笑，依旧写东西，它就放开胆子跑到稿纸上，绕着我的笔尖蹦来蹦去，跳动的小红爪子在纸上发出"嚓嚓"的响声。

我不动声色地写，默默享受着这小家伙亲近的情意。这样，它完全放心了。索性用那涂了蜡似的小红嘴，"嗒嗒"啄着我颤动的笔尖。我用手抚一抚它细腻的绒毛，它也不怕，反而友好地啄两下我的手指。

白天，它这样淘气地陪伴我；天色入暮，它就在父母再三的呼唤声中，飞向笼子，扭动滚圆的身子，挤开那些绿叶钻进去。

有一天，我伏案写作时，它居然落到我的肩上。我手中的笔不觉停了，生怕惊跑它。待一会儿，扭头看，这小家伙竟趴在我的肩头睡着了，银灰色的眼睑盖住眸子，小红爪子刚好被胸脯上长长的绒毛盖住。我轻轻抬一抬肩，它没醒，睡得好熟！还咂咂嘴，难道在做梦？

我笔尖一动，流泻下一时的感受：

信赖，往往创造出美好的境界。

【教学目标及重难点】

（1）变换作家、珍珠鸟雏儿视角朗读文章，还原作家创作的心路历程，用鸟的视角反观文章，深入体会"信赖，往往创造出美好的境界"这句中心句的真谛。

（2）在变换视角诵读文章的基础上，理解文章传递的"胆小—试探—信任—信赖"的情感线索。（重点）

（3）在还原背景的基础上，从冯骥才的作家、画家的双重身份来解读文学中的画面美学，绘画中的文学性，即写作像画画，绘画也是一种写作，从而理解文学与艺术创作的共通性。（重难点）

（4）在多视角切换的过程中，理解文学和绘画创作的共同点，并从文本中感悟情感；运用审辩式的思维，多角度审视文本。（难点）

【教学方法】

朗读法、还原法、矛盾质疑、审辩思维。

【教学过程】

（一）多视角质疑

日常三连问：

（1）教材为什么在这个单元选用这篇文章？

（2）作者想告诉我们什么？

（3）我们能从中学到什么？

（二）切换视角朗读

分析角色视角

文章中包含几个视角呢？首先我们是学生视角，我们还可以变成冯骥才视角，也可以变成珍珠鸟雏儿视角。

（1）假如你是冯骥才

材料一：

冯骥才，出生于1942年，《珍珠鸟》是当代作家冯骥才于1984年创作的一篇散文。

换位视角角色分析：冯骥才，42岁的中年男子，作家，口吻浑厚又慈祥。

"我很少扒开叶蔓瞧它们，它们便渐渐敢伸出小脑袋瞅瞅我。我们就这样一点点熟悉了。三个月后，那一团越发繁茂的绿蔓里边，发出一种尖细又娇嫩的鸣叫。我猜到，是它们有了雏儿。我呢，决不掀开叶片往里看，连添食加水时也不睁大好奇的眼去惊动它们。过不多久，忽然有一个更小的脑袋从叶间探出来。哟，雏儿！正是这小家伙！"

文段分析：冯骥才喜爱雏儿——"这小家伙"。

（2）假如你是珍珠鸟雏儿——"这小家伙"

"它小，就能轻易地由疏格的笼子钻出身。瞧，多么像它的父母：红嘴红脚，灰蓝色的毛，只是后背还没生出珍珠似的圆圆的白点；它好肥，整个身子好像一个蓬松的球儿。"

文段分析："我"的长相，给人什么样的感觉？

"起先，这小家伙只在笼子四周活动，随后就在屋里飞来飞去，一会儿落在柜顶上，一会儿神气十足地站在书架上，啄着书背上那些大文豪的名字，一会儿把灯绳撞得来回摇动，跟着逃到画框上去了。只要大鸟儿在笼里生气地叫一声，它立即飞回笼里去。"

文段分析："我"自娱自乐，玩得很开心，啄着李白、苏轼、鲁迅的名字，来个古今贯通；再啄一啄莎士比亚、巴尔扎克、雨果的名字来个国际贯通。感受一下吧，我们读过书的人看世界都是有文化的，骄傲啊！神气十足啊！

天下爸妈都一个样，喜欢在我们玩得最开心的时候生气，真奇怪，"我"的爸妈怎么生气了？

（3）双视角共读一段文字，体会信赖是两者之间的默契

冯："我不管它。这样久了，打开窗子，它最多只在窗框上站一会儿，决不飞出去。渐渐地它胆子大了，就落在我的书桌上。"

"小家伙"："他不管我。这样久了，打开窗子，我最多只在窗框上站一会儿，决不飞出去。渐渐地我胆子大了，就落在他的书桌上。"

（4）得寸进尺的互动

"它先是离我较远，见我不去伤害它，便一点点挨近，然后蹦到我的杯子上，俯下头来喝茶，再偏过脸瞧瞧我的反应。我只是微微一笑，依旧写东西，它就放开胆子跑到稿纸上，绕着我的笔尖蹦来蹦去，跳动的小红爪子在

纸上发出'嚓嚓'的响声。"

（5）信赖建立，情谊深化

"这样，它完全放心了，索性用那涂了蜡似的小红嘴，'嗒嗒'啄着我颤动的笔尖。我用手抚一抚它细腻的绒毛，它也不怕，反而友好地啄两下我的手指。"

（三）理性闯进感性，科学提出质疑

科学老师眼中的珍珠鸟：

（1）珍珠鸟名字。

（2）珍珠鸟外观。

（3）珍珠鸟习性。

材料二：

斑胸草雀于茂密的蒿草或灌木丛中营造开口朝向侧面的松散球形巢，或善于利用天然洞穴。

对比文章中的居住环境。

（4）珍珠鸟性情。

材料三：

斑胸草雀喜群居生活，它们本身属于神经质的鸟，容易惊恐。虽然集群活动，但仍保留一定的领域性，不允许陌生者过于接近窝巢。它们对周围环境十分敏感，异常的响动，哪怕是轻微的声音，都能使警觉的雄鸟惊叫起来并引起周围鸟的呼应，巢中的雌鸟也会循声从巢中探出头来一看究竟。

指出文章中多处人鸟信赖情谊的不科学。

（四）艺术拯救审美，情感照亮文学

美术老师眼中的冯骥才。

1. 还原背景

冯骥才，既是作家又是画家。早期临摹古人画风（摹古），后期受到西方油画风格影响，沿用了丹青的表现手法（色彩），开创了中西兼容、清新俊逸的画风。

2. 欣赏冯骥才画作，体会艺术的情感之美

材料一：

《树后面是阳光》：冯骥才，1991。

《树后面是阳光》

光影效果技法，传递冷静又祥和之美。

材料二：

《大山豪情》：冯骥才，2007。

《大山豪情》

体会豪迈之情，理解画作的失真与夸张技法。

材料三：

《海之歌》：冯骥才，2006。

《海之歌》

理解渲染和烘托技法，体会不一样的观众，产生不一样的情感。

（五）文学和艺术结合，我们的文艺范儿

1. 一百个观众，会对画作产生一百种情感；一千个读者，就有一千个哈姆雷特

"那儿还有一大盆异常茂盛的法国吊兰。我便用吊兰长长的、串生着小绿叶的垂蔓蒙盖在鸟笼上，它们就像躲进幽深的丛林一样安全……"

这是文学和绘画都使用的技法——烘托，好比侧面描写。

"阳光从窗外射入，透过这里，吊兰那些无数指甲状的小叶，一半成了黑影，一半被照透，如同碧玉，斑斑驳驳，生意葱茏。"

这是文学和绘画常用的技巧，它叫作"光影效果"。

2. 写作如画，画似写作

材料一：

文人在写作时，使用单一的黑墨水，没有色彩。色彩都包含在字里行间。……文字的使命是千方百计唤起读者形象的联想，唤起读者的画面感，设法叫读者"看见"作家所描述的一切，也就是契诃夫所说的"文学就是要立即生出形象"。

——《什么作家喜欢画画？》冯骥才

材料二：

一幅画会引起人伤心落泪，它的效应就绝非是绘画的，而是文学的。因而我更有道理说，我画画其实是一种写作。

——《往事》冯骥才

3. 视角凝结，情感升华

材料三：

文学于我是一种责任方式，绘画则是一种心灵方式。所以我说，人为了看见自己的心灵才画画。

——《我的绘画观》冯骥才

人也是为了看见心灵才写作。正是科学眼中的不科学，才成就了文学世界的艺术美。

（六）板书设计

《珍珠鸟》

冯骥才

信赖

不科学

文学美

艺术美

一、热身背诵

学生背诵《春江花月夜》《江城子·密州出猎》。

二、多视角质疑

师：今天我们跟着冯骥才老先生，一起陪珍珠鸟玩耍一番。跟老师一起板书，珍珠斜玉旁，不叫王字旁。"鸟"字想要写漂亮，钩一定要小。开个玩笑，冯老的名字里有几匹马？

生1：三匹马。

师：哪三匹？

师（边板书边讲）：二马为冯，骥是一匹……

生2：千里马。

师：对，知识面挺广。老骥伏枥，志在千里。

师：今天的课，我们特别一点，我们用独特的视角来走近珍珠鸟。课前老师还有几个问题，都是老"套路"了，你们猜猜老师想问什么问题？

生：语文书为什么要选用这篇文章？

师：那为什么呢？

生：符合单元主题——生活的启示。

师：什么是启示呢？

生：就是启发、道理。

师：那老师就选取其中的一个字。（师板书"理"字）本篇文章又是怎么说理的？

生：用一件事来说理的。

师：那就叫借……

生3：借事说理。

师：借的什么事儿？又说的什么理啊？先卖个关子，我们先关注下面两

《珍珠鸟》课堂整合教学过程

个问题：这篇文章想告诉我们什么？我们又能从中学到什么？

生4：借养珍珠鸟的事儿，说"信赖，往往创造出美好的境界"的道理。

师：哟，你们都会分析了，从单元导语发现了编者意图。那咱们这篇课文学完了吧？

生5：没学完。

三、切换视角朗读

1. 作家冯骥才视角

师：那咱们换个视角再学一学。首先我们是学生的视角，然后我们还可以站在……

生6：冯骥才老先生的视角。

师：我们甚至还可以变成……（出示珍珠鸟的图片）

生7：珍珠鸟……

师：文章中有几只珍珠鸟？

生8：三只，公的、母的和小鸟。

师：在家里，爸爸是管妈妈叫妻子吗？

生（笑）：叫老婆，叫媳妇，我们叫他们爸妈。

师：是啊，所以我们管鸟叫……

生：鸟爸、鸟妈、鸟宝宝。

师：对啊，讲的是冯老和这一家三口相处的故事。冯老1942年生人，写这篇文章的时候是1984年。

生9：42岁。

师：是的，42岁的中年男人，该用怎样的口吻来讲述这个故事呢？咱们来一起转变一下，变成42岁的冯骥才，对女生有点残忍哈。（出示文段）

学生用冯骥才老先生视角，笑读道：

我很少扒开叶蔓瞧它们，它们便渐渐敢伸出小脑袋瞅瞅我。我们就这样一点点熟悉了。三个月后，那一团越发繁茂的绿蔓里边，发出一种尖细又娇嫩的鸣叫。我猜到，是它们有了雏儿。我呢，决不掀开叶片往里看，连添食加水时也不睁大好奇的眼睛去惊动它们。过不多久，忽然有一个更小的脑袋从叶间探出来，哟，雏儿！正是这个小家伙！

师：嗯，你们读得整齐又洪亮，不过整齐和洪亮都不是夸奖。我们得像平时说话一样读书，而不是唱读。那么孩子们，这段文字讲了一个什么事呢？

生10：鸟爸鸟妈生崽了。

师：是啊，鸟爸鸟妈生了雏儿了。你们喜欢吗？

生11：喜欢，很可爱。

师：老师也很喜欢，我喜欢到想把叶蔓扒开来看一看，看看还不过瘾，还想把它从笼子里取出来，握在手里，摩挲摩挲。（师边说，边手上做着这些动作）

生12：不行，它很脆弱。

师：真的脆弱吗？那我们来看看它长什么样？现在我们不是冯骥才了，我们变成雏儿。准备好了吗？

生13：准备好了。

2. 珍珠鸟视角

师：要把文章中的"它"换成……

生："我"。

生（齐读）：我小，就能轻易地由疏格的笼子钻出身。瞧，多么像我的父母：红嘴红脚，灰蓝色的毛，只是后背还没生出珍珠似的圆圆的白点；我好肥，整个身子好像一个蓬松的球儿。

师：为什么读"我好肥"的时候你们笑了？改成"我好壮""我好胖"行不行？

生14：不行，没那么可爱了。

师：是啊，你们看冯老在遣词用句的时候很用心。长成这样的小雏儿很自恋啊，你们刚刚读的时候就挺自恋的。（生再笑）长得这么可爱的雏儿，又做了什么事儿呢？这次我们找个同学来读，齐读不能展现你们的朗读水平。

生15："起先，这小家伙只在笼子四周活动，随后就在屋里飞来飞去，一会儿落在柜顶上，一会儿神气十足地站在书架上，啄着书背上那些大文豪的名字，一会儿把灯绳撞得来回摇动，跟着逃到画框上去了。只要大鸟儿在笼里生气地叫一声，它就立即飞回笼里去。"

（学生自然地切换了视角）

师：这个字读作"框"，四声。来，我们也跟着这只调皮的雏儿，一起飞一飞。一会儿撞撞灯绳，一会儿啄一啄那些大文豪的名字。都啄了谁啊？

生（七嘴八舌）：肯定有老舍、叶圣陶、莎士比亚、李白、杜甫、辛弃疾、陶渊明……

师：你们真厉害，读了这么多书，也算得上是"古今贯通、中西贯通"了，读过书的人啊，自然就有一种傲气，我们神气十足地站在书架上。可是，全天下的爸妈都很奇怪，一到我们玩得高兴的时候就生气。

生16：对，每次都是。

师：那为什么呢？

生17：找不见他……着急……担心……怕它乱破坏东西……担心它受伤……担心被冯骥才老先生抓了……

3. 冯老视角

师：是啊，这些书都是冯老的，你也没办借阅证就啄他的书。冯老是什么样的人，你也不熟，万一冯老把你抓了炸来吃，怎么办？（生哄笑）那我们去看看冯老有没有把它炸来吃，好不好？

生18：我不管它。这样久了，打开窗子，它最多只在窗框上站一会儿，决不飞出去。渐渐地它胆子大了，就落在我的书桌上。

师：我觉得冯老不太会养鸟啊，哪有养鸟开着窗子的？

生19：冯老爱鸟……他信任它……冯老相信雏儿……

师：其实，我们想得很美好。

生：因为它的爸妈在冯老家住着。

师：是啊，老师跟你想一块儿了，你爸妈在我手里，你往哪跑啊，对不对？另外，前文中描述过，珍珠鸟的家怎么样？

生20：那儿还有一大盆异常茂盛的法国吊兰。"我便用吊兰长长的、串生着小绿叶的垂蔓蒙盖在鸟笼上，它们就像躲进幽深的丛林一样安全。"

生20：进口材质、绿色环保、特别健康。

师：是啊，冯老给它住这样的豪宅；放着它疯玩；它爸妈还在他手里，它哪里舍得走呢？我们看看鸟到底是不是这样想的。

出示文章：

我不管它。这样久了，打开窗子，它最多只在窗框上站一会儿，决不飞出去。

渐渐它胆子大了，就落在我的书桌上。

4. 雏儿视角

师：这会儿，我不满足一个人玩了。（出示文本）

生：渐渐我胆子大了，就落在他的书桌上。我先是离他较远，见他不来伤害我，便一点点挨近，然后蹦到他的杯子上，俯下头来喝茶，再偏过脸瞧瞧他的反应。他只是微微一笑，依旧写东西，我就放开胆子跑到稿纸上，绕着他的笔尖蹦来蹦去，跳动的小红爪子在纸上发出"嚓嚓"的响声。

5. 冯老视角

师：那冯老视角下呢？

生：渐渐它胆子大了，就落在我的书桌上。它先是离我较远，见我不去伤害它，便一点点挨近，然后蹦到我的杯子上，俯下头来喝茶，再偏过脸瞧瞧我的反应。我只是微微一笑，依旧写东西，它就放开胆子跑到稿纸上，绕着我的笔尖蹦来蹦去，跳动的小红爪子在纸上发出"嚓嚓"的响声。

师：这个事情很熟悉，好像发生过。

生21：老舍先生笔下的猫也在稿纸上踩印过几朵小梅花。

师：是啊，这些作家怎么都这么幸运，他们养的宠物都这么爱他们。最后难为难为你们，切换一下视角感受一下。

6. 雏儿视角

这样，我完全放心了，索性用那涂了蜡似的小红嘴，"嗒嗒"啄着他颤动的笔尖。他用手抚一抚我细腻的绒毛，我也不怕，反而友好地啄两下他的手指。

师：我们从冯骥才老先生和雏儿之间美好的互动，体会到他们那份浓浓的情谊。如果用一个词来形容，你会用哪个词呢？

生22：友好、亲密、信赖、亲密无间……

师：是啊，正是这样亲密无间的关系，创造出了这样美好的境界。

四、理性闯进感性，科学提出质疑

任老师：听到这里我有些听不下去了。

师：为什么呢？（退到边上听任老师讲）

任老师：首先，珍珠鸟的学名叫斑胸草雀，别称金山珍珠、珍珠鸟、锦花鸟、小珍珠。在它的别名里，什么字眼最多呀？

生23：珍珠。

任老师：为什么会出现这么多的珍珠呢？跟什么有关？

生24：跟珍珠鸟的外形特征有关，身上有很多斑点。

任老师：那让我们一起来了解一下珍珠鸟的外形特征吧。头部呈蓝灰色；最吸引我们注意力的是，它眼前及下方羽纹仿佛是"泪痕"；眼后下方有棕红色圆形大斑；嘴多为朱红色；喉及颈侧淡灰色，并有黑色横纹；翅羽大多棕灰色；肋（lèi）部棕红色并有白色珍珠样点斑。所以，我们能想到刚刚的学名叫什么？

生：斑胸草雀。

任老师：它棕色的羽毛上好像撒了一些小珍珠，这让你联想到了什么？

生25：小珍珠，所以又叫珍珠鸟。

任老师：咱们这种鸟是不是特别可爱？他的朋友要送给他这种鸟，其实还有第二个原因，因为它什么都吃，谷物、植物种子、嫩芽、叶等都可以。那我们看课文中它住在什么地方？

生26：法国吊兰里。

任老师：法国吊兰有什么特征？

生27：异常繁茂。

任老师：所以吊兰可以把它的整个窝都给围起来。那我们看野生的斑胸草雀住在哪里？野生斑胸草雀于茂密的蒿草或灌木丛中营造开口朝向侧面的松散球形巢或善于利用天然洞穴。你看这些关键词"茂密的蒿草或灌木丛"，所以这些珍珠鸟总是在找什么样的地方居住？

生28：茂密的地方，可以隐蔽起来。

任老师：所以可以看出这些鸟有些胆小。是啊，我们看它的第二个特征。（PPT展示珍珠鸟的特征）

斑胸草雀喜群居生活，它们本身属于神经质的鸟，容易惊恐。虽然集群活动，但仍保留一定的领域性，不允许陌生者过于接近窝巢；它们对周围环境十分敏感，异常的响动，哪怕是轻微的声音，都能使警觉的雄鸟惊叫起来并引起周围鸟的呼应，巢中的雌鸟也会循声从巢中探出头来一看究竟。

任老师：你们看这种鸟特别明显的特征有哪些？

生29：神经质、容易惊恐、领域性。

任老师：所以有这些特征，你觉得这篇课文科学吗？

生（异口同声）：不科学！

任老师：那么文章中哪些地方不科学？

生30：冯老添食物加水的时候没有叫。……居然靠近冯骥才老先生那么近。……第十三自然段"它居然落到我的肩上"。

任老师：是啊，这种怕人的鸟，它居然在我的肩膀上睡着了，它不但睡着了，而且冯老动了一下，它居然没有醒。这还是科学里的珍珠鸟吗？从科学角度上讲，它不科学。

五、艺术拯救审美，情感照亮文学

（美术老师马睿哲老师登上讲台）

马老师：美术老师却觉得，在我们艺术的世界里，你们说的那些不科学，反而在艺术创作中，是最有价值的，也是最珍贵的。让我们一起来看看。冯骥才老先生，不仅仅是一位作家，他还是一位画家。

出示材料：

冯骥才，早期临摹古人画风（摹古），后期受到西方油画风格影响，沿用了丹青的表现手法（色彩），开创中西兼容、清新俊逸的画风。

马老师：让我们看看冯老是用怎样的绘画技法来表达他的情感的。一百个观众，就有一百种感受。老师在这里为大家精选了他的三幅作品。（出示第一幅作品）同学们在这幅画中看到了什么？

生31：我看到了树、阳光、影子。

马老师：影从哪里来的呢？

生32：从树上来，树后面的太阳上来。

马老师：对呀，你们真厉害，这幅画的名字就叫《树后面是阳光》。这就是绘画中的光影效果，你们已经找到他的绘画技巧了。通过这个技巧，我们能不能从冷暖色调方面来判断一下，冯骥才想表达什么情感，用的什么色调呢？

生33：冷色调。

马老师：那我们欣赏一下冯老的第二幅作品。这是一幅描绘山、大石、波涛汹涌、气势磅礴的画面。这是什么样的情感？

生34：壮观、波涛汹涌。

马老师：这种大块泼墨的形式，是不是有点失真了？失真和夸张是不科学，可是在这里却用不科学表达了强烈的情感。技法只是一种表现形式，就像艺术来源于生活，却又高于生活，这就是它的艺术美。

马老师：这是第三幅作品。这幅作品的直观感受，是不是有一种风好大，浪好急的感觉？不过，如果老师是一名经验丰富的水手，是什么感受呢？

生35：这是水手的日常……水手会觉得没有挑战性。

马老师：是啊，一百位观众就有一百种不同的体验。

六、文学艺术结合，我们的文艺范儿

师：正如睿哲老师所说，一百位观众有一百种情感体验。一千个读者，

103

就有一千个哈姆雷特。文学，其实也不简单，它也能传递一些绘画的技法，不信你看。

（展示文段）

生（齐）："那儿还有一大盆异常茂盛的法国吊兰。我便用吊兰长长的、串生着小绿叶的垂蔓蒙盖在鸟笼上，它们就像躲进幽深的丛林一样安全……"

师：这段是描写什么的？

生36：遮挡的关系。

师：你说得很对，我们为什么要写环境？我们描写这一段要干什么？

生37：生动、形象。

师：老师不喜欢参考书里的正确答案。

生38：让人脑子里面浮现出样子。

师：有画面感，老师喜欢这个词。还有吗？

生39：埋了一个伏笔，冯老添食喂水的时候鸟不乱叫，冯老开着窗子，它不会出远门。

生40：突出冯骥才老先生喜欢它们。

师：有从正面描写冯骥才老先生喜欢它们吗？

生41：没有，这是侧面描写。

师：是啊，国画里也有侧面描写，不过叫作烘托。这一条你们肯定一看就都知道了。

出示材料：

阳光从窗外射入，透过这里，吊兰那些无数指甲状的小叶，一半成了黑影，一半被照透，如同碧玉，斑斑驳驳，生意葱茏。

生42：光影效果。

师：对，你看画画可以用，文学也可以用。所以冯老才这样说。

出示材料：

文人在写作时，使用单一的黑墨水，没有色彩。色彩都包含在字里行间。……文字的使命是千方百计唤起读者形象的联想，唤起读者的画面感，设法叫读者"看见"作家所描述的一切，也就是契诃夫所说的"文学就是要立即生出形象"。

师：简单说，写作就像画画。而这幅作品，是冯老1992年画的。据传，这篇《往事》背后还有一个小故事，著名歌唱家关牧村在看这幅画的时候，她哭了。但冯老觉得让她哭的一定不是画，冯老说……

出示材料：

一幅画会引起人伤心落泪，它的效应就绝非是绘画的，而是文学的。

师：为什么说是文学的？这幅画到底唤起了什么呢？原来啊，关牧村女士年轻时在东北有一段往事。故事是文学的，技法是绘画的，所以冯老又说，绘画其实是一种写作。

出示材料：

因而我更有道理说，我画画其实是一种写作。

师：你看，文学和绘画的关系是……

生43：文学和艺术互相辉映。

师：是啊，你们说得太对了，你们看，老师和美术老师站在一起，就是文学加艺术，文艺范儿。

生44：那科学老师怎么办？

师：老师马上给你们答案。正是由于科学里面的不科学，才成就了文学里面的艺术美。我们再走进这些不科学。

落在我的书桌上；

然后蹦到我的杯子上，俯下头来喝茶；

"嗒嗒"啄着我颤动的笔尖；

友好地啄两下我的手指；

这小家伙趴在我的肩头睡着了。

师：正是由于这些不科学，才成就了文学里的美。现在考考你们，你们能不能用"居然"和"竟然"把这一段话串联起来？

生45：居然落在我的书桌上；

然后蹦到我的杯子上，居然俯下头来喝茶；

居然"嗒嗒"啄着我颤动的笔尖；

居然友好地啄两下我的手指；

这小家伙竟然趴在我的肩头睡着了。

师：这种境界怎么样？不科学，但是美。于是作者笔尖一动，流泻出一时的感受。

出示文本：

信赖，往往创造出美好的境界。

师：是啊，"信赖，往往创造出美好的境界"。有人觉得这是真的，有

《珍珠鸟》课堂整合教学过程

人觉得是假的，老师就去论坛里考证了一下。有人说养了很久珍珠鸟，珍珠鸟很怕人。而另一个人却展示了一张照片，珍珠鸟就落在他的手掌上。怎么样？这个不科学却变得科学了，原来奇迹就是文学中的美。最后老师想用冯老的这样一句话来结束本节课。

出示材料：

文学于我是一种责任方式，绘画则是一种心灵方式。所以我说，人为了看见自己的心灵才画画。

——《我的绘画观》冯骥才

七、作业布置

（1）根据文章的描述，画一张你脑海中的珍珠鸟画面。

（2）以100～150字，精练的语言，解释图画传达的内容或情感。

师：虽然只有100字，但用最凝练的语言来传递最真挚的情感，并不简单。

多维视角下审辩思维意识的觉醒

——《珍珠鸟》阅读课例反思

教师在阅读教学中，面对散文问题时，常采用由点连线，由线而面的教学方式，将"形散神聚"的散文"整散为面"。将文本分析作为教学目的，把分析、赏析、归纳、理解作为阅读教学的策略落脚点。而小学语文高段的阅读教学需要打破这种深挖文本内容，寻求正确答案的方式方法，将多元理解、多维视角的更开明的阅读思维根植于学生的阅读习惯中，真正实现"一千个读者，就有一千个哈姆雷特"的美妙的阅读世界。

一、多维视角朗读

如果主观视角的叙事者"我"在画内，那么便形成一种固定的视角，强调主角的亲力亲为，让观者感受到体验性，一般的做法是以插入内心的独白来表达人物想法，让观者读心。文章中"我"的视角方便读心，那么我们即可以变化成文中的"我"。

《珍珠鸟》这篇散文的审美情趣和体验，值得深入挖掘。然而，五年级的学生常常对文本分析表现出漫不经心的态度。于是笔者在备课时，突发奇想：用换位的多维视角朗读文章。师生都可以变成作家冯骥才，变成主角珍珠鸟"雏儿"，让冯骥才和珍珠鸟"雏儿"进行一段对话、一个互动，让情绪情感在朗读中自然地生发。

二、科学思维将矛盾质疑推向纵深

孔子说："疑是思之始，学之端。"苏格拉底说："问题是接生婆，它能帮助新思想的诞生。"所谓"矛盾质疑"就是在进行语文教学课堂模型建构的过程当中，注重引入矛盾冲突来辨析质疑。它包含学生对学生的质疑，学生对教师的质疑，教师对学生的质疑，学生对文本的质疑。

本课教学设计中以科学老师的质疑激发学生思考，让学生站在科学角度看待文章中的冯骥才与"雏儿"之间的信赖建立的过程，用理性思维和视角解读文本的不科学之处。学生再读文章，在文章中用科学的视角发现不科学的支撑，对文本产生质疑。改变传统阅读教学的点—线—面的教学思路，阅读的目的不是为了寻求正确答案，锻炼批判性的审辩思维也应是阅读教学攀登的高点。

儿童的矛盾质疑能力不容小觑，要在阅读教学中唤醒、激发出来。当然，思维能力的培养并非朝夕可达，需要长期持之以恒的坚持与探索。

三、文学与绘画的沟通，审美与技法的辉映

对于艺术的共性和同质关系，不仅西方世界有名人发表过真知灼见，中国近代美学家朱光潜也有类似的名言。他曾经这样论及文学与其他艺术种类的关系："文学是以语言文字为媒介的艺术。就其为艺术而言，它与音乐、绘画、雕刻及一切号称艺术的制作都有共同性。"

"艺术是人感受到的情感通过线条、色彩、文字、声音、动作的外在显现。"

还原《珍珠鸟》作者冯骥才的背景就会发现，冯骥才既是一名作家，又是一名画家。冯骥才先生在文章中也多次提到绘画艺术与文学创作的相通之处。

"文人在写作时，使用单一的黑墨水，没有色彩。色彩都包含在字里行间。……文字的使命是千方百计唤起读者形象的联想，唤起读者的画面感，设法叫读者'看见'作家所描述的一切，也就是契诃夫所说的'文学就是要立即生出形象'。"

冯老在另一篇文章中也提及："一幅画（《往事1992》）会引起人伤心落泪，它的效应就绝非是绘画的，而是文学的。因而我更有道理说，我画画其实是一种写作。写作就像是绘画，绘画又像写作，两者之间不但在意境上交融，情感上契合，技法上也颇多相似之处。在想要强调的表现对象上浓墨重彩，即是渲染；在环境氛围上的轻描淡写，即为烘托。对色彩的引入叫丹青，以及光影效果的描写与描绘，处处渗透着两种艺术形式的沟通与魅力。"

四、结语

笔者从教学设计出发，意图传递这种主张：用多维视角审视文本，以矛盾质疑激发学生审辩式思维，结合文学与艺术的审美情趣与技法，跨学科整合教学，为阅读教学增添魅力和思维流量。

有机会上一堂别样风味的HSA跨学科整合课，开阔了笔者阅读教学的思维和视野。若这样的课能有教材、有学本、常态化，那么教师和学生都将受益匪浅。

《珍珠鸟》课堂整合教学过程

109

《昆明的雨》课堂整合教学过程

深圳明德实验学校　杨佳富　林周华

昆明的雨

汪曾祺

　　宁坤要我给他画一张画，要有昆明的特点。我想了一些时候，画了一幅，右上角画了一片倒挂着的浓绿的仙人掌，末端开出一朵金黄色的花。左下画了几朵青头菌和牛肝菌。题了这样几行字：

　　"昆明人家常于门头挂仙人掌一片以辟邪，仙人掌悬空倒挂，尚能存活开花。于此可见仙人掌生命之顽强，亦可见昆明雨季空气之湿润。雨季则有青头菌、牛肝菌，味极鲜腴。"

　　我想念昆明的雨。

　　我以前不知道有所谓的雨季。"雨季"，是到昆明以后才有了具体感受的。

　　我不记得昆明的雨季有多长，从几月到几月，好像是相当长的。但是并不使人厌烦。因为是下下停停、停停下下，不是连绵不断，下起来没完。而且并不使人气闷。我觉得昆明雨季气压不低，人很舒服。

　　昆明的雨季是明亮的、丰满的，使人动情的。城春草木深，孟夏草木长。昆明的雨季，是浓绿的。草木的枝叶里的水分都到了饱和状态，显示出过分的、近于夸张的旺盛。

我的那张画是写实的。我确实亲眼看见过倒挂着还能开花的仙人掌。旧日昆明人家门头上用以辟邪的多是这样一些东西：一面小镜子，周围画着八卦，下面便是一片仙人掌，——在仙人掌上扎一个洞，用麻线穿了，挂在钉子上。昆明仙人掌多，且极肥大。有些人家在菜园的周围种了一圈仙人掌以代替篱笆。——种了仙人掌，猪羊便不敢进园吃菜了。仙人掌有刺，猪和羊怕扎。

　　昆明菌子极多。雨季逛菜市场，随时可以看到各种菌子。最多，也最便宜的是牛肝菌。牛肝菌下来的时候，家家饭馆卖炒牛肝菌，连西南联大食堂的桌子上都可以有一碗。牛肝菌色如牛肝，滑，嫩，鲜，香，很好吃。炒牛肝菌须多放蒜，否则容易使人晕倒。青头菌比牛肝菌略贵。这种菌子炒熟了也还是浅绿色的，格调比牛肝菌高。菌中之王是鸡枞，味道鲜浓，无可方比。鸡枞是名贵的山珍，但并不真的贵得惊人。一盘红烧鸡枞的价钱和一碗黄焖鸡不相上下，因为这东西在云南并不难得。有一个笑话：有人从昆明坐火车到呈贡，在车上看到地上有一棵鸡枞，他跳下去把鸡枞捡了，紧赶两步，还能爬上火车。这笑话用意在说明昆明到呈贡的火车之慢，但也说明鸡枞随处可见。有一种菌子，中吃不中看，叫作干巴菌。乍一看那样子，真叫人怀疑：这种东西也能吃？！颜色深褐带绿，有点像一堆半干的牛粪或一个被踩破了的马蜂窝。里头还有许多草茎、松毛、乱七八糟！可是下点功夫，把草茎松毛择净，撕成蟹腿肉粗细的丝，和青辣椒同炒，入口便会使你张目结舌：这东西这么好吃？！还有一种菌子，中看不中吃，叫鸡油菌。都是一般大小，有一块银圆那样大的溜圆，颜色浅黄，恰似鸡油一样。这种菌子只能做菜时配色用，没甚味道。

　　雨季的果子，是杨梅。卖杨梅的都是苗族女孩子，戴一顶小花帽子，穿着扳尖的绣了满帮花的鞋，坐在人家阶石的一角，不时吆唤一声："卖杨梅——"，声音娇娇的。她们的声音使得昆明雨季的空气更加柔和了。昆明的杨梅很大，有一个乒乓球那样大，颜色黑红黑红的，叫作"火炭梅"。这个名字起得真好，真是像一球烧得炽红的火炭！一点都不酸！我吃过苏州洞庭山的杨梅、井冈山的杨梅，好像都比不上昆明的火炭梅。

雨季的花是缅桂花。缅桂花即白兰花，北京叫作"把儿兰"（这个名字真不好听）。云南把这种花叫作缅桂花，可能最初这种花是从缅甸传入的，而花的香味又有点像桂花，其实这跟桂花实在没有什么关系。——不过话又说回来，别处叫它白兰、把儿兰，它和兰花也挨不上呀，也不过是因为它很香，香得像兰花。我在家乡看到的白兰多是一人高，昆明的缅桂是大树！我在若园巷二号住过，院里有一棵大缅桂，密密的叶子，把四周房间都映绿了。缅桂盛开的时候，房东（是一个五十多岁的寡妇）就和她的一个养女，搭了梯子上去摘，每天要摘下来好些，拿到花市上去卖。她大概是怕房客们乱摘她的花，时常给各家送去一些。有时送来一个七寸盘子，里面摆得满满的缅桂花！带着雨珠的缅桂花使我的心软软的，不是怀人，不是思乡。

雨，有时是会引起人一点淡淡的乡愁的。李商隐的《夜雨寄北》是为许多久客的游子而写的。我有一天在积雨少住的早晨和德熙从联大新校舍到莲花池去。看了池里的满池清水，看了作比丘尼装的陈圆圆的石像（传说陈圆圆随吴三桂到云南后出家，暮年投莲花池而死），雨又下起来了。莲花池边有一条小街，有一个小酒店，我们走进去，要了一碟猪头肉，半市斤酒（装在上了绿釉的土瓷杯里），坐了下来，雨下大了。酒店有几只鸡，都把脑袋反插在翅膀下面，一只脚着地，一动也不动地在檐下站着。酒店院子里有一架大木香花，昆明木香花很多。有的小河沿岸都是木香，但是这样大的木香却不多见。一棵木香，爬在架上，把院子遮得严严的。密匝匝的细碎的绿叶，数不清的半开的白花和饱涨的花骨朵，都被雨水淋得湿透了。我们走不了，就这样一直坐到午后。四十年后，我还忘不了那天的情味，写了一首诗：

莲花池外少行人，野店苔痕一寸深。

浊酒一杯天过午，木香花湿雨沉沉。

我想念昆明的雨。

112

【教学目标及重难点】

（1）运用多种方法、多角度体会文中菌子、杨梅、猪头肉等美味的特点。

（2）通过朗读、细读，感知和体会文中菌子、杨梅、猪头肉等美味的特点。（重点）

（3）通过品读、赏读，体验和体味这些美味内含的情味，挖掘本文隐含的深层意蕴。（重难点）

【教学方法】

（1）朗读法。

（2）还原法。

【教学过程】

（一）通读交流，导入新课

课前，我们一起预习了汪曾祺的《昆明的雨》，解决了生字词的读音，梳理了文章的行文思路，把握了文章的线索。这节课我们将继续学习汪曾祺的《昆明的雨》。一说到汪曾祺，我脑海里就冒出了两个字"吃货"。记得我上中学时学过他的一篇文章——《端午的鸭蛋》，一说起那个咸鸭蛋，我的口水就止不住了……

高邮咸蛋的特点是质细而油多。蛋白柔嫩，不似别处的发干、发粉，入口如嚼石灰。油多尤为别处所不及。鸭蛋的吃法，一般都是敲破"空头"用筷子挖着吃。筷子头一扎下去，吱——红油就冒出来了。

——《端午的鸭蛋》节选

而在我们今天学习的《昆明的雨》中，作者也给我们带来了很多美味。接下来，请同学们快速浏览全文，找一找文中都写了哪些美味，然后把写这些美味的段落或句子进行圈点批注，做上记号。

（二）跳读文本，捕捉美味

这篇文章写了哪些让作者难忘的美味？

预设：菌子、杨梅、猪头肉。

《昆明的雨》课堂整合教学过程

113

（三）细读文本，品赏美味

（1）相信很多同学都吃过这几样东西，那你记得是什么时候吃的，在哪里吃的吗？味道怎么样呢？

预设：少数学生能说出吃这几种美味的时间、地点和味道，大部分学生会记不清楚时间和地点，更说不准味道。

（2）为什么汪老就能很清楚地记得这些美味呢？

预设：因为汪老喜欢吃昆明的菌子、杨梅和猪头肉；这些美味对汪老有特别的意义。

（3）请同学们各自选择你感兴趣的那一种美味，在文中找到相关的区域进行品读，然后说一说汪老笔下的这种美味具有怎样的特点。

预设：昆明的菌子：极多，大多味道鲜美，好看的不一定好吃，好吃的不一定好看。

（4）为什么文中提到"昆明的菌子极多"呢？

设：地理位置、气候、土壤……

师：这跟昆明的环境有关。昆明四季如春，夏季雨量极多，湿度大，为菌子提供了适宜的生长条件。

（5）这些菌子都长什么样子呢？有什么特点？

预设：圆的、黄的、青色……

介绍汪老文章中提到过的牛肝菌、青头菌、鸡枞、干巴菌和鸡油菌，展示图片，介绍每一种菌的结构、生长环境条件等特点，同时也简单介绍烹制办法，加深菌子的美味印象。

（6）昆明雨季除了菌子之外，还有哪些美味？

预设：火炭梅，个头很大，颜色黑红黑红的，一点都不酸。

师：雨中的味美。

（7）汪老为什么要细致刻画卖杨梅的女孩的着装和声音呢？

预设：声音好听，柔美……

师：雨中的人美。

（8）汪老为什么没有花大量的笔墨来写吃猪头肉的过程，而是细致描绘与友人在酒店里静静地看一只脚站着，把脑袋反插在翅膀下面的几只鸡和被雨淋湿透了的木香花呢？

预设：营造雨中诗意的氛围。

师：雨中的情美。

（四）精读感悟，咀嚼美味（小组讨论、合作）

（1）本文的标题为《昆明的雨》，作者真的只是在写雨吗？

预设：雨中的味、雨中的人、雨中的情。

（2）为什么汪老四十多年后，还忘不了当年的那个味，那个人和那份情呢？

预设：青春热血，成长经历，回不去的岁月……

课堂小结：表面上，他是在写对昆明的雨，雨后的菌子、雨季的杨梅和雨中在酒店吃猪头肉的想念，而实际上，想念的是"雨中的味""雨中的人"和"雨中的情"。

时光易逝，人生易老，不管过了多少年，经历多少事，记忆中的那个味道，那个人和那份情谊，永远都不会老。因为，这些美味的背后，是一段回不去的历久弥新的岁月。

（五）作业布置

请以"美味留住的那个日子"为题，写一篇200字左右的文章，为大家分享你的美味生活和成长故事。下次上课，我们再一起交流。

（六）板书设计

《雨中美味》

菌子　　　　　杨梅　　　　　猪头肉

雨中的味美　雨中的人美　雨中的情美

一段回不去的岁月

一、通读交流，导入新课

师：课前，我们一起预习了汪曾祺的《昆明的雨》，解决了生字词的读音，梳理了文章的行文思路，把握了文章的线索。这节课我们将继续学习汪曾祺的《昆明的雨》。一说到汪曾祺，我脑海里就冒出了两个字"吃货"。记得我上中学时学过他的一篇文章——《端午的鸭蛋》，一说起那个咸鸭蛋，我的口水就止不住了……

（生笑）

师：我们一起来欣赏《端午的鸭蛋》的节选部分：

高邮咸蛋的特点是质细而油多。蛋白柔嫩，不似别处的发干、发粉，入口如嚼石灰。油多尤为别处所不及。鸭蛋的吃法，一般都是敲破"空头"用筷子挖着吃。筷子头一扎下去，吱——红油就冒出来了。

——《端午的鸭蛋》节选

师：我们今天学习的《昆明的雨》中，作者也给我们带来了很多美味。接下来，请同学们快速浏览全文，找一找文中都写了哪些美味，然后把写这些美味的段落或句子进行圈点批注，做上记号。

（生浏览全文，圈点批注，做记号）

二、跳读文本，捕捉美味

师：这篇文章写了哪些让作者难忘的美味？
生：菌子、杨梅、缅桂花、猪头肉。
师：缅桂花是美味吗？
生：好看，不能吃。

（生笑）

三、细读文本，品赏美味

师：相信很多同学都吃过这几样东西，那你记得是什么时候吃的，在哪里吃的吗？味道怎么样呢？

生1：我吃过杨梅，记得是在惠州姥姥家吃的，味道酸酸甜甜的。

生2：我吃过菌子，是在老家湖南湘西吃的，当地叫枞树菌，和腊肉炒的，好香啊。

生3：我吃过猪头肉，是在农村老家过年吃的。在农村老家，年前家家户户都会杀年猪，大年三十举办"祝福"礼，祈求观音菩萨保佑家人一生平安。行完"祝福"礼就把猪头肉切成小片，沾着先前做好的香辣酱，肥而不腻，味道好极了。

师：这位同学讲述得很细致，说的过程中，我看到好些同学在咽口水。

（生笑）

师：现在，请同学们各自选择你感兴趣的那一种美味，在文中找到相关的区域进行品读，然后说一说汪老笔下的这种美味具有怎样的特点。

（生开始圈点、品读）

师：同学们，汪老笔下的美味有什么特点？

生：昆明的菌子极多，大多味道鲜美，好看的不一定好吃，好吃的不一定好看。

师：为什么昆明的菌子极多呢？

（生沉默）

师：同学们，这跟昆明的环境有关系。昆明被誉为"春城""花城"，年平均气温15℃。年温差为全国最小。夏无酷暑，雨量集中。同学们也学过，像蘑菇这类的真菌，生长环境需要一定的温度、湿度，而昆明就具备了菌类良好的生长条件。

生：老师，我没见过文中提到的各种菌，能给我们介绍一下吗？

师：当然可以！首先介绍牛肝菌。牛肝菌属于牛肝菌科的生物，主要分布于云南松等针叶林和混交林地带。形态上，菌盖扁半球形，菌柄粗壮。常见的烹饪方法如文中介绍的，炒着吃。

生：我吃过！牛肝菌还有个别称叫"见手青"，原来盛产于昆明呢！

师：第二个要介绍的是青头菌。青头菌是青绿色的，菌盖球形，中部下凹，表皮斑状龟裂，菌肉白色，也特别美味。第三个便是文中提到的"菌中之王"鸡枞，属于名贵的野生菌，菌盖伞状似斗笠，伞尖如铁似钢。富含蛋白质，多糖含量很高，药用价值也高。它还有个特别的地方，可能同学们想不到，就是鸡枞是和白蚁共同生活的。

生：那意味着有鸡枞的地方，就有白蚁窝吧！

师：没错！

师：还有一种奇特的菌，叫干巴菌，跟同学们见过的蘑菇长得不太一样，它无菌盖，无菌褶，是由许多分枝、呈伞状的裂片组成的。虽然其貌不扬，但是味道鲜香无比，酷似牛肉干的味道，由于牛肉干又被称为"干巴"，所以这种菌也被称为"干巴菌"了。

师：最后提到的鸡油菌，名字的来源也很特别，因为烹制时很吸油，故名鸡油菌，富含胡萝卜素，多吃可以预防视力下降。在我国常用于配菜和煲汤，但在德国却非常有名，欧洲人习惯把鸡油菌和香草、奶油一起烹制。

生：老师，光是听你讲我就饿了，好想吃啊，流口水了。

（生笑）

师：我想啊，再好吃的菌子，多吃几顿就腻了，就不爱了。但汪老却对昆明情有独钟，除了菌子的美味之外，应该还有其他的美味和故事。

师：同学们，除了菌子之外，还有哪些美味？

生：火炭梅，个头很大，颜色黑红黑红的，一点都不酸。

师：什么季节才有这样的火炭梅？

生：雨季。

师：雨季有美味的火炭梅，可以说雨中的……

生：雨中的味美。

师：汪老除了写火炭梅，展现雨中的味美之外，为什么还要细致地刻画卖杨梅的女孩的着装和声音呢？

生：女孩着装清雅，声音好听，柔美……

师：雨季，声音柔美的卖杨梅的女孩，可以说雨中的……

生：雨中的人美。

师：汪老除了写菌子、杨梅之外，还写了猪头肉。在写猪头肉这一点上，并没有花大量的笔墨来展现猪头肉的制作过程，而是细致描绘与友人在酒店里静静地看一只脚站着，把脑袋反插在翅膀下面的几只鸡和被雨淋湿透了的木香花，这是为什么呢？

生：营造雨中诗意的气氛。猪头肉配上当地土碗装的酒，满满的同窗之情，浓浓的青春回忆。

师：雨季，与友人小酌，可以说雨中的……

生：雨中的情美。

四、精读感悟，咀嚼美味

师：本文的标题为"昆明的雨"，作者真的只是在写雨吗？

生：不仅写了昆明的雨，更多是写雨中的味、雨中的人、雨中的情。

师：为什么汪老四十多年后还忘不了当年的那个味、那个人和那份情呢？

生1：昆明是他读书的地方，有他的足迹和故事。

生2：昆明有他的青春热血。

生3：昆明有他回不去的岁月。

师：同学们说得很好。

五、课堂小结

师：表面上，他是在写对昆明的雨、雨后的菌子、雨季的杨梅和雨中在酒店吃的猪头肉的想念，而实际上，想念的是"雨中的味""雨中的人"和"雨中的情"。

时光易逝，人生易老，不管过了多少年，经历多少事，记忆中的那个味道，那个人和那份情谊，永远都不会老。因为，这些美味的背后，是一段回不去的历久弥新的岁月。

请以"美味留住的那个日子"为题，写一篇200字左右的文章，为大家分享你的美味生活和成长故事。下次上课，我们再一起交流。

师：今天的课就上到这里，下课。同学们，再见。

生：老师，再见。

汪曾祺笔下浸润的三种生命形态

汪曾祺是一位极其重视个体生命价值与意义的作家。在他笔下，生命的自然形态、社会形态以及精神形态得到了充分的浸润与挖掘。《昆明的雨》就是这样一篇展现生命的本真、俗世的温情，以及生活的诗意的典型之作。他在关注和体验自然与社会生命的同时，更重视精神生命的存在。

生命的自然形态，饱含着生命元素和元气。比如，"昆明人家的仙人掌是倒挂着的却还能开花""草木的枝叶里的水分都到了饱和状态，显示出过分的、近于夸张的旺盛""一棵木香，爬在架上，把院子遮得严严的。密匝匝的细碎的绿叶，数不清的半开的白花和饱涨的花骨朵，都被雨水淋得湿透了"。不论是自然生命的人，还是客观世界的物，大多都充满旺盛的生命力。

在注重个体对生活、对美食体味的自然生命形态的同时，他以宽厚博爱之心去发掘普通人在日常生活中最朴素的人性美和人情美，展现了温情的、和善的社会生命形态。比如，"卖杨梅的都是苗族女孩子，戴一顶小花帽子，穿着扳尖的绣了满帮花的鞋，坐在人家阶石的一角，不时吆唤一声：'卖杨梅——'，声音娇娇的。她们的声音使得昆明雨季的空气更加柔和了"。再比如，"缅桂盛开的时候，房东（是一个五十多岁的寡妇）就和她的一个养女，搭了梯子上去摘，每天要摘下来好些，拿到花市上去卖。她大概是怕房客们乱摘她的花，时常给各家送去一些。有时送来一个七寸盘子，里面摆得满满的缅桂花！带着雨珠的缅桂花使我的心软软的，不是怀人，不是思乡"。

除此之外，他认为比物质更重要的东西，是保持人的精神生命形态不受损害。正如文中所写："莲花池边有一条小街，有一个小酒店，我们走进去，要了一碟猪头肉，半市斤酒（装在上了绿釉的土瓷杯里），坐了下来，雨下大了。酒店有几只鸡，都把脑袋反插在翅膀下面，一只脚着地，一动也不动地在檐下站着。酒店院子里有一架大木香花，昆明木香花很多。有的小河沿岸都是木香，但是这样大的木香却不多见。一棵木香，爬在架上，把院子遮得严严的。密匝匝的细碎的绿叶，数不清的半开的白花和饱涨的花骨朵，都被雨水淋得湿透了。我们走不了，就这样一直坐到午后。"雨中细节记忆的展现，实际上是对生命充满敬畏的同时，还怀有一颗诗意之心。他创建了一个独特的文学世界，蕴含着极其丰富的精神资源。他将生命的本真、顽强、坚韧；人性的至美、和善、温情；社会的谐和、仁爱、正义，用他特有的语言形式和文化心态，推向了更高的层次和境界。

《壶口瀑布》课堂整合教学过程

深圳明德实验学校　向丽　王莹　付华敏

壶口瀑布

梁 衡

壶口在晋陕两省的边境上，我曾两次到过那里。

第一次是雨季，临出发时有人告诫："这个时节看壶口最危险，千万不要到河滩里去，赶巧上游下雨，一个洪峰下来，根本来不及上岸。"果然，车还在半山腰就听见涛声隐隐如雷，河谷里雾气弥漫，我们大着胆子下到滩里，那河就像一锅正沸着的水。壶口瀑布不是从高处落下，让人们仰视垂空的水幕，而是由平地向更低的沟里跌去，人们只能俯视被急急吸去的水流。其时，正是雨季，那沟已被灌得浪沫横溢，但上面的水还是一股劲地冲进去，冲进去……我在雾中想寻找想象中的飞瀑，但水浸沟岸，雾罩乱石，除了扑面而来的水汽，震耳欲聋的涛声，什么也看不见，什么也听不见，只有一个可怕的警觉：仿佛突然就要出现一个洪峰将我吞没。于是，只急慌慌地扫了几眼，我便匆匆逃离，到了岸上回望那团白烟，心还在不住地跳……

第二次看黄河，我专选了个枯水季节。春寒刚过，山还未青，谷底显得异常开阔。我们从从容容地下到沟底，这时的黄河像是一张极大的石床，上面铺了一层软软的细沙，踏上去坚实而又松软。我一直走到河心，原来河心还有一条河，是突然凹下去的一条深沟，当地人叫"龙槽"，槽头入水处深不可测，这便是"壶口"。我倚在一块大石头上向上游看去，这龙槽顶着宽宽的河面，正好形成一个丁字。河水从五百米宽的河道上排排涌来，其势如千军万马，互相挤着、撞着，推推搡搡，前呼后拥，撞向石壁，排排黄浪霎时碎成堆堆白雪。山是青冷的灰，天是寂寂的蓝，宇宙间仿佛只有这水的存在。当河水正这般畅畅快快地驰骋着时，突然脚下出现一条四十多米宽的深沟，它们还来不及想一下，便一齐跌了进去，更涌、更挤、更急。沟底飞转着一个个漩涡，当地人说，曾有一头黑猪掉进去，再漂上来时，浑身的毛竟被拔得一根不剩。我听了不觉打了一个寒噤。

黄河在这里由宽而窄，由高到低，只见那平坦如席的大水像是被一个无形的大洞吸着，顿然拢成一束，向龙槽里隆隆冲去，先跌在石上，翻个身再跌下去，三跌、四跌，一川大水硬是这样被跌得粉碎，碎成点，碎成雾。从沟底升起一道彩虹，横跨龙槽，穿过雾霭，消失在远山青色的背景中。当然这么窄的壶口一时容不下这么多的水，于是洪流便向两边涌去，沿着龙槽的边沿轰然而下，平平的，大大的，浑厚庄重如一卷飞毯从空抖落。不，简直如一卷钢板出轧，的确有那种凝重，那种猛烈。尽管这样，壶口还是不能尽收这一川黄浪，于是又有一些各自夺路而走的，乘隙而进的，折返迂回的，它们在龙槽两边的滩壁上散开来，或钻石觅缝，汩汩如泉；或淌过石板，潺潺成溪；或被夹在石间，哀哀打漩。还有那顺壁挂下的，亮晶晶的如丝如缕……而这一切都隐在湿漉漉的水雾中，罩在七色彩虹中，像一曲交响乐，一幅写意画。我突然陷入沉思，眼前这个小小的壶口，怎么一下子集纳了海、河、瀑、泉、雾所有水的形态，兼容了喜、怒、哀、怨、愁，人的各种感情。造物者难道是要在这壶口中浓缩一个世界吗？

《壶口瀑布》课堂整合教学过程

　　看罢水，我再细观察脚下的石。这些如钢似铁的顽物竟被水凿得窟窟窍窍，如蜂窝杂陈，更有一些地方被旋出一个个光溜溜的大坑，而整个龙槽就是这样被水齐齐地切下去，切出一道深沟。人常以柔情比水，但至柔至和的水一旦被压迫竟会这样怒不可遏。原来这柔和之中只有宽厚绝无软弱，当她忍耐到一定程度时就会以力相较，奋力抗争。据徐霞客游记中所载，当年壶口的位置还在这下游一千五百米处。你看，日夜不止，这柔和的水硬将铁硬的石一寸寸地剁去。

　　黄河博大宽厚，柔中有刚；挟而不服，压而不弯；不平则呼，遇强则抗，死地必生，勇往直前。正像一个人，经了许多磨难便有了自己的个性；黄河被两岸的山，地下的石逼得忽上忽下，忽左忽右时，也就铸成了自己伟大的性格。这伟大只在冲过壶口的一刹那才闪现出来被我们看见。

【教学目标及重难点】

（1）理清文章思路，了解壶口瀑布的成因。

（2）在品味文章生动、准确的语言中，把握壶口瀑布枯水期特点。（重点）

（3）感悟作者在对壶口瀑布和黄河的赞美中，寄寓的对人生的感悟，对中华民族多灾多难但坚强不屈、勇往直前的精神的赞美。（难点）

【教学方法】

（1）分析法。（问题特点）

（2）探究法。（年龄特点、文本特点）

（3）还原法。（年龄特点、文本特点）

【教学时间】

一课时。

【教学过程】

导入：由学生齐背毛泽东的《沁园春·雪》，"江山如此多娇，引无数英雄竞折腰"，引出这节课的学习内容——梁衡的《壶口瀑布》。

作者简介：

梁衡（1946—　）山西霍州人。著名学者、新闻理论家、作家。

主要作品：

新闻三部曲：《没有新闻的角落》《新闻绿叶的脉络》《新闻原理的思考》。

散文集：《夏感与秋思》《名山大川感思录》《梁衡理性散文》等。

其作品《晋祠》《跨越百年的美丽》《把栏杆拍遍》等多篇散文入选中小学课本。

知识卡片：

《壶口瀑布》是一篇游记散文。

游记是一种比较常见的文学体裁，包括三个要素："所至"（游踪）、

125

"所见"（风貌）和"所感"（感想）。

作家林非说过，游记同时表现"我眼中的风景"和"我心中的风景"，下面我们就一起到梁衡的《壶口瀑布》走一走，看看他眼中之景为何，心中之景又为何。

（一）初识壶口——构思之美

速读全文，根据第一段观察全文的美妙精致结构。"壶口在晋陕两省的边境上，我曾两次到过那里。"从第一段中我们就能感受到它的谋篇布局。

结构梳理：

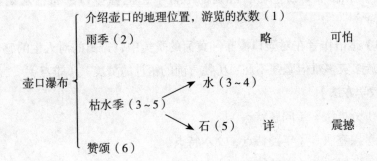

学生关于"壶口瀑布"这一自然景观的问题引出地理老师对壶口瀑布成因、地形地貌的介绍。

（二）再访壶口——描写之美

1. 水之韵

总结：

水之雄。

水之险。

水之刚柔相济。

水之多姿多彩。

小小壶口容纳了千情万态，大千世界。

2. 石之态

脚下巨石：窟窟窍窍、蜂窝杂陈——千孔万窍。

河心龙槽：切成深沟、寸寸剁去——奇绝。

3. 水石关系

石束水；水抗石。

（三）感悟壶口——精神之美

勾画、齐读作者沉思或感悟的句子。

第四自然段：

我突然陷入沉思，眼前这个小小的壶口，怎么一下子集纳了海、河、瀑、泉、雾所有水的形态，兼容了喜、怒、哀、怨、愁，人的各种感情。造物者难道是要在这壶口中浓缩一个世界吗？

第六自然段：

黄河博大宽厚，柔中有刚；挟而不服，压而不弯；不平则呼，遇强则抗，死地必生，勇往直前。正像一个人，经了许多磨难便有了自己的个性；黄河被两岸的山，地下的石逼得忽上忽下，忽左忽右时，也就铸成了自己伟大的性格。这伟大只在冲过壶口的一刹那才闪现出来被我们看见。

思考：我们能从中看出作者的沉思或感悟为何呢？用自己的话表述。

1. 观壶口，见人生

小小壶口如人般，兼容人的各种情感。

水石抗争，经历磨难，见出个性。

2. 观壶口，思黄河，见民族

学生问题：结尾为何写到黄河的个性？（蔡佳辰）

"未过壶口不成河"，黄河的豪迈气势在壶口得到集中体现，即作者所谓"这伟大只在冲过壶口的一刹那才闪现出来被我们看见"。

由眼前的壶口，不单单想到了人生，更想到了黄河，以及黄河精神——"博大宽厚，柔中有刚；挟而不服，压而不弯；不平则呼，遇强则抗；死地必生，勇往直前。"

（1）黄河是中华民族的摇篮。

（2）黄河是多灾多难但坚强不屈的民族精神的象征。

（四）结课

光未然词《黄河颂》。

冼星海曲《黄河大合唱》。

一、初识壶口——构思之美

师：我们先背诵昨天的课前三分钟分享诗词——毛泽东《沁园春·雪》。

师：毛泽东说"江山如此多娇，引无数英雄竞折腰"，我们今天就在梁衡的《壶口瀑布》中走几遭，感受一下咱们多娇的江山。

师：齐读梁衡简介。

（生齐读）

师：《壶口瀑布》是一篇游记散文。大家小学的时候学过的《黄果树瀑布》也属游记。游记是一种比较常见的文学体裁，包括三个要素："所至"（游踪）、"所见"（风貌）、"所感"（感想）。

作家林非说过，游记同时表现"我眼中的风景"和"我心中的风景"。现在我们就进入梁衡的壶口瀑布世界，感受他"眼中的风景"为何，"心中的风景"又为何。

师：课文第一自然段："壶口在晋陕两省的边境上，我曾两次到过那里。"我们知道作者两次到过壶口，两次见闻和感受是不一样的。我们首先对课文进行结构梳理。请同学们跟我一起梳理。

生1：文章第一自然段：介绍壶口的地理位置，作者游览的次数。

生2：第二自然段：雨季观赏壶口瀑布。

生3：第三到第五自然段：枯水季节观赏壶口瀑布。

生4：最后一个自然段是对壶口瀑布的赞颂。

师：关于本文结构，大家掌握得很好。我们再来思考，枯水期看瀑布，作者看到了什么？

生5：水与石。

师：对，读文章就由粗到细了。

师：那枯水季节去壶口，作者的感受怎样？能不能用一个词语概括？

生3：惊险、可怕。

师：第二次呢？

生2：震撼。

师：到此，同学们可以看到这篇游记一个鲜明的特色就是：结构清晰明了。

师：同学们有疑问了。

（展示学生的提问）

师：我来总结，这些同学的疑问在于：壶口瀑布的成因和与其他瀑布的区别。

师：有没有同学能够解答这些问题呢？

生6：呃……

师：对于这些问题，同学们理解起来是有一定难度的。我能理解，这些问题涉及专业的地理知识，语文老师害怕自己的解答不能令大家满意，下面就有请地理老师来给大家答疑解惑。

（地理老师走上讲台）

师（地理老师）：给大家展示一张平常旅游时看到的瀑布的照片。请问大家：这样的瀑布是怎样形成的呢？

生7：水从高处跌落下来。

师（地理老师）：为什么会跌落下来。

生8：水的冲刷。

师（地理老师）：好。请同学们继续思考这个问题。

生9：……

师（地理老师）：如果地势是平的，水能够跌落吗？

生10：不能。

师（地理老师）：这说明地势陡峭，水才能跌落，也就是瀑布的形成需要坡差。

师（地理老师）：世界上的瀑布千千万万，为何作者笔下的壶口瀑布让我们感觉与众不同呢？让我们先观赏一个短视频。

（观看航拍壶口瀑布视频）

师（地理老师）：现在有同学思考好了吗？

生11：壶口瀑布从平地向更低处跌落。

师（地理老师）：为何会这样呢？

《壶口瀑布》课堂整合教学过程

（生沉默）

师（地理老师）：我们来思考：这里处于我国的什么地貌带啊？

生：黄土高原。

师：很好，黄土高原。那高原有什么特点？

生12：高、平缓。

师（地理老师）：很好。照理说这里不应该有这么大的落差。但因为黄河流经这里，水的冲刷能力特别强，流经之处形成支离破碎、沟壑纵横的景象。所以在这里，平地和沟壑落差极大，这就形成了壶口瀑布。

师（地理老师）：还有哪一点体现它的与众不同呢？

生13：它是黄色的。

师（地理老师）：它是世界上最大的黄色瀑布。这是第二大特点。还有吗？

生14：雨季和枯水季节的景象不一样。

师（地理老师）：为什么会这样呢？大家看这张世界气候图。我标注出了壶口瀑布的位置，大家说，它属于什么气候？

生15：温带大陆性气候。

师（地理老师）：非常好，也就是说它属于季风性气候。那季风性气候的特点就是不同季节降水量不同。雨季一般在夏季，雨水充沛，相应的水势就浩大，水会漫过壶口，这时站在两岸观赏的游人是非常危险的；枯水期，沟谷就会露出，别有洞天。由此可见，壶口瀑布确实与众不同。

师（地理老师）：有的同学又有这样的疑问了：既然景色各有不同，为什么作者要重点描写枯水期的壶口瀑布？这样写有什么深意吗？这些问题就要语文老师带领大家一起探讨了。

二、再访壶口——描写之美

师：首先感谢地理老师的精彩讲解。同时，关于枯水期的壶口瀑布部分，大家有许多的问题。那我们就再访壶口，感受它的描写之美。

师：大家迅速查找并勾画第三到五自然段，思考哪些语句让你体会到了壶口瀑布的特点？是怎样的特点？你是怎样体会到的？给大家两到三分钟时间，先独立思考，后小组讨论。

（学生思考、讨论）

生16：请大家看第三自然段，"深不可测"看出"深"；"……如千军万马，互相挤着撞着……霎时碎成堆堆白雪"看出水急、水大、水快。还有，书中讲述的当地人说的小故事——黑猪掉下去，捞上来，皮毛都会脱离，侧面看出水的湍急。

师：概括得很好。你是怎样体会到的呢？

生16：我通过作者所使用的有特色的词语、成语、修辞手法等看出来的。

生17：我知道，我知道，还有动词的运用，如"涌""撞"等，这也是拟人的手法，让当时的场面呼之欲出。

生18：第三自然段。"我们从从容容地下到沟底，这时的黄河像是一张极大的石床，上面铺了一层软软的细沙，踏上去坚实而又松软。"这时的河底是非常宽阔的，把黄河比作石床，更体现这一特点。

师：谢谢。还有没有同学要回答？

生19：第四自然段。"当然这么窄的壶口一时容不下这么多的水，于是洪流便向两边涌去，沿着龙槽的边沿轰然而下，平平的，大大的，浑厚庄重如一卷飞毯从空抖落。不，简直如一卷钢板出轧，的确有那种凝重，那种猛烈。"我从这些语句中看出壶口瀑布的浑厚、庄重；"或钻石觅缝，汩汩如泉；或淌过石板，潺潺成溪；或被夹在石间，哀哀打漩。还有那顺壁挂下的，亮晶晶的如丝如缕"，这里用排比的手法写出了水的轻快、晶莹、剔透、秀美。

师：你观察细腻，概括凝练。老师就你这两句有疑问了：为何作者既用"钢板"又用"飞毯"来形容这水？

生20："飞毯"柔软，"钢板"坚硬，可见水的刚柔相济。

师：咱们班同学太厉害了，一点即通。

师：那你刚才找的第二句，除了能够看出水的"轻快"，还能不能看出什么呢？

生16：水的形态多姿。

师：好，讨论到此，同学们已经找到了许多水的特点。我来总结，看投影并齐读。（PPT展示）

水之韵：水之雄、水之险、水之刚柔相济、水之多姿多彩。

（小小壶口容纳了千情万态，大千世界。）

师：请同学们记到课本相应的位置。

师：欣赏完了水，我们再来欣赏石。壶口瀑布的"石"又有怎样的特点呢？

生15："这些如钢似铁的顽物竟被水凿得窟窟窍窍，如蜂窝杂陈。"从这句可以看出石的坚硬。

师：但如此坚硬的石头现在却是"窟窟窍窍"的，这就是脚下的石：千孔万窍。

生21："而整个龙槽就是这样被水齐齐地切下去，切出一道深沟。"

师：对，我总结，这是：奇绝。

师：我们现在已经分析完了枯水期瀑布水、石的特点，那有没有同学可以回答这个问题：作者写了壶口瀑布的水之后，为何还要写脚下的石？这也是来自于你们的问题。

师：提示一点，刚才有同学说到，写石也是为了写水。

生22：前面写水的部分也有写到石，正是石对水的阻碍，才使得水千姿百态，如泉，成溪，哀哀打漩。

生23：我还能找到，"……河水从五百米宽的河道上排排涌来，其势如千军万马，互相挤着、撞着，推推搡搡，前呼后拥，撞向石壁，排排黄浪霎时碎成堆堆白雪"。

生24：还有，"……向龙槽里隆隆冲去，先跌在石上，翻个身再跌下去，三跌、四跌，一川大水硬是这样被跌得粉碎，碎成点，碎成雾"……

师：很好，这正是石束水，水抗石，才形成了壶口瀑布枯水期的如此奇观。

师：面对此情此景，作者自然陷入沉思。

生25："眼前这个小小的壶口，怎么一下子集纳了海、河、瀑、泉、雾所有水的形态，兼容了喜、怒、哀、怨、愁，人的各种感情。造物者难道是要在这壶口中浓缩一个世界吗？"

生24：我还找到，最后一段也是作者的沉思。

师：大家找得很准确。问题是我们能从中看出作者的沉思或感悟为何吗？

生26：作者把水比作人，人要如水般有柔也有刚，人也要有各种状态跟经历，但要在经历磨难后见出个性。

师：这也就是"观壶口，见人生"。同学们已经理解得相当深入了。

师：那我们看这个同学的问题：结尾为何写到黄河的个性？

生27：因为黄河的特点在壶口最能体现出来。它正是"黄河博大宽厚，柔中有刚；挟而不服，压而不弯；不平则呼，遇强则抗，死地必生，勇往直前"的精神的体现。

师：我看有些同学对这个问题还是有些困惑啊。黄河为何有此精神呢？现在我要请历史老师从历史的角度给大家答疑解惑了。有请历史老师。

三、感悟壶口——精神之美

师（历史老师）：同学们，我们原始农耕时代的主要遗址分布在——

生16：黄河流域和长江流域。

师（历史老师）：其中黄流流域以半坡遗址为代表。

师（历史老师）：那我们就知道黄河是中华民族的发源地。

师（历史老师）：从图片可以看出，炎黄初始部落主要生活在黄河中上游，由此我们就能理解这句话了"黄河是中华民族的摇篮"。这两个民族不停地征战和交融，以及与其他民族的交融，最终形成了华夏族。华夏族是汉族的祖先，汉族是现在中华民族的主体。

师（历史老师）：我们看壶口瀑布在哪里？

生19：在炎黄部落范围内。

师（历史老师）：是的。那我们再从壶口瀑布周围的一个城市——延安的历史地位，来体会中华民族的精神。

师（历史老师）：近代的延安是轩辕帝也就是黄帝的陵墓所在地。我们看抗战时期的一张图片——中共中央进驻延安路线图。

生5：这个时候是抗日战争时期。

师（历史老师）：很好。从1840年鸦片战争开始，中华民族一直处于被剥削、受压迫的地位，但中华人民有没有放弃抵抗呢？

生7：没有。

师（历史老师）：所以中共中央辗转来到了延安，在这里指挥了两场重要的战争：抗日战争和解放战争。这十三年中，延安都是中共中央根据地。所以在这里培养的延安精神："博大宽厚，柔中有刚；挟而不服，压而不弯；不平则呼，遇强则抗，死地必生，勇往直前。"

师：分析至此，同学们能够体会为何黄河精神象征着中华民族的精神了吗？

生8：可以。

师：所以黄河被称为——母亲河。

师：好，大家来齐读黄河精神。

（生齐读）

师：这让我想起抗日战争时期一个伟大的诗人——光未然写的一组诗：

《黄河颂》。写作背景即是他在率领敌后抗日慰问团途经壶口瀑布时，为壶口瀑布所震撼，提笔写就《黄河颂》，此诗经著名作曲家冼星海谱曲，成为现在广为传唱的《黄河大合唱》。现在就让我们怀着敬畏的心情聆听这首豪迈的歌曲，然后齐读《黄河颂》吧。

（学生聆听歌曲，并朗读）

师：观黄河，见人生；观黄河，思民族精神。希望大家以后有机会也能去壶口瀑布走一遭，我很期待：你们又能有怎样的领悟？好，今天的课就进行至此，下课。

学生的疑问即为教学的起点

游记是一种比较常见的文学体裁，包括三个要素："所至"（游踪）、"所见"（风貌）和"所感"（感想）。学界有种观点：依体裁定教法。我沿着这个思路开始素读课文（我的备考习惯，直面文本，不看任何参考资料，看自己能够解读出什么）。我的感觉：梁衡这篇文章游踪清晰，感想明了。我非常赞同一种观点——一望而知的知识不需要教。于是我没有把"所至"和"所见"列入我的教学重难点。而我在阅读"第二次观赏壶口"时，遇到了阻力，文章读了几遍才彻底搞清楚："我们"如何下到沟底，走向"河心"，"龙槽"在哪？我调动自己所有的想象力才把诸如"乘隙而进的，折返迂回的，它们在龙槽两边的滩壁上散开来，或钻石觅缝，汩汩如泉；或淌过石板，潺潺成溪；或被夹在石间，哀哀打漩。还有那顺壁挂下的，亮晶晶的如丝如缕……"这般水的千姿百态理清楚。同时梁衡在这一部分使用的绚烂的语言，如，"翻个身再跌下去，三跌、四跌，一川大水硬是这样被跌得粉碎，碎成点，碎成雾""浑厚庄重如一卷飞毯从空抖落。不，简直如一卷钢板出轧"等都值得赏析。由此，我预设把教学重点放在此部分。

我有课前让学生预习并且提问的习惯，我认为学生有疑问的地方就是教学的起点，教师的"教"要围绕着学生的"学"。学生上交的问题，让我非常吃惊——与我的预设完全不同。学生的问题大多集中在：一是"壶口瀑布与其他瀑布有何不同？""它的独特性体现在哪里？"……这是对瀑布的形成以及壶口瀑布的独特性好奇，涉及区域地理知识。看来，我得把地理老师请进课堂了。二是"为何作者要第二次去观赏壶口瀑布？""文章的主体是壶口瀑布，为何作者在最后一段要写黄河？"……这个问题让我吃惊。壶口瀑布属于黄河的一段，而黄河素有"母亲河"和"中华民族的摇篮"之称。文章结尾感情升华，由赞颂黄河而赞颂百折不挠的中华民族精神，是非常自然而符合中国人思想的。学生为何会有这样的疑惑呢？在与历史老师的聊天

《壶口瀑布》课堂整合教学过程

中，我得知学生们还没有学习近代史，所以无法理解黄河所代表的民族精神。我们的教育应该面向未知而教，所以我决定把历史老师也请进课堂。

至此，我之前的教学设计要全部打翻重来。我把有关壶口瀑布独特性的问题放在课堂开端，既为学生答疑解惑，又引起他们的学习兴趣。接着我果断地舍弃传统的对文本从语言运用到谋篇布局的烦琐的赏析，而是直接跳到"第二次去壶口瀑布"，以"水石关系"为切入点，在具体分析壶口瀑布水的特点、石的特点，以及水石关系的过程中自然引入作者的感慨。历史老师以壶口瀑布流域周边为区域，上溯黄帝陵墓，回顾华夏文明发源地；以延安为中心，详述抗日战争时期延安的政治地位，阐明延安精神。溯洄在历史的长河，学生们心领神会——"黄河博大宽厚，柔中有刚；挟而不服，压而不弯；不平则呼，遇强则抗，死地必生，勇往直前"这种伟大的中华民族精神。最后，也是本节课的高潮：我带领大家聆听《黄河大合唱》，并朗诵《黄河颂》。在慷慨激昂的曲调中，升华自己心中的"黄河精神"。

这节课下来，学生和我都收获满满。我最开心是听到师傅的评价：这节课非常具有高度，已经从文章、文学上升到文化的层次。而我也深知自己的课堂是存在一定问题的：语言不够凝练；有时引导学生，提问不够明确；声音过小，不够有气势等。但我相信，来日方长，多多磨炼自己，定能自信满满地站在三尺讲台，引领学生到达更开阔的思想境地。而这一切都从学生的疑问开始。

《国粹之美》课堂整合教学过程

深圳明德实验学校　刘爱红　赵　颖

国粹之美

梁　衡

中国戏曲源远流长，异彩纷呈，有着鲜明的民族风格和浓郁的地方特色，是中国传统文化的瑰宝。从下列活动中任选一项，与同学合作完成。

1. 中国戏曲知多少

典雅精致的昆曲、雍容华美的京剧、轻柔灵秀的越剧、活泼风趣的川剧、淳朴明快的黄梅戏……你熟悉这些剧种吗？选择几个剧种，根据学生的兴趣划分小组，每个小组负责收集一个剧种的相关资料，包括其历史源流、表演方式、脸谱与服饰、唱腔与流派、名家名段等。要注意收集多种形式的资料，比如图画、照片、音频、视频。可以制作专题网页、举办戏剧知识擂台赛等，展示本次活动的成果。

京剧《白蛇传》剧照

2. 感受戏曲艺术的魅力

找个机会，跟父母一道，或者跟同学结伴，去观看一场戏曲表演，现场感受戏曲艺术的魅力。

观看演出前，可以做一些功课，了解表演剧目的相关情况，比如剧种特点、剧情梗概、主要演员等。观看演出时，注意感受现场演出的特点，不妨思考：与电视节目或者视频资料相比，现场表演有哪些不同？有哪些让你印象深刻的地方？观看完毕，与父母或同学交流感受，根据你了解的戏曲知识，进行初步的赏析、评价，写一篇观后感。可以写你的直观感受和体验，可以写你对主要角色唱腔的鉴赏，也可以对演员的表演做一点评价。

昆曲代表剧目：《单刀会·刀会》《琵琶记·吃糠》《浣纱记·寄子》《玉簪记·琴挑》《牡丹亭·游园》《长生殿·惊变》《孽海记·思凡》等。

京剧代表剧目：《霸王别姬》《贵妃醉酒》《群英会》《空城计》《打渔杀家》《三岔口》《窦娥冤》等。

越剧代表剧目：《梁山伯与祝英台》《西厢记》《红楼梦》《祥林嫂》《追鱼》《碧玉簪》等。

黄梅戏代表剧目：《打猪草》《夫妻观灯》《天仙配》《女驸马》《牛郎织女》等。

3. 走上戏曲表演的舞台

与同学合作，选一出大家喜爱的戏曲片段，分好角色，准备道具，操练一番。可以选择京剧等具有巨大影响力的剧种，也可以选择本乡本土的地方戏。如果你有"家学"，正好亮亮嗓子；如果之前没唱过，不妨来个"拜师学艺"，向戏曲专业人员或戏曲爱好者学几招；也可以跟着电视节目、广播节目、唱碟等模仿几句。

【教学目标及重难点】

（1）了解"国粹"的含义，学习京剧的形式美，体悟京剧的内涵美。

（2）理解并体悟京剧的内涵美，理解课外延伸对语文学习的重要性，并学会应用。（重点）

（3）语文和美术学科的巧妙契合，相互辅助教学。（难点）

【教学方法】

戏曲欣赏法、讲析法、朗读法、读写训练法。

【教学时间】

一课时。

【教学过程】

（一）欣赏京剧

《野猪林》"林冲逼上梁山"唱段，情境导入。

（二）授课过程

1. 了解"国粹"

国粹指的是华夏民族的传统文化中最具有代表性和最富有独特内涵的，深受人们欢迎的文化遗产。京剧是中国国粹之一。

2. 了解并学习京剧的形式美

关于京剧的服饰美和脸谱美：生角行当在化装上采取俊扮的方式，凸显儒雅或英武；旦角浓妆淡抹，凸显女性的柔美形态；花脸行当在化装上采取了夸张、变形的手法，运用不同的颜色和不同的脸谱图案，外化不同的人物性格和类型特征。如红色代表忠义，像关羽，这是典型的人物形象；黑色代表刚正，像包拯；蓝色代表豪迈，像窦尔敦；黄色代表残暴，像典韦；白色代表奸诈，如曹操；等等。

3. 学习并体悟京剧的内涵美

（1）剧情——人性美

讲析《野猪林》《包青天》《锁麟囊》的故事，凸显京剧中人性之美。

（2）唱词——情感美

《锁麟囊》"大团圆"

这才是/今生/难预料，不想/团圆/在今朝。

回首/繁华/如梦渺，残生/一线/付惊涛。

柳暗/花明/休啼笑，善果/心花/可自豪。

种福/得福/得此报，愧我/当初/赠木桃。

《赤桑镇》"包拯"

自幼儿/蒙嫂娘/训教抚养，金石言/永不忘/铭记心旁。

前辈的/忠良臣/人人敬仰，哪有个/徇私情/卖法贪赃。

到如今/我坐开封/国法执掌，杀赃官/除恶霸/伸雪冤枉。

未正人/先正己/人己一样，责己宽/责人严/怎算得国家栋梁！

《野猪林》"游春"

林冲：四月晴和/微风暖，柳荫下/绿野间/百鸟声喧。

林妻：病榻前/蒙官人/多方照看，延名医/求灵药/百计周全。

东岳庙/降香时/神前祷念，求神灵/佑官人/功业双全，

酬壮志/报国家/鹏程得展，保佑我与你/好夫妻偕老百年。

林冲：三年来/蒙贤妻/殷勤眷念，神有灵/当佑你/福寿绵绵，

与贤妻/叙衷肠/风光浏览，顷刻间/来至东岳庙前。

《野猪林》"痛别"

林冲：妻呀！妻呀！写休书/是为你/除去祸根苗。

男儿不能把妻保，又怎忍/连累娘子/再受煎熬。

林妻：见官人/挥泪把衷肠告，才知你/柔肠百转/五内焦！

任凭它/风狂雨雪暴，为妻我/敢与松柏/竞后凋。

林冲：若是我/千里沧州/命丧了？

林妻：我为你/披麻戴孝/守定了终身/志不摇！

林冲：倘若是高家贼再来缠绕？

林妻：为妻我拼一死早赴阴曹！

4. 课堂小练笔

阅读京剧《李逵探母》的剧情，听读李逵"一路行来"唱词，并欣赏演员的唱段，想一想：李逵的这个唱段美在何处？请选取京剧形式美或内涵美的任一个角度，写100字左右的赏析文字。

《李逵探母》剧情

在梁山忠义堂上，黑旋风李逵见众弟兄纷纷将父母接来山上享福，心中想起家中老母衣食不继、苦度饥寒，不由得万分难过，于是他向宋江提出要回老家接取老母。李逵告别众弟兄，离了水泊，前往家乡沂水县百丈村探望母亲。一路上思母心切，归心似箭。母子见面之后悲喜交加，述说以往分别之情，李母思念李逵哭坏了双目，又加上李达不孝顺，李逵毅然背负老母，奔往梁山泊安度晚年。

李逵"一路行来"唱词

一路行来/暗思量，想起了幼年景儿/实不应当。

稍时间回家去/把老娘探望，母子们见面/要叙叙衷肠。

我的娘，笑着脸儿/领着身儿/拍着咱肩膀，

她叫道：李逵，我的好儿子；铁牛，我的乖儿子哦！

少不得/做些面食馍馍/叫咱尝一尝。

与老娘对坐/把话讲，我一边说，我一边吃，我边吃边说，边说边吃，

哈……咱李逵/心中不住地/喜洋洋。

紧行几步/西门往，恨不得插双翅/飞到咱老娘的身旁。

小练笔：

_____

_____

_____

（三）板书设计

国粹之美

形式美——服饰美　脸谱美

内涵美——人性美　情感美

141

一、情境导入

（师生欣赏京剧《野猪林》"林冲逼上梁山"唱段，情境导入）

师：锣鼓铿锵，丝竹声响，英雄末路，逼上梁山。刚才大家欣赏的是根据名著《水浒传》改编的京剧《野猪林》中"林教头风雪山神庙"的一场戏。京剧作为我国国粹之一，经过几代人多年的传承和努力，已经成为我国文化艺术宝库中一颗光辉璀璨的明珠。今天，让我们一起走进京剧世界，来认识京剧，领略国粹之美。

二、初识文本

师：首先我们来了解学习目标，对今天所学的内容做到心中有数。

（生齐读教学目标）

（1）了解"国粹"的含义。

（2）了解并学习京剧的形式美。

（3）理解并体悟京剧的内涵美。

（4）理解课外延伸对语文学习的重要性，并学会应用。

师：请问大家，什么是"国粹"呢？我们一起来了解一下。

生（齐读）：国粹指的是中华民族的传统文化中最具有代表性和最富有独特内涵的，深受人们欢迎的文化遗产。

师：京剧、书法、国画等都是国粹。很多人不知道京剧为什么会荣登国粹之首，不理解它美在何处。请问你知道它的美吗？

简单来说，京剧的美主要体现在两大方面：一是形式美，二是内涵美。其实，京剧积淀了丰厚的文化底蕴，比如它在形式方面蕴含着丰富的美学知识，包括化妆、服饰、道具等，体现了舞台表演的独特美感。请看这些京剧服饰，还有这些戏剧人物的脸上涂着的各色油彩，美吗？我想请我们的美术专业人士赵颖老师从美学的角度给大家讲一讲。

三、了解京剧的"形式之美"

师（赵颖）：我发现同学们的目光都集中在我的身上，对，今天老师穿了件京剧人物穿的衣服。同学们知道这件衣服是什么角色穿的吗？

生1：花旦。

生2：青衣。

师（赵颖）：有的同学说是青衣，有的同学说是花旦。等一下在我讲解的过程中同学们看一下回答得对不对。老师想先问问同学们，为什么京剧人物的服饰各异？为什么他们脸上有许多图案和颜色？你觉得美吗？

生3：角色不同穿着不同，脸谱很美，设计感很强。

（PPT展示京剧四大行当图片资料：生—旦—净—丑）

师（赵颖）：戏剧人物，一般是按人物的性别、年龄、身份、性格等分为生、旦、净、丑四个类型。我们分别来了解一下。

小生——青年男子；老生——男性老年角色；武生——擅长武打的角色；花旦——活泼、泼辣的青年或中年女性；青衣——庄重的青中年妇女；刀马旦——擅长武技的女性。

请同学们跟图片比对，看老师身上穿着的是花旦的衣服，对吧？

生4：是的，花旦服装。

师（赵颖）：净角——男性行当，俗称花脸、大花脸；丑角——一般扮演比较滑稽的角色。

……

师（赵颖）：好，经过以上简单的了解，京剧服饰分为大衣、二衣、三衣、云肩，那么妆容呢？这就要让我们来探索京剧的脸谱艺术了。

师（赵颖）：我想给大家介绍一下京剧脸谱知识。（PPT展示"京剧脸谱资料"）

京剧脸谱的起源与面具关系密切。人类早期的战争面具、傩舞面具、汉代百戏假面具都是戏剧脸谱的远祖。京剧兴起后，脸谱造型日臻完善，在构图上奠定了基本谱式，各类角色的脸谱进一步精致化、多样化，但仍然保持着传统脸谱的基本特点。

师（赵颖）：请问大家，京剧中为什么要用脸谱化妆？

生5：漂亮。

生6：引起观众的兴趣。

师（赵颖）：脸谱是京剧中特有的化妆艺术，是用写实和象征相结合的艺术手法，把人物的形象进行夸张，以突出、强化人物的生理特征——面貌及个性，用来造成舞台的效果。

师（赵颖）：同学们，大家来谈一谈京剧脸谱的美感吧。

（生相互讨论，逐一发表见解）

师（赵颖）：我来总结一下。脸谱既是一种舞台化妆艺术，同时是一种装饰性很强的图案艺术，具有很高的欣赏价值，是中国老百姓喜闻乐见的一种艺术形式。

师（赵颖）：大家有没有发现，京剧中哪些角色运用脸谱化妆？

生7：净角。

师（赵颖）：对，京剧中的脸谱通常用于净角和丑角两大类人物形象的化妆上，生角和旦角很少用。这是为什么呢？

（生思考）

师（赵颖）：（PPT展示各种谱式）咱们一起来了解各种谱式的特点："整脸""三块瓦脸""十字门脸""碎花脸""歪脸"。

师（赵颖）：通过刚才简单的了解，无论是服饰还是脸谱，都是京剧形式美的一部分，正是有了它们，我们的京剧舞台才会异彩纷呈，美不胜收。

其实，京剧更美的是它的内涵，下面我们请刘老师给大家讲一讲吧。

四、感悟京剧的"内涵之美"

师：感谢赵老师从美学方面给我们做出的专业解读（掌声）。

赵老师刚才从服饰和脸谱两方面让我们初步认识了京剧的形式之美。当然，还有音乐、唱腔等这些唯美的因素组合在一起，才搭建了京剧的形式之美，给京剧舞台带来了五彩缤纷的视觉效果。不过，京剧作为国粹能代代传承，更是因为它具备了内涵之美。就像一个人一样，只有光鲜靓丽的外表，腹内一团草莽，也称不上完美，毕竟腹有诗书才能气自华。现在让我们来进一步领略京剧的内涵之美。

师：每一场京剧，都给我们讲了一个故事，或喜剧，或悲剧，但京剧艺术讲述的不仅是故事，其故事中蕴含的做人做事的道理更引人深思。请看这些京剧剧目，你了解其中的故事吗？

生8：我知道《包青天》，讲的是包拯断案的故事，突出正直无私的包拯形象。

生9：我知道《野猪林》，讲的是鲁智深的故事，具体情节忘记了。

师：以前我给大家讲过，语文学习，不要局限于课本和课堂，更要在课堂之外的延伸中学习语文，如在名著阅读中、在新闻收看中、在电影欣赏中，都可以寻觅到语文的影子。《野猪林》选自我们上节课阅读的名著《水浒传》，哪位同学能讲一讲这里发生了什么故事？

生10：《野猪林》讲了林冲被陷害后充军沧州，在野猪林差点被解差杀害，幸好被鲁智深搭救的故事。这个故事塑造了疾恶如仇的鲁智深和忍辱负重的林冲两个人物形象。

师：我也想给大家讲一讲《锁麟囊》的故事。这个故事讲述了善良的富家小姐薛湘灵，结婚当日花轿遇雨至春秋亭暂避，遇贫女赵守贞出嫁啼哭，问清缘由后她以装满珠宝陪嫁的锁麟囊仗义相赠。六年后家乡遭洪水天灾，薛湘灵与家人失散逃难，应募到卢家做保姆。偶然见到卢家供奉着六年前自己赠出的锁麟囊，才知真相。卢夫人赵守贞知恩图报，帮助薛湘灵一家团圆并与她结为金兰之好。

生11：这是一个"善有善报"的故事。

师：对。《锁麟囊》这部戏告诉我们人生际遇"三十年河东，三十年河西"，人的一生不可能一帆风顺，但无论何时，我们总要保持一颗向善的心。

师：同学们，无论是英雄惺惺相惜的林冲与鲁智深，还是正直无私、对嫂娘愧疚伤怀的包拯，或者是善良的薛湘灵，他们的身上都闪耀着人性的光辉。正是这每一个故事中展现出的人性之美，才让京剧拥有了高贵的灵魂，为京剧增添了一份内涵之美。

（生点头同意，自发鼓掌）

师：不过，作为语文老师，我更想领着大家品读文字，感受文字的魅力，而京剧的唱词恰好能满足我们的渴求。有人赞美京剧的唱词是"一首合辙押韵的诗，一幅美妙绝伦的画，一篇谆谆教诲的文章，一个寓意深远的典故，一段感人肺腑的深情……"何以见得呢？我们一起来欣赏这些美妙的唱词吧！

（生齐读《锁麟囊》"大团圆"）

师：请问《锁麟囊》这段唱词，你读出来它的什么语言特点了？

生12：有押韵，有成语，还有典故"木瓜与琼瑶"。

师：观察真仔细！是的，一段唱词，就是一段语言的诗歌，有押韵，有

《国粹之美》课堂整合教学过程

典故，韵味深长。再请大家朗读《赤桑镇》这段包拯的唱词。

（生小声朗读）

师：我来范读一下这段唱词，请体悟我朗读时的情感。（师范读）感觉到了吗？

生13：感觉到了，包拯的唱词大义凛然，正气十足。

师：对，这段唱词读出来就感觉震撼人心，如果经演员唱出来会更加荡气回肠。请跟着我再读一遍，感受一下哪句唱词让你最有感触？

（生齐读）

生14：我感觉"前辈的忠良臣人人敬仰，哪有个徇私情卖法贪赃"这句非常有正直感。

生15：我觉得"未正人，先正己，人己一样，责己宽，责人严，怎算得国家栋梁"这句话更能体现包拯的无私和忠诚。

师：非常好！唱词体现人物性格特征，这就是京剧唱词的语言魅力。现在再请两位同学客串朗读《野猪林》夫妻对唱的唱词，体味其中蕴含的情感。

（生分别朗读《野猪林》"游春""痛别"两段）

师：读出来其中的深情了吗？

生16：这两段唱词的语言表达运用了直接抒情的手法，体现林冲夫妻恩爱无比、不离不弃的情感。

师：是的。同学们，刚才我们认真研读了每一段唱词，发现唱词里都融会了戏中人的深厚情感。正是这一缕缕情丝通过唱词编织起来，才让京剧中的人物形象高大丰满，有血有肉，真实可近。

师：京剧的情感美与人性美一起充盈了京剧的内涵之美。

师：同学们，这节课我们初步认识了国粹京剧，了解了京剧的形式美和内涵美，现在我想让大家更进一步地欣赏京剧。请问关于李逵，你知道他的事迹吗？

生17：知道，李逵也是《水浒传》里的人物，性格比较莽撞、粗鲁。

师：但是，有一部京剧却体现了李逵性格的另一面。下面我们来欣赏《李逵探母》中"一路行来"唱段，体味一下这段戏美在何处。请从形式美或内涵美的某一个角度写一段100字左右的赏析文字。

（生欣赏，然后写作）

（师检查学生习作，朗读部分小练笔内容，并点评）

五、课堂小结

师：京剧作为国粹之一，积淀了丰厚的文化底蕴，从形式和内涵上都展示了它无与伦比的美。京剧需要更多的人了解它，喜欢它，传承它。目前教育部开展的"京剧进课堂"活动，正是希望同学们学习京剧知识，多方面了解京剧的美，从而将京剧代代传承下去。希望通过今天的学习，同学们能对京剧有一定的了解，并慢慢喜欢京剧，喜欢我们的国粹。

今天的课我们就学习到这里，下课！同学们再见！

生（齐）：老师再见！

课程巧妙整合，促进课堂延伸

本节课是九年级下册第五单元拓展延伸"戏曲天地"的教学内容，是以我国传统的戏剧知识为题材设计的一节整合课。

一、精准设定教学目标

戏曲是极具魅力的一种艺术文化形式，特别是我国的传统京剧，更是国粹精华。但随着时代的发展，这些优秀的传统艺术渐渐被遗忘，很多学生由于没有接触京剧的机会，根本不懂得如何欣赏这种独具魅力的艺术形式。所以，如何帮助学生了解和欣赏京剧，并通过感受京剧的魅力而激发他们对祖国传统艺术的热爱，成了这节课研究的主要问题。

戏剧教学，是中学语文教学中的一个难点，因为学生对戏剧的兴趣缺乏，了解度不高，对戏剧台词和唱腔都不大喜欢。因此，激发学生学习兴趣和提高学生欣赏品位，是本节课的基本要求和起始目标。

本节课的总体要求是让学生们对京剧知识有初步的了解，并通过学习让他们打开思路，使京剧中的知识融入具体探究中，体验艺术的独特魅力。于是，我们将本节课设计为"语文学科和美术学科整合"的课型，根据学情将教学重点确定为"理解并体悟京剧的内涵美，理解课外延伸对语文学习的重要性，并学会应用"，在授课中从"情境导入"到"京剧形式美的体现"，再到"体悟京剧的内涵美"，层层推进，步步解析，凸显重点。

二、精心验证美学预设

本节课美术老师的教学任务是从美学的专业角度使学生了解京剧服饰、脸谱和色彩艺术的特点等基础知识，培养他们的探究能力和审美能力，并进一步感受中国京剧的外在魅力。

美术老师身穿京剧服饰导入，引发学生学习兴趣，效果较好。之后多媒体展示多个京剧脸谱，让学生欣赏脸谱特点，同时进一步了解各种色彩脸谱代表的人物性格。本过程通过提问、回答、相互交流的方式，让学生深入了解脸谱的样式花案。由于设计了多样的活动形式，学生们上课积极性较高，愿意开动脑筋，发言的准确性也较高。课堂上，美学预设基本得到了验证，学生学会了分辨不同京剧服饰代表的人物特点，并学到了京剧脸谱知识，顺利完成了美学教学目标。

三、倾心感悟人文情怀

本节课语文老师的教学任务，是从文学的角度引领学生从"京剧剧情、京剧情感、京剧唱词"三个方面仔细品味京剧的内涵之美，唤醒学生对中国传统艺术的热爱，让学生了解中国戏曲艺术独特的美。

在分析"京剧剧情"时，教师通过"每一场京剧，都给我们讲了一个故事，或喜剧，或悲剧"的引导，让学生讲述自己读过或听过的京剧故事，激发学生的兴趣；然后继续引领，"京剧艺术讲述的不仅是故事，其故事中蕴含的做人做事的道理更引人深思"，让学生深刻体悟京剧的每一个故事中展现出的人性之美；接着，展示四段京剧唱词，带领学生通过朗读、齐读、对读等多种形式，认真研读每一段唱词，让学生感悟唱词里融会的戏中人的深厚情感；最后得出"京剧的情感美与人性美一起，充盈了京剧的内涵之美"这一结论。至此，教学重点内容顺利完成。

"课堂小练笔"也是本节课的一个亮点。语文老师让学生欣赏京剧《李逵探母》片段，然后从形式美或内涵美的某一个角度写一段100字左右的赏析文字。这是课堂内容的延伸，也是锻炼学生创作能力，设计符合语文教学要求。

四、巧妙整合延伸课堂

本节课的教学流程，是从学生的兴趣出发，经欣赏、了解、探究、理解之后进入创作的过程，符合学生的认识和创作过程。这样设计，既引导了学生学习的方向，又保证了学生学习的主体地位，充分调动他们的参与意识、主动性与积极性，让学生成为学习的主人。

本节课的教学难点是"语文和美术学科的巧妙契合，相互辅助教学"。将美学知识点巧妙融于语文课堂，让学生近距离面对京剧服装和脸谱，会使学生更直观地感受到京剧的特殊之美、别致之美。

《国粹之美》课堂整合教学过程

　　这节课中美术和语文两门学科所选的契合点比较恰切，使京剧的"形式美"与"内涵美"得到了巧妙互补，使学生不但了解了京剧形式之特色，也进一步感悟到京剧唱词的魅力，以及京剧深厚的情感底蕴，从而延伸了课堂学习内容。整节课设计极为新颖，学生兴趣浓厚，教学任务完成良好。

《秦兵马俑》课堂整合教学过程

深圳明德实验学校　曹红娟　张　鑫　马睿哲

秦兵马俑

秦兵马俑在我国西安的临潼出土，它举世无双，是享誉世界的珍贵历史文物。

兵马俑规模宏大。已发掘的三个俑坑，总面积近20000平方米，差不多有五十个篮球场那么大，坑内有兵马俑近八千个。在三个俑坑中，一号坑最大，东西长230米，南北宽62米，总面积14260平方米；坑里的兵马俑也最多，共有六千多个。一号坑上面，现在已盖起了一座巨大的拱形大厅。走进大厅，站在高处鸟瞰，坑里的兵马俑一行行、一列列，十分整齐，排成了一个巨大的长方形军阵，真像是秦始皇当年统率的一支南征北战、所向披靡的大军。

兵马俑不仅规模宏大，而且类型众多，个性鲜明。

将军俑身材魁梧，头戴鹖冠，身披铠甲，手握宝剑，昂首挺胸。那神态自若的样子，一看就知道是久经沙场，重任在肩。

武士俑平均身高1.8米，体格健壮，体态匀称。它们身穿战袍，披挂铠甲，脚蹬前端向上翘起的战靴，手持兵器，整装待发。

骑兵俑上身着短甲，下身着紧口裤，足蹬长靴，右手执缰绳，左手持弓箭，好像随时准备上马冲杀。

陶马和真马一般大小，一匹匹形体健壮，肌肉丰满。那跃跃欲试的样子，好像一声令下，就会撒开四蹄，腾空而起，踏上征程。

每个兵马俑都是极为精美的艺术珍品。仔细端详，神态各异：有的颔首低眉，若有所思，好像在考虑如何相互配合，战胜敌人；有的目光炯炯，神态庄重，好像在暗下决心，誓为秦国统一天下作殊死拼搏；有的紧握双拳，好像在听候号角，待命出征；有的凝视远方，好像在思念家乡的亲人……走近它们的身旁，似乎能感受到轻微的呼吸声。

秦兵马俑，在古今中外的雕塑史上是绝无仅有的。它惟妙惟肖地模拟军阵的排列，生动地再现了秦军雄兵百万、战车千乘的宏伟气势，形象地展示了中华民族的强大力量和英雄气概。

【教学目标及重难点】

（1）自学7个生字新词，认识1个多音字，能正确、流利、有感情地朗读课文。

（2）学习作者巧用过渡，概括要点；用列数据、作比较、分类别等说明方法；学习运用准确的语言和丰富的想象，表现秦兵马俑的鲜明特点。（重难点）

（3）感受中华文化的悠久灿烂和古代人民的智慧，激发民族自豪感。（难点）

【教学方法】

（1）朗读法。（文体特点）

（2）还原法。（文本特点）

（3）拓展迁移法。（文本特点）

【教学过程】

（一）分享"课前预学"

学生课前诵读《增广贤文》节选。

1. 导入

（1）孩子们，看老师的这身装扮，猜猜我们今天学习哪一课？

预设：学生猜答《秦兵马俑》。

（2）你的依据是什么？说说你的看法。

预设：裙子的颜色以及款式，还有头上戴的头盔，都与兵马俑的装扮神似，尤其是头盔。

2. 你能用一些词语来夸一夸秦兵马俑吗？

举世无双、享誉世界、绝无仅有、惟妙惟肖、兵强马壮、战车千乘、南征北战、所向披靡、气势磅礴、蔚为壮观、精妙绝伦、鬼斧神工。

读一读，如有字音拿不准，或意思不明白的，可以查工具书，或问同学。

（1）出示

千乘：古代用四匹马拉的一辆兵车叫"一乘"，一辆车上3个人，每辆车后面跟97个人，共100人算一乘。那么，"战车千乘"意思是什么？

另一个标红的词语是"所向披靡"。

（2）请读这句话

PPT展示："站在高处鸟瞰，坑里的兵马俑一行行，一列列，十分整齐，排成了一个巨大的长方形军阵，看上去真像是秦始皇当年统率的一支南征北战、所向披靡的大军。"

"所向披靡"，靡，读"mǐ"上声，意思是倒下。披靡，草木被吹倒。理解了关键字，"所向披靡"的意思就能知道了。

举世无双、享誉世界的秦兵马俑反映了秦国当时的实力。秦始皇是怎样统一六国的？又为什么要修建兵马俑？我们有请历史老师张老师给我们分析。

（二）从历史角度深入了解了不起的世界文化遗产

（1）由长城变化引出秦始皇统一六国。

（2）介绍秦始皇统一六国，分析秦国强大的原因。

商鞅变法。从秦始皇的爷爷的爷爷辈开始，秦国就走上了大国崛起的道路。秦孝公任用商鞅，四处招纳贤才和良士，使秦国拥有了许多十分有才能的人。除此之外，秦国还培养了一批虎狼之师。秦国的君主为了让战士们英勇打仗，制定了奖励措施。因此秦国的将士都十分骁勇善战，被六国称为"虎狼之师"。坊间还有一个传说，秦国的士兵打仗都不穿盔甲，因为着急去战场上杀敌。以前打仗的时候都根据斩下的敌人首级的多少来判断军功，因为秦国人太能作战，杀掉的敌人太多，后来就改为割敌人的耳朵。有着这样一群虎狼之师，秦始皇想不统一天下都难。

（3）秦始皇为什么建兵马俑。

人都有一死，秦始皇也不例外。古人都有这样一种观念："事死如事生"：生的时候怎么对待他，死了之后也怎么对待他。秦始皇曾想在自己死后让这批虎狼之师为自己殉葬，但是坑杀这些将士实在太可惜了，所以想出了用陶俑代替的方法，这才有了——秦兵马俑。

（三）理清"说明要点"

（1）快速默读课文，思考课文是从几个方面详细介绍秦兵马俑的。

（2）交流：课文的哪个自然段有直接说明？同学们一起来读一读。

关联词"不仅……而且……"连接了秦兵马俑几个方面的特点？

阅读说明性文章时，抓住过渡句，就可以用最短的时间理清作者"说什么"，那么，作者是"怎么说"的呢？

（四）体味"说明方法"

（1）齐读第二自然段，体会兵马俑的规模宏大，思考：你发现这段话有什么特别之处？

兵马俑规模宏大。已发掘的三个俑坑，总面积近20000平方米，差不多有五十个篮球场那么大，坑内有兵马俑近八千个。在三个俑坑中，一号坑最大，东西长230米，南北宽62米，总面积有14260平方米；坑里的兵马俑也最多，共有六千多个。

（2）合作交流：你有什么发现？（板书：列数字、作比较）

（3）看图识俑。

默读第四至七自然段，看图识俑，体会"类型众多"的特点。

出示图片，学生回答。（格式：我认为这是＿＿＿＿＿＿＿＿俑，我的依据是＿＿＿＿＿＿＿＿＿）

（4）"兵马俑不仅规模宏大，而且类型众多，个性鲜明。"那么多的俑，作者是如何描绘的？

男女生合作朗读，谈读后感受。（男生读"看到的"，女生读"想到的"）

总结：这种身临其境的感觉就是作者"描写+想象"写法带来的妙处！这也足见兵马俑艺术的精湛。

我们从雕塑的角度怎样欣赏这举世无双的兵马俑呢？一起听听马老师的讲解。

（五）从艺术雕塑的角度欣赏了不起的世界文化遗产

（1）秦兵马俑在雕塑史上的艺术成就。

（2）秦兵马俑在题材上属于大型陵墓雕塑，还是军事雕塑群。

（3）从雕塑角度阐释。

雕塑技巧上：运用了圆雕、浮雕并配合线雕，手法多样。

造型处理上：俑的上半身刻画较为精细，下半身比较简略，有疏密、繁简的对比。

俑与俑的动态、姿势，有动有静。

艺术作品源于生活又高于生活，体现在写实与夸张的手法运用上，文学作品也是如此，通过生动的描写加想象来实现。

（六）积累运用，再现"博物馆人物"

看图描绘博物馆人物雕像，用想象的翅膀触摸雕像的神韵，品味创造的快乐。（描写+想象）

课堂总结：大家将"描写（排比+四字词语）+想象"的写法掌握了，老师真替你们开心。回顾一下，我们今天学习《秦兵马俑》，了解了兵马俑"规模宏大""类型众多""个性鲜明"这几个方面的特点，以及用列数字、作比较进行描写的方法，重点学习了"描写（排比+四字词语）+想象"的写法。最后让我们再来夸夸秦兵马俑。

师生合作，生补充：

这就是（举世无双）的秦兵马俑；

这就是（享誉世界）的秦兵马俑；

这就是我国古代劳动人民用血汗和智慧凝结而成的——秦兵马俑；

这就是令中华民族骄傲自豪的——秦兵马俑！

一、分享"课前预学"

学生课前诵读《增广贤文》节选。

师：同学们好！

生：老师好！

师：孩子们，看老师的这身装扮，猜猜我们今天学习哪一课？

生：《秦兵马俑》。

师：你的依据是什么？说说你的看法。

生：曹老师裙子的颜色以及款式，还有头上戴的头盔，都与兵马俑的装扮神似，尤其是头盔。

师：你的观察真仔细！你们猜对了，今天我们学习《秦兵马俑》。法国前总理希拉克这样评价秦兵马俑："世界上有七大奇迹，秦俑的发现可以说是八大奇迹了。不看金字塔，不算真正到过埃及；不看秦俑，不算真正到过中国。"我们一起再来读读资料袋里的内容，看看我们的课本有哪些补充。兵马俑是怎样的呢？我们一起来看四幅图。（PPT展示四幅兵马俑图）你能用一些词语来夸一夸秦兵马俑吗？

PPT展示词语：

举世无双　享誉世界　绝无仅有　惟妙惟肖

兵强马壮　战车千乘　南征北战　所向披靡

气势磅礴　蔚为壮观　精妙绝伦　鬼斧神工

师："战车千乘"这个词老师标红了，尤其注意"乘（shèng）"的读音，它是多音字。千乘：古代用四匹马拉的一辆兵车叫"一乘"，一辆车上3个人，每辆车后面跟97个人，共100人算一乘。

另一个标红的词语是"所向披靡"。它出现在文章的这段。

PPT展示："站在高处鸟瞰，坑里的兵马俑一行行，一列列，十分整齐，排成了一个巨大的长方形军阵，看上去真像是秦始皇当年统率的一支南征北战、所向披靡的大军。"

生（齐读）："站在高处鸟瞰，坑里的兵马俑一行行，一列列，十分整齐，排成了一个巨大的长方形军阵，看上去真像是秦始皇当年统率的一支南征北战、所向披靡的大军。"

师："所向披靡"，有的同学不理解，老师来解答。靡，读"mǐ"上声，意思是倒下。披靡，草木被吹倒。理解了关键字，"所向披靡"的意思就能知道了。

举世无双、享誉世界的秦兵马俑反映了秦国当时的实力，当时秦始皇是怎样统一六国的？又为什么要修建兵马俑？我们有请历史老师张老师给我们分析。

二、从历史角度深入了解了不起的世界文化遗产

师（张鑫）：（出示两张长城地图，一张春秋时期，一张战国时期）同学们，大家前面刚学习过《长城》一课，今天我给大家带来了两张长城的地图，你们看看长城有什么变化？

生：长城变少了。

师（张鑫）：我想你是说变整齐了，对吗？

生：内部的长城没有了。

师（张鑫）：你观察得很仔细，确实正如这位同学所说，内部的国家之间的长城消失了，但是边境上的还存在着。那这是为什么呢？

（生思考）

师（张鑫）：长城是古代的军事防御工程，用来防止别的国家进攻。内部国家之间的长城消失了，说明……

生：内部的国家合并了！

师（张鑫）：确切地说是"统一"。是谁有这样的能力让内部的六国统一呢？

生：秦始皇。

师（张鑫）：对！秦始皇是我国历史上第一个完成大统一的帝王。前后只用了短短十年时间就完成了统一六国的大业。（PPT展示秦始皇统一六国示意图）

生：哇，秦国好厉害。

师（张鑫）：难道秦国一开始就如我们看到的这么厉害吗？我们来看一组数据，细心的你发现了什么？

生：秦国的人口只有楚国的一半，不是最多的。

生：它的领土也不是最大的，倒数第二。

（生笑）

师（张鑫）：大家都观察得很仔细，你们已经学会了从数据看透问题。那么前期比较弱小的秦国是如何成为强秦，让六国闻风丧胆的？这里不得不提起一个人——

生：商鞅！

师（张鑫）：对！看来你已经拥有了十分丰富的历史储备。

从秦始皇的爷爷的爷爷辈开始，秦国就走上了大国崛起的道路。秦孝公任用商鞅，四处招纳贤才和良士，使秦国拥有了商鞅、李斯等十分有才能的人。除此之外，秦国还培养了一批虎狼之师。

（生做疑惑状）

师（张鑫）：秦国的君主为了让战士们英勇打仗，制定了奖励措施。因此秦国的将士都十分骁勇善战，被六国称为"虎狼之师"。坊间还有一个传说，秦国的士兵打仗都不穿盔甲，因为着急去战场上杀敌。以前打仗的时候都根据斩下的敌人首级的多少来判断军功，因为秦国人太能作战，杀掉的敌人太多，后来就改为割敌人的耳朵。

（生纷纷举手分享春秋战国时的战争故事）

师（张鑫）：有着这样一群虎狼之师，秦始皇想不统一天下都难。但人都有一死，秦始皇也不例外，我们的古人都有这样一种观念"事死如事生"：生的时候怎么对待他，死了之后也怎么对待他。秦始皇曾想在自己死后让这批虎狼之师为自己殉葬，但是坑杀这些将士实在太可惜了，所以想出了用陶俑代替的方法，这才有了——

生：秦兵马俑。

三、理清"说明要点"

师：历史老师给我们讲了秦始皇统一六国和修建兵马俑的原因，请同学们快速默读课文，思考课文是从几个方面详细介绍秦兵马俑的。

生：课文从"规模宏大""类型众多""个性鲜明"三个方面介绍秦兵马俑的。

师：你有一双火眼金睛，看到了本质。你是怎么发现的？课文的哪个自然段有直接说明？

生：第三段。

师：同学们一起来读一读。

生：兵马俑不仅规模宏大，而且类型众多，个性鲜明。

师：这段在文章中发挥怎样的作用？有何特别之处？

生：我注意到作者用到了关联词"不仅……而且……"。

师：你读书真仔细！关联词"不仅……而且……"将"规模宏大""类型众多""个性鲜明"三个方面的特点连接在了一起。（板书："规模宏大""类型众多""个性鲜明"）

生：这段是过渡段，承接第二段"兵马俑规模宏大……"开启"将军俑身材魁梧……"

师：真是善于思考的孩子！找到承上启下的过渡段，我们就很容易理清文章的结构顺序，了解文章的说明要点（板书：说明要点）。孩子们，《长城》和《颐和园》两课，有类似的关键性语句来说明要点吗？请同学们快速找一找。

（生讨论交流）

四、体味"说明方法"

师：阅读说明性文章时，抓住过渡句、中心句、总起句和总结句等，就可以用最短的时间，理清作者"说什么"。那么，本课作者是"怎么说"的呢？请默读第二自然段，体会兵马俑的规模宏大，思考：你发现这段话有什么特别之处？

PPT展示：

兵马俑规模宏大。已发掘的三个俑坑，总面积近20000平方米，差不多有五十个篮球场那么大，坑内有兵马俑近八千个。在三个俑坑中，一号坑最大，东西长230米，南北宽62米，总面积有14260平方米；坑里的兵马俑也最多，共有六千多个。

师：说说你有什么发现。

生：我发现这段话用了好多数字，是列数字的说明方法。

生："已发掘的三个俑坑，总面积近20000平方米，差不多有五十个篮球场那么大，坑内有兵马俑近八千个。"这句话用我们熟悉的篮球场作比较，是作比较的说明方法。

师：你们都抓住了关键。请大家跟着他们俩做笔记，在这段话旁边写上列数字、作比较。如果去掉这些数字，用"很大""很多"代替，可以吗？

生：我觉得不可以，这不能说明兵马俑坑到底有多大。

师：是呀，"很大""很多"不够具体，每个人心中的大和多不同，有数字我们就能准确地知道俑坑有多大。而且平时学习生活中经常接触篮球场，很快能想到它有多大。这就是列数字与作比较的说明方法的作用。

师：请默读第四至第七自然段，我们等会玩看图识俑的游戏，你们有信心吗？

生：有。

师：计时4分钟，现在开始。

PPT展示图片，学生回答（说明判断依据）。

我认为这是_____俑，我的依据是_____。

师：时间到。我们开始游戏。（武士俑）

生：这是武士俑，我的依据是他们体型匀称，手持兵器。

师：你猜对了，我们一起来读："武士俑平均身高约1.8米，体格健壮，体态匀称。它们身穿战袍，披挂铠甲，脚蹬前端向上翘起的战靴，手持兵器，整装待发。"

生："武士俑平均身高约1.8米，体格健壮，体态匀称。它们身穿战袍，披挂铠甲，脚蹬前端向上翘起的战靴，手持兵器，整装待发。"

师：请看大屏幕，老师要播放第二张图片。（将军俑）

生：我认为这是将军俑，我的依据是他头戴鹖冠，身披铠甲。

师：答对了，你读书真仔细，记忆力很好。1～3小组朗读将军俑这段。

生：将军俑身材魁梧，头戴鹖冠，身披铠甲，手握宝剑，昂首挺胸。那神态自若的样子，一看就知道是久经沙场，重任在肩。

师：第三张图片来了（骑兵俑），抢答哦。

生：我认为这是骑兵俑，我的依据是他们上身着短甲，下身着紧口裤。

师：我们班的孩子读书既快又准确，让老师佩服。4～6组齐读骑兵俑这段，再次感受骑兵的威武。之前介绍兵马俑规模宏大时作者用列数字、作比较进行说明。秦兵马俑的"类型众多"作者又用了哪些说明方法呢？

生：列数字、作比较、举例子。

师：秦兵马俑不仅规模宏大，而且类型众多，个性鲜明。那么多的俑，作者用什么方法把它们描述清楚的？请我们班朗诵好的同学一起来读。

生：用排比的手法来描述的，作者用到了四个"有的"。

《秦兵马俑》课堂整合教学过程

师：你果然发现了规律。作者用排比的修辞手法将秦兵马俑的个性描写得栩栩如生。请同学们默读句子，边读边想："有的"和"好像"后面的内容有什么不同。

生："有的"后面都是兵马俑的神态描写。

师：哇，你找到了它们的共同点。还有吗？

生："好像"后面写兵马俑的勇敢。

师：还有发现吗？看来"好像"后面的秘密有些难发现。我们男女生合作，一起来读描写个性鲜明的部分。男生读蓝色字体，女生读红色字体，再次体会"有的"和"好像"后面的内容有什么不同。

（男女生合作读）

有的颔首低眉，若有所思，

好像在考虑如何相互配合，战胜敌人；

有的目光炯炯，神态庄重，

好像暗下决心，誓为秦国统一天下作殊死拼搏；

有的紧握双拳，

好像在听候号角，待命出征；

有的凝视远方，

好像在思念家乡的亲人……走近它们的身旁，似乎还能听到轻细的呼吸声。

师："好像"后面的秘密你们发现了吗？

生："好像"让我们身临其境。

师：老师也有同感。

生：老师，我觉得"好像"后面是作者想到的，并不是看到的内容。

师：你真是小小思考家。"好像"是作者根据看到的内容展开想象的翅膀描写的，是作者的想象。这种身临其境的感觉就是"描写（排比+四字词语）+想象"写法带来的妙处！这也足见兵马俑艺术的精湛。秦兵马俑真是举世无双、绝无仅有。它在美术方面有哪些成就呢？我们有请美术老师马老师从雕塑的角度来分析。

五、从艺术雕塑的角度欣赏了不起的世界文化遗产

师（马睿哲）：同学们，秦兵马俑作为大型的陵墓雕塑，大家想知道它在雕塑史上有什么艺术成就吗？请把思维转到美术上来。有谁知道秦兵马俑有哪些题材？

生：有将军俑、武士俑。

师（马睿哲）：这是具体的内容，也反映出秦兵马俑在题材上属于大型陵墓雕塑，还是军事雕塑群，它是完全按照当时的秦军实况设计的，再现了2200年前中国雕塑艺术的辉煌成就，为世界了解中国古代文明提供了有利的条件。秦始皇陵的发现被称为"20世纪最重要的考古发现"，它和埃及、希腊等地的艺术精品的不同之处是以磅礴的气势、巨大的规模、严整独特的艺术结构震惊世界。再者，绘塑结合的技法为中国古代雕塑注入了新鲜的活力，拓宽了中国雕塑艺术的发展道路。

师（马睿哲）：从雕塑的角度出发，大家看看它用到了哪些技法？

生：有浮雕，它们的眉骨都比较突出。

师（马睿哲）：回答正确，而且举例说明，非常棒。雕塑技巧上运用了圆雕、浮雕并配合线雕，手法多样。同学们，你们发现在造型处理上它有哪些特点呢？

生：上半身刻画各有各的神态，很生动，而腿部大同小异。

师（马睿哲）：你抓住了重点。在造型处理上，俑的上半身刻画较为精细，下半身比较简略，有疏密、繁简的对比。俑与俑的动态、姿势，有动有静。同学们有没有发现秦兵马俑写实的刻画手法，带有明显的肖像画与写生画的特征。秦俑的雕塑艺术，开创了我国雕塑史上大型群塑的先河，主要体现于以下两个方面：①写实是兵马俑群塑的基本格调，兵马俑的形象大小与现实生活中的真人真马相似。②注重视觉效果是秦兵马俑雕塑艺术的一个重要特征。兵马俑艺术源于生活又高于生活，虽然基本格调是写实的，但又突破了"写实"的局限。对于人体的某些局部特征，并非一味地追求细微末节的真实，而是力求抓住关键部位进行适当的夸张。这种夸张并不让人感到虚假，反而给人一种明晰、洗练之感，使得人物的性格更加鲜明、突出。例如，人的眉毛和眉骨本来是没有什么厚度的，但秦俑眉毛加上了厚度，把眉骨塑得有角有棱。从视觉上，远看形象明快、清晰，近看并不觉得失实。又如人的拇指本来比较粗短，但秦俑半握拳的手则有的把拇指塑得很长，高高翘起。因为这种手形拇指不与其余四指并列，所以在视觉上也不会让人感到不合比例。

在一些方面并不是简单的现实摹刻，而是经过了艺术处理。请看这张图，五官的刻画，将眉毛加厚加粗，使面部更有立体感。还有夸张地将胡须处理成飞动或翻转状。虽然与现实不符，但是却更加突出了人物的性格。在艺

《秦兵马俑》课堂整合教学过程

表达上，艺术来源于生活，又高于生活。现在把课堂交给语文老师。

六、积累运用，再现"博物馆人物"

师：是啊，艺术来源于生活，又高于生活。艺术创作上既有写实也有夸张，回到文学上也是如此。文学创作上既有写实的描写，又有根据描写的想象部分。我们继续玩游戏，请听清游戏规则。

PPT展示要求：

看图描绘博物馆人物雕像的神态、动作，用想象的翅膀触摸到雕像的神韵，品味创造的快乐。（描写+想象）

（师出示第一幅侍女雕像图）

生：圆圆的脸蛋上一双眼睛轻轻地眯着，好像在想什么高兴的事情，禁不住笑了起来。

师：这样细微的动作神态都被你抓住了，观察真仔细。

（师出示第二幅男士捂嘴雕像图）

生：这位古代男士戴着高高的帽子，左手捂着嘴巴和鼻子，右手拿着扇子，头扭过去，好像在寻找是谁放了屁，好臭啊。

（生哈哈大笑）

师：从大家的笑声里能感觉到你描绘得很生动。

（师出示第三幅两人勾肩搭背图）

生：兄弟俩关系很好，勾肩搭背的，好像在说：兄弟，今天的肉好吃吗？

师：看来你是个吃货，想到开心的事就是吃肉。

师：大家将"描写（排比+四字词语）+想象"的写法掌握了，老师真替你们开心。回顾一下，我们今天学习《秦兵马俑》，了解了兵马俑"规模宏大""类型众多""个性鲜明"这几个方面的特点，以及用列数字、作比较进行描写的方法，重点学习了"描写（排比+四字词语）+想象"的写法。最后让我们再来夸夸秦兵马俑。

师生合作，生补充：

这就是（举世无双）的秦兵马俑；

这就是（享誉世界）的秦兵马俑；

这就是我国古代劳动人民用血汗和智慧凝结而成的——秦兵马俑；

这就是令中华民族骄傲自豪的——秦兵马俑！

师：下课！

了不起的世界文化遗产

一直想着跟着罗校学习上一节打通各个学科的整合课，借助其他学科，比如音乐、科学、美术、历史等，帮助学生加深对文章的理解。关于秦兵马俑，学生都有了解，都有研究，打通学科之间的壁垒，可以让兵马俑在学生的心中灵动起来，活起来。我是陕西人，大学期间参观游览了兵马俑坑，刚看到一号坑时，怎一个震撼了得！那宏大的规模让我叹服，那生动鲜明的面部表情以及体现出的个性让我称颂，我不禁为秦人曾经创造的辉煌成绩而震撼。作为一个陕西人我更感自豪，心中涌动着一种莫名的情愫，也因此喜欢上了《秦兵马俑》这篇课文，觉得自己有义务宣传、推广。于是坚决选择《秦兵马俑》这篇课文来上HSA整合课，教学中自然多了些想法。

一、寻找整合点

（1）《秦兵马俑》属于四年级上册第五单元——说明文单元，学习的重点是文章的表达方法、说明方法。相对来说这种课文的学习趣味性少一些。怎样上才能让孩子们既有所得又充满兴趣？这是我思考的问题之一。

（2）课文选择了，整合点的选择是重点。于是我反复读课文，找思路。通过多次朗读课文，发现第八段"有的颔首低眉，若有所思，好像在考虑如何相互配合，战胜敌人；有的目光炯炯，神态庄重，好像暗下决心，誓为秦国统一天下作殊死拼搏；有的紧握双拳，好像在听候号角，待命出征；有的凝视远方，好像在思念家乡的亲人……走近它们的身旁，似乎能感受到轻微的呼吸声"句式非常整齐。这是明显的排比句，而且每一句都是先具体描写，再想象。具体描写时用整齐的排比句式，排比句中用四字词语描写人物的神态动作，这样将兵马俑描绘得栩栩如生，自然会引发情不自禁地想象。换句话说就是将实写与虚写相结合。这不正是艺术创作经常用到的手法吗？找到整合点的我兴奋异常，迅速找到了美术马睿哲老师，跟她交流后，一拍即合。她从艺术雕塑的角度来讲。艺术雕塑创作源于生活又高于生活，这体现在写实与夸张的手法运用。文学作品也是如此。这真是完美的整合！我在内心窃喜。问题又来了，本单元是说明文单元，语用点，比如说明方法也应该作为一个点，让孩子们有所掌握与积累，守好语文的田。

（3）为什么要修建兵马俑？这个问题突然冒出来，而我不能很清晰地解答。于是请教了专业研究古代文学的张鑫老师，她给了我清晰地解答。孩子们也会有这样的疑问，为何不请张老师详细解答呢？文史不分家，接着张老师就把"秦兵马俑反映了秦国当时的实力，当时秦始皇是怎样统一六国，又为什么要修建兵马俑"这个问题与语文相结合来讲。

二、突出亮点

本课把"学习运用准确的描写加丰富的想象，表现秦兵马俑的鲜明特点"作为难点内容，如何突破呢？

创造"说"的机会，让学生的嘴"活"起来。教育家陶行知先生说过："发明千千万，起点在一问。"有问题是思维活动积极的表现，是创新的开始。我鼓励学生从各个角度质疑，如此一来，学生的口动起来了，问题多起来了，创新的思维活起来了。如通过速读课文，让学生说说课文是从几个方面详细介绍秦兵马俑的，看图猜兵马俑的类型，并进行详细介绍。

通过个人读、男女声合作读，孩子们终于发现这组句子不仅仅是排比句，更重要的是详细描写加想象的写法。紧接着马老师从雕刻角度分析艺术创作时写实与夸张的手法运用，并举例说明，让孩子们更深入地了解不管是文学作品还是艺术创作，都是来源于生活，要写实，更要高于生活，需要想象与夸张。爱因斯坦说："想象力比知识更重要，因为知识是有限的，而想象力概括着世界上的一切，并且是知识进化的源泉。"在教学中，善于引导鼓励学生积极主动地去"奇思妙想""别出心裁"，能给学生留下最直接、最深刻的印象，从而使学生的创新精神得到培养。给孩子们尝试的机会。"我会说"环节，让孩子们看图描绘博物馆人物雕像，要求用上描写加想象的写法。每个孩子的描绘与想象都不同，但是都描绘得生动形象。

三、夯实语用点

《语文课程标准》指出，语文应"指导学生正确地理解和运用祖国语文，丰富语言的积累，培养语感，发展思维，使他们具有适应实际需要的识字能力、阅读能力、写作能力、口语交际能力"。我们在课堂上必须要让孩子们掌握一些必要的语用点。本课的语用点就是说明方法。通过让孩子们自己读语段体会再发现，孩子们基本都能找到列数字、举例子、作比较的说明方法，并且能初步表达出这几种说明方法的好处。

四、反思提升点

这次整合课的公开课虽说整体达到了预设的教学目标，但还有很多方面不尽如人意。

（1）合作探究的学习方式在前期预习时有体现，但是课堂上合作有些少，分享偏多。

（2）学生读的方式、读的次数有些少，只有个人读、齐读、合作读。

（3）历史问题的设置可以更深入一些，可以让孩子们来评价兵马俑，是不是仅仅是正面的影响？

（4）课堂作业的设计是不是思维流量更多些？不仅仅是停留在文本的简单解读。

《花儿为什么这样红》课堂整合教学过程

深圳明德实验学校　左心彤　林周华　钱锋　程红美

花儿为什么这样红

　　花朵的红色是热情的色彩，它强烈，奔放，激动，令人精神振奋。红紫烂漫的春天，活力充沛，生气蓬勃。花儿为什么这样红？人们一边赞叹，一边不免提出疑问，寻求科学的解释。

　　花儿为什么这样红？首先有它的物质基础。不论是红花还是红叶，它们的细胞液里都含有由葡萄糖变成的花青素。当细胞液是酸性的时，花青素呈现红色，酸性愈强，颜色愈红。当它是碱性的时候，花青素呈现蓝色，碱性较强，成为蓝黑色，如墨菊、黑牡丹等是。而当它是中性的时候，则是紫色。万紫千红，红蓝交辉，都是花青素在不同的酸碱反应中所显示出来的。

　　除了红花以外，还有黄色、橙色的花。橙色与柑橘，南瓜等果实的色彩相似，而最典型的是胡萝卜，所以表现这种色彩的色素，就被称为胡萝卜素。有胡萝卜素的大小来决定是橙色还是黄色。

　　至于白花，那是因为细胞液里不含色素的缘故。有些白花，例如菊花，萎谢之前微染红色，表示它这时也含有少量的花青素了。变色的一个特殊例子是添色木芙蓉，早晨初开白色，中午淡红，下午深红，一日三变，愈开愈美丽。又如八仙花，初开白色微绿，经过几天，变成淡红，或带微蓝，它不像添色木芙蓉那样朝开暮落。至于一般的花，大都初开时浓艳，后渐淡褪。

花儿为什么这样红？还需要用物理学原理来解释。太阳光经过三棱镜或水滴的折射，会分成红、橙、黄、绿、蓝、靛、紫、七种颜色。这七种颜色的光波长短不同，红光波长，紫光波短。酸性的花青素会把红色的长光波反射出来，送到我们的眼帘，我们便感觉到是鲜艳的红花。同样，中性的花青素反射紫色的光波，碱性的花青素反射蓝色的光波，胡萝卜素有不同的成分，便分别反射黄色光波或橙色光波。白花不含色素，但组织里面含有空气，会把光波全部反射出来。有的花瓣，表面有较多的细微而排列整齐的玻璃球似的突起，看起来好像丝绒，能够像金刚石那样强烈地反射光线，色彩就更为鲜艳，如某些月季花就是。

　　花儿为什么这样红？还有它生理上的需要。光波长短不同，所含热量也不同：红、橙、黄光波长，含热量多；蓝、紫光波短，含热量少。花的组织，尤其是花瓣，一般都比较柔嫩。在野生状态，红、橙、黄花都生长在阳光强烈的地方，反射了含热量多的长光波，不致引起灼伤，有保护的作用。蓝花都生长在树林下、草丛间，反射短光波，吸收微弱的含热量多的长光波，对它的生理作用有利。白花也多阴性植物，有些夜间开放，反射了全部的光波，是另一种适应措施。自然界少有黑色的花，只有少数的花偶然有黑色的斑点，因为黑色吸收全部的光波，热量过多，容易受到伤害。

　　花儿为什么这样红？从进化的观点来考察，它有一个发展的过程。裸子植物的花是原始的形态，都带绿色，而花药和花粉则呈黄色。在光谱里面，与绿色邻接的，长波一端是黄、橙和红，短波一端是青、蓝和紫。我们可以说，花色以绿色为起点，向长波一端发展，由黄而橙，最后出现红色；向短波一端发展，是蓝色和紫色。红色应是最晚出现的花色，在进化过程中居于顶峰，最鲜艳，最耀眼。

　　花儿为什么这样红？从达尔文的自然选择学说来看，昆虫起了到重要的作用。亿万年前，裸子植物在地球上出现的时候，昆虫还不多。花色素淡，传粉受精，依靠风力，全部是风媒花。后来出现了被子植物，昆虫也繁生起来。被子植物的花有了花被，更分化为花萼和花冠（花被和花冠通称花瓣）。花瓣不再是绿色，而是比较显眼的黄色、白色或其他颜色。形状也大了，有的生有蜜腺，分泌蜜汁，有的散发芳香，这就成为虫媒花。"蜂争粉蕊蝶分香"，昆虫给花完成传粉受精的作用。

　　昆虫采蜜传粉，有一特殊的习性，就是经常只采访同一种植物的花朵。这个习性有利于保证同一种植物间的异花传粉，繁殖后代。这样可以固定种的特征，包括花的颜色。我们可以设想，假如当初有一种植物，花色微红，由于其中红色比较显著的花朵，容易受到昆虫的注意，获得传粉的机会较多，经过无数代的选择，在悠长的岁月中，昆虫就给这种植物创造出纯一、显著、鲜艳的红色花朵。昆虫参与自然选择的作用，造成各种不同的植物，也造成各种不同的花色。

　　花儿为什么这样红？最后要归功于人工选择。自然选择进程缓慢，需要很长时间才能显示它的作用。人工选择大大加快了它的进程，能够在较短时间内取得显著成果。例如牡丹，由自然选择费了亿万年造成野生原种，花是单瓣的，花色也只有粉红的一种。经过人工栽培，仅就北宋中叶（11世纪）那个时候来说吧，几十年功夫就有单瓣创造出多叶、千叶（重瓣）、楼子（花心突起）、并蒂等额中不同姿态；由粉红创造出深红、肉红、紫色、墨紫、黄色、白色等各种美丽色彩。再如大丽花，原产墨西哥，只有八个红色花瓣。人工栽培的历史仅仅二三百年，却已有千种形状、颜色不同的品种。又如虞美人，经过培养，已有红、黄、橙、白各种颜色却没有出现过蓝色。上一世纪末，美国的著名园艺育种家浦班克，发现一株花瓣上好似有一层迷雾的虞美人，特意培养，到21世纪初，便育成了各种深浅不同的蓝色虞美人，为花卉园艺添加了新的品种。

　　花儿这样红，是大自然的杰作，更加是人工培育的成果。

教学设计

【教学目标及重难点】

（1）了解花红的原因，深入理解课文的逻辑顺序，进一步理清行文思路，了解事理说明文的基本逻辑顺序。（重点）

（2）通过默读、精读，了解文章内容，学习本文从多角度说明事理的方法以及品味文章准确、严密的说明语言。（重难点）

（3）认识自然，热爱自然，激发探索科学奥秘的兴趣。（难点）

【教学时间】

一课时。

【教学过程】

（一）导入新课

疑问导入，当你尽情享受着大自然赐给你的绚丽、芬芳时，你可曾细心留意生活：黑色的花为什么特别少呢？

小组讨论：你认为花儿五颜六色的原因是什么？（师板书，生回答）

（二）整体感知

（1）读文本，除了我们猜测的原因，还有哪些因素影响花儿颜色？

（2）分学科知识讲述：从结构上看，本文内容非常的复杂，这是一个深奥的涉及生物、物理、化学多学科的课题，大家是否能充分理解呢？

1. 化学老师部分

教师学生活动表

教师活动	学生活动
由语文老师"什么是花青素"引入。 花青素是植物细胞液里的一种色素，这种色素本身是紫色的，它遇到酸性或者碱性的液体还会变颜色。 那大家知道我们生活中哪些物质是酸性的，哪些物质是碱性的吗？ 对的，非常好，酸奶、食醋这种尝起来酸的一般属于酸性物质；像清洁剂、肥皂这些有去污能力的一般属于碱性物质。 那色素遇到了酸性或者碱性会发生怎样的变化呢？我们来做个小实验。	思考 倾听 思考，回答"醋、烧碱等" 倾听

教师活动	学生活动
这个实验中我们用的是石蕊色素，它也是从植物里提取出来的，和花青素有同样的性质，而且石蕊的变色效果更好。 大家看我手里有三个已经装好了石蕊溶液的试管，现在我要请两个同学上来，向其中一个试管滴加酸性溶液，再向另一个试管中滴加碱性溶液，观察颜色的变化。 总结：色素本身有颜色，遇到酸性或碱性又会变化颜色。 所以色素的存在让花朵展示出五颜六色，那我们又是如何看见这些美丽的花朵的呢？引出光的反射部分	听实验规则 动手实验，观察实验现象，并与小组同学讨论分享 得出结论 思考

2. 物理老师部分

在上一部分化学知识的讲解中，化学老师抛出一个问题：为什么我们能看到五颜六色的花？物理部分承接这个问题，展开讲解。

（1）为什么能看到物体

我们能看到物体是因为物体发出的光进入我们的眼睛：光源能发出光直接进入我们的眼睛；非光源的物体是因为光在其表面反射进入我们的眼睛，比如月球不发光，我们仍然能看到皎洁的月光。那为什么能看到颜色？看到什么颜色的光，就是什么颜色的光进入了我们的眼睛，这就涉及光的色散。

（2）光的色散

我们日常看到的光并不是单色光，而是复合光。让阳光穿过三棱镜，经过两次折射，会出现一条由上而下呈现红、橙、黄、绿、蓝、靛、紫的彩带，这就是光的色散。如果看到红色，就是只有红色的光波反射进入人的眼睛，其他的光波被吸收。

化学部分讲了不同酸碱性的色素出现不同的颜色，酸性色素反射红色光波，碱性色素反射蓝色光波，中性色素反射紫色光波，就是这个道理。

（3）为什么黑色的花这么少

从上面的讲述我们可以知道，黑色是因为所有光波都被吸收，没有反射。这样热量太大，对花自身造成了灼伤。我们有这样的经验，夏天在室外，穿黑色衣服的同学感到格外热，就是这个原因。

（4）抛出问题，引出生物部分

我们把花的颜色按照光波热量来排列，发现蓝紫色的花反而多，橙色的在反而少，这和热量从多到少的排列是不符的。为什么会造成这种现象的产生呢？这要从生物的进化方面来解释。

3. 生物老师部分

生物老师：同学们，要分析为什么蓝色花、紫色花多，橙色花少，我想通过一个游戏来解释。大家一起来做一个小游戏，叫作"假如我是一只蜜蜂"。同学们现在扮演蜜蜂，蜜蜂要采蜜的对不对？现在在你们需要寻找花源，你们会找到什么颜色的花呢？你们会先看到哪种颜色的花呢？

预设：学生充满疑惑。

生物老师：请5位同学上台背对黑板，其余同学在座位上，等我一声令下，展出绿叶中的花，请立刻辨认出你们第一眼看到的花，切记，不要犹豫。三、二、一，开始！同学们请告诉我，你们第一眼看到的是什么颜色的花？我现在做一下调查。

老师调查看到红、橙、黄、绿、蓝、紫花的数目，然后做出解释：同学们发现没有，看到红花的同学居多，蓝花、紫花的同学也不少，看到橙花的并不多，几乎没有同学发现其实有两朵绿花在绿叶中。这正能解释这个问题：不同的昆虫看到的花色不一样，对不同的花的喜好不一样，所以才会出现数目不一样的各种颜色的花，这就是自然选择。（板书：自然选择）

生物老师：像被子植物，需要经过传粉才能成功繁殖后代，如果没有昆虫持续传粉，那就不能成功繁殖后代得以延续了。所以花五颜六色，可以吸引昆虫替它们传粉。当然，不是所有的花都通过颜色来吸引昆虫的，比如白色的花，很多都有芳香的气味，也能吸引昆虫前来。

生物老师：同学们，除了在野外、在花卉市场能看到许多五颜六色的花以外，还能看到各种不同形状的花。这不是自然选择的功劳，而是根据人的喜好来选择培育的，这叫人工选择。（板书：人工选择）比如牡丹，从白色单瓣的花，通过变异、人工培育等方法筛选后，出现了多色的花，形状还出现了千瓣的、重瓣的、花心凸起的和并蒂品种。再比如，原来只有白、红、黄色的虞美人，但通过园艺师的培育，就出现了特别的蓝色虞美人了。

生物老师：同学们，刚才我们三位老师给大家解答了"花儿为什么这样红"的问题，希望能解开你们的疑惑。那么，如果现在要你们写一篇关于介绍"花儿为什么这样红"的文章，你们会怎么构思行文呢？这个问题，由左老师帮你们回答吧！

4. 语文老师部分

在各位老师讲解后，我们发现影响花儿颜色的有六个方面（板书），写成一篇文章我们该如何安排顺序呢？

173

（三）理清结构

（1）每位同学拿到乱序排列的9个段落的文章，试着排序。

以序号①的段落为例，教学生方法，找本段中心和中心所指向的主语。

（2）让学生在文中画出关键句，朗读关键句，品读关键句，能很快画出结构图……理清了文章思路。

（3）合作学习，上黑板板书小组排序结果。（给以辅助信封材料）

（4）给予正确排序答案，给时间让学生再分析，找原因。

（5）请排序错误的小组阐述思路，再让排序正确小组解答疑难问题。

（四）教师归纳

按设疑—解释—总结的方式安排材料。事理说明文是说明事物的本质特点，分析事物的因果关系，揭示出事物发展、变化规律的文章。这类说明文要安排好事理的顺序，按事物的内在联系和因果关系，以逻辑顺序行文。

（第2～6自然段采用由主到次的逻辑顺序。从物质基础、物理学原理、生理需要等角度说明花儿为什么这样红。这是内因。）

（第7～10自然段采用时间顺序，从进化观点、自然选择、人工选择等角度说明花儿为什么这样红。这是外因。）

（五）课堂小结

这是一篇科普性事理说明文，从不同角度介绍了有关"花儿为什么这样红"的科学知识，重点说明花朵的红色是它自身的各种条件和需要以及自然、人工等因素对它的作用而形成的结果，赞颂了人类创造性的劳动。

一、疑问导入

师：同学们，当我们每天走进学校看到花坛中五颜六色的花朵，你可曾细心观察：黑色的花为什么特别少呢？（PPT展示调查4000多种花后各种颜色花的数量）

生1：黑色吸热，黑色的花容易被灼伤。

生2：因为优胜劣汰，鲜艳的花昆虫更愿意采蜜。

师：花儿为什么五颜六色？你认为有哪些原因呢？给两分钟让大家小组讨论，请展开想象，告诉我你们的猜测。

生1：吸引昆虫，传粉。

生2：可能是在特定环境下对自己的伪装色，还有可能警告某些昆虫不要吃它，是警告色。

生3：花的体内有不同基因，含有色素。

生4：不透光物体的颜色由其反射光线决定。

师：同学们思维很活跃，那么除了同学们找到的这四种原因，是否还有其他原因是你没有想到的？老师接下来给大家一篇文章，请大家仔细阅读。

师：在阅读过程中很多同学习惯很好，在不断圈点勾画。老师想问问，文中有很多科学知识，大家有没有疑问？如果没有问题，左老师想提一个问题：文中说"花青素"遇到酸和碱会变色，它真的是这样吗？我看到有的同学面露迷茫，接下来有请化学老师为大家解答。

二、课堂实验解释成因

化学老师：同学们，我来给大家讲一讲什么是花青素。这位同学很好，想到了色素。花青素是植物细胞液里的一种色素，这种色素本身是紫色的，当它遇到酸性或者碱性的液体时会变化颜色，这样的物质被我们称为酸碱指示剂。

175

最早发现酸碱指示剂的是英国科学家波义耳，他在实验室不小心把盐酸滴在了紫罗兰花朵上，发现紫罗兰由紫色变成了红色，于是发现了酸碱指示剂的存在。那大家知道我们生活中哪些物质是酸性的，哪些物质是碱性的吗？

生：醋、柠檬水是酸性的，烧碱是碱性的。

化学老师：对的，非常好。酸奶、食醋这种尝起来酸的一般属于酸性，像清洁剂、肥皂这些有去污能力的一般属于碱性。

化学老师：那色素遇到了酸性或者碱性会发生怎样的变化呢？我们来做个小实验。

（化学老师展示实验仪器）

化学老师：这个实验中我们用的是石蕊试剂，它也是从植物里提取出来的，和花青素有同样的性质，而且石蕊的变色效果更好。

化学老师用胶头滴管向三个试管中滴加石蕊试液，同时向学生们普及胶头滴管的用法。

化学老师：大家看我手里有三个已经装好了石蕊试液的试管，现在我要请两个同学上来，向其中一个滴加酸性溶液，再向另一个滴加碱性溶液，观察颜色的变化。

学生代表为同学们做展示实验，观察并报告实验现象：滴加酸性溶液的石蕊溶液变红，滴加碱性溶液的石蕊溶液变蓝。颜色越深，酸碱性越强。

学生观察实验现象，并与小组同学讨论分享。

化学老师：色素本身有颜色，在酸性或碱性的情况下又会显示不同的颜色。所以正是色素这种物质基础的存在，让花儿展示出五颜六色。（板书：物质基础——色素）

化学老师：白花是因为细胞液里不含色素。表现橙色的色素称为胡萝卜素。花青素是中性的时候，呈现紫色；当它是酸性的时候，呈现红色，酸性越强，颜色越红；当它是碱性的时候，呈现蓝色，碱性较强，成为蓝黑色。添色木芙蓉早晨初开是白色，中午淡红，下午深红，也是由于其在不同时间，花朵中液体的酸碱性的变化所致。

化学老师：正是色素的存在让花朵展示出五颜六色，那我们又是如何看见这些美丽的花朵的呢？下面有请物理老师从光的角度为大家讲解。

三、科普讲解课堂激趣

1. 物理的光线

物理老师：我给大家讲一讲为什么我们看到不同颜色的花。这个问题我们从两个角度来解释，一个是为什么我们能看到？一个是为什么我们能看到颜色？第一个问题我们物理课讲过，为什么能看到？

生：光的反射。

物理老师：对，但是我们以前介绍光的反射只是作为一个知识点来理解。你想象这么一件事：如果这个世界没有光的反射，那么这个世界是不是我们现在看到的这个世界？我们现在站得这么近，但是我看不到你，你也看不到我，我们能互相看见，归功于光的反射，这是我们能互相看到的原因。那么，我们能看到颜色，有时看到蓝色，有时看到紫色，原因是有这种颜色的光波进入我们的眼睛（PPT展示不同颜色光的反射）。比如刚才化学老师给大家做的一个实验，酸性花青素反射红色光波，所以我们看到红色；中性花青素反射紫色光波，所以我们看到紫色；还有碱性花青素反射的是蓝色光波，所以我们看到蓝色。但有的同学会说，老师，不可能，我们天天看到的阳光，根本就不是这些颜色。这个原因我给大家解释一下。

（PPT展示光谱折射）

物理老师：我们平时看到的阳光不是单色光，它是复色光。我们做一个实验，一束光遇到光波三棱镜时因为折射能力的不同，产生的光带依次是红、橙、黄、绿、青、蓝、紫，红色波长长，折射比较弱，所带的能量比较多；紫色光波正好相反，它是折射能力比较强，所带能量比较少。那我们现在想想，为什么黑色花那么少？首先想想，为什么能看到黑色？

生：黑色吸收了所有光波，在视觉上产生黑色。

师：非常好，我们现在把4197种花按照光波、颜色、热量的顺序排一下。我们已经知道了黑色花少的原因，那为什么蓝色、紫色的花却那么多？它们的热量也没少吸收啊。对于这个问题我也不知道，我看见生物老师已经跃跃欲试了，请她为我们解释一下。

2. 生物的选择和进化

生物老师：同学们，要分析为什么蓝花、紫花多，橙色花少，我想通过一个游戏来解释。大家一起来做一个小游戏，叫作"假如我是一只蜜蜂"。同学们现在扮演蜜蜂，蜜蜂要采蜜的对不对？现在你们需要寻找花源，你们会找到什么颜色的花呢？你们会先看到哪种颜色的花呢？

（生充满疑惑）

生物老师：请5位同学上台背对黑板，其余同学在座位上，等我一声令下，展出绿叶中的花，请立刻辨认出你们第一眼看到的花，切记，不要犹豫。三、二、一，开始！同学们请告诉我你们第一眼看到的花是什么花？我现在做一下调查。

生物老师调查看到红、橙、黄、绿、蓝、紫花的数目。

生物老师：同学们，发现没有，看到红花的同学居多，蓝花、紫花的同学也不少，看到橙花的并不多，几乎没有同学发现其实有两朵绿花在绿叶中。这怎么解释呢？

生：老师，可能是不同的昆虫看到的花色不一样，对不同的花的喜好不一样，所以才会出现数目不一样的各种颜色的花，这跟我们学过的"自然选择"应该是一个道理。

生物老师：很好，其实花色就是经过了自然选择而形成的。（板书：自然选择）

生物老师：像被子植物需要经过传粉才能成功繁殖后代，如果没有昆虫持续传粉，那就不能成功繁殖后代得以延续了。所以花五颜六色，可以吸引昆虫替它们传粉。当然，不是所有的花都是通过颜色来吸引昆虫的，比如白色的花，很多都有芳香的气味，也能吸引昆虫前来。

生物老师：同学们，除了在野外你们能看到许多五颜六色的花，你们是否也能在花卉市场发现除了五颜六色的花以外，还看到各种不同形状的花呢？

生：有！我见过有不同花形的玫瑰，各种品种。

生物老师：是的，但"品种"大部分不是自然选择的功劳，而是根据人的喜好来选择培育的，这叫人工选择。（板书：人工选择）比如牡丹，从白色单瓣的花，通过变异、人工培育等方法筛选后，出现了多色的花，形状还出现了千瓣的、重瓣的、花心凸起的和并蒂品种，再比如，原来只有白、红、黄色的虞美人，通过园艺师的发现和培育，就出现了特别的蓝色虞美人了。

生物老师：同学们，刚才我们三位科学老师给大家解答了"花儿为什么这样红"的问题，希望能解开你们的疑惑。那么，如果现在要你们写一篇关于介绍"花儿为什么这样红"的文章，你们会怎么构思行文呢？这个问题，由左老师帮你们解答吧！

四、结构分析，理清顺序

师：刚才科学老师为我们增添了几个角度，原来有这么多因素能够决定花的颜色。那么这么多因素，我们应该按怎样的顺序来行文呢？接下来，我们看看手里的文章，它是由9个打乱顺序的段落组成的，给大家三分钟时间，再看文本，思考排序。

师：这里提供一种方法，我们找到每一段的说明对象，快速找到关键词，看看指向什么对象。以第二段为例，此段说明花青素对颜色的影响。

师：在排序的过程中我看到有同学在两个选项中反复犹豫。接下来我们集合小组的力量，讨论出你们的统一意见，派一名代表写到黑板上的相应位置，同时，老师将给每组一个辅助材料，帮助你们更清晰地排序。

（每组上黑板写答案）

师：我们发现，4个小组的排序都在前3位排了②①④，其中三个组在之后接了⑨，两个组在⑨之后接了⑥，在结尾都排了⑦⑧③。大家在排序时都最先锁定首尾。我想请一位同学说说你们为什么第一时间把②①④放在开头。

生1：首先第二段用一个问题提出"花儿为什么这样红"。第一段有一个关键提示词"首先，它有一个物质基础"，接下来第四段提到其他颜色的花。

师：我们请一位同学说说结尾。

生2：首先在第七段我们看到达尔文的自然选择学说，这一段可以看作过渡段，第八段提到人工选择。前面讲大自然，后讲到人工选择。

师：那么这篇文章首尾排下来，开头提出问题，最后总结，总分总的结构我们找到了。那么问题是中间部分。我们先看看中间部分提到几个问题。最开始是物质基础，然后我们看到两个因素：生理因素、进化，除此之外我们还找到了自然选择、人工选择、物理学原理。六个元素是怎样的组合？我们看到黑板上大家有三种排法。现在老师告诉大家，真理掌握在4组手里，我们带着答案再看文章，看是不是能理解。

生3：我们组之前有同学的排序是正确的，只是讨论时被牵到另一个方向，自然选择应该按逻辑排序。

师：可能有同学还没有十分明晰，老师来为大家解释清楚。中间有提到六个角度（PPT板书），它们有没有内在逻辑？第二段说到花青素的分解反应，接下来第四段承接着再说色素，第五段在说光波的反射，是不是又一次提到光波，那么应该承接前文的光波。第六段说的生理原理，我们再一次看到光波，那么此时说光波，连接上文，主语才是一致的。再看进化的观点，进化通过裸子植物展开说明，还是说光波里的长波和短波。再往下看，自然选择是通过裸子植物和被子植物展开说明，那是否要前文提到，此时再讲自然选择？我们在捋文章的过程中发现，要正确排序主语必须是连贯和一致的。

我们还有一种方法，看屏幕上的六大成因之间有没有关系，前面物理、生理、进化其实都是自然，下面昆虫和人工其实是外部原因，所以是从内部因素到外部因素。再看内部，先讲植物的色素，到传播过程，再到植物的发展、进化，有没有一种从内到外的顺序？从微观到宏观，从主到次。大家同意我的看法吗？

生：同意。

师：所以，一篇文章的顺序一定有严谨的逻辑结构，如果大家了解了这篇文章的结构，学会把多种因素组合成一篇文章，按一定顺序行文，那么这节课就是学有所获的。接下来，大家手里拿到的是这篇文章的正确排序版本，看到文章，能告诉我它的文体是——

生：说明文。

师：说明的对象是——

生：花儿为什么这样红。

师：花儿为什么这样红？讲明这个道理，就叫作说明文中的"事理说明文"，这节课我们就学了这样一篇科普性的事理说明文，学习了行文顺序和逻辑结构，下课。

学生思维可视化的课堂呈现

在这一节整合课中，我设定的教学目标是：激发学生对说明文和涉及的科学知识的兴趣，了解事理说明文的基本逻辑顺序。纵观整堂课，大的问题有两个。

一、课程容量大，时间紧凑

跨语文、物理、化学、生物四门学科，四位老师的内容，既要激趣，又要理清语文课主线的关系，讲清楚课文13个段落的逻辑顺序，还涉及教师实验、学生小组活动和展示。我们把一个半到两个课时量的任务压缩在45分钟内，对每一科老师都增加了难度。

二、语文课程的主体地位和各学科教师的衔接如何自然而不突兀

无论我们磨课时采用提问法还是问题推究法，总觉得衔接不够流畅自然，学科与学科之间的痕迹稍重，尤其学生没有自发给予掌声，科目转换时总有遗憾。

就课程内容来说，本篇课文共13个段落，要完成逻辑关系的排序，让学生理解从内到外、从宏观到微观顺序的写法，因此文稍抽象，所以我把13个段落合并成9个段落，降低难度。采取"学生动手排序—小组讨论—差异性问题分析—答案板书再思考—教师讲解"的模式和顺序，引导学生发现问题，解决问题，理清逻辑。在落实的过程中，因语文层次和水平不同，体现出来的差异较明显。课堂分小组讨论时，个别小组意见相持不下，谁也说服不了谁。但我认为恰恰是在这种思维的碰撞中，发现问题，体现了教师的指导价值，但同时学生问题的不可预见性，也为我的课堂驾驭提高了难度。在课堂最后的讲解中，我采取同类项归纳的方法，如本节课所呈现的开头和结尾的相同排法，请学生发言总结，不同的中间部分，让学生再质疑，说明自己的

《花儿为什么这样红》课堂整合教学过程

排序理由，使学生思维可视化，哪怕是不正确的排序，也实现"错误思维可视化"。以学生的思路为蓝本讲解，然后指出正确排序，让学生反推，思考自己错在何处。如果思考不出来，这时我再统一讲解，以达到讲解效果的最优化。反思整节课，最后一步顺序讲解，即本文的"从内到外、从小到大、从宏观到微观"的写法，因为涉及多学科知识，在理解上有些难度，所以我辅助了第二种方法，即主语指向法，找到主语的一一对应，降低难度。最后纵观学生理解情况，我可能仅实现了大部分学生的理解接受，难以保证每个学生都真正透彻地理解说明文的逻辑顺序。对于小部分学生而言，可能仅能灌输以"从内到外、从宏观到微观"的顺序概念，期待在以后的更多文本中得以改善和落实。

1. 物理——钱锋

在这一节整合课中，我主要负责讲解"为什么我们可以看到不同颜色的花"。我们能看到是因为有光反射到我们的眼睛：如果有蓝光反射到我们的眼睛，那我们看到的就是蓝色，如果有红光反射到我们的眼睛，那我们看到的就是红色。这主要是因为太阳光是复色光。一束太阳光通过三棱镜折射，会因为波长不同，折射能力不同，能量不同，在三棱镜另一侧分解成红、橙、黄、绿、青、蓝、紫七种颜色的光。在三棱镜分解太阳光的讲解中，受制于上课教室环境，未能现场给学生们展示三棱镜分解太阳光，只能用PPT进行陈述。如果现场试验展示三棱镜分解太阳光，效果会更加显著。

本节课的授课对象是八年级和九年级学生。在正式讲课的时候，八年级的学生已经在物理课程学习中学过光的反射知识，没有学过光的折射，九年级的学生则是全部学过。所从有一点尴尬的地方是八年级学生浅尝辄止地知道了折射，却不能继续深入地探讨，而对于九年级的学生物理部分的讲解则显得有些多余。课后想来这是自己未能做到教学对象不同而改变课程的内容。而前者更像是整合课的一个缩影：四门学科的教师都要一一上台讲授自己学科方面的知识，却因为时间的局限只能简单讲述一点点，不能继续深入地讲解。另外想到的问题是即便每个教师都能有时间讲清楚每一个问题，学生们真的能一节课接受这么多知识吗？这是当时上完整合课时的想法

本节课在正式的讲授中，来自北方的校长团中山东的一位领导在评课的时候直接批评这节课只是噱头。我的感受是，虽然整合课还未推广，在常规教学中还不能广泛应用，但这也是一个积极努力的尝试：它在努力打破学科之间的桎梏，未来社会需要的是这种跨学科的人才，或学科之间的合作者。

而对我们这些上完整合课的教师的指导意义是，当我们上常规课时，也开始在本学科力所不能及的领域寻求其他教师的帮助，完成教学。比如物理课程中音色、音调这些对学生来说晦涩难懂的名词，当音乐老师现场真实演奏的时候都不需要额外的物理解释。

2. 化学——程红美

在这一节整合课中，我主要负责帮助学生理解花色成因中"物质基础——色素"对花朵显色的影响。由于文本中出现花青素、酸性、碱性这样的化学学术词语，学生很难理解，而色素的存在以及色素在不同环境中呈现出来的变化规律又是花朵显色的物质基础所在，所以如何将这部分内容讲解得通俗易懂、深入浅出，让学生真正地理解知识内容，对未知的知识领域产生兴趣而非排斥，就需要对这部分内容的讲授进行设计和思考。

首先通过酸碱指示剂的发现的故事引入。英国科学家不小心把酸洒到紫罗兰花朵上，导致紫罗兰花朵颜色变化，从而深入研究发现酸碱指示剂。历史上很多新发现都是科学家无意之间的发现，用故事引入会让学生很感兴趣，激发学生的好奇心。

然后通过设置疑问让学生思考什么是酸和碱，并用生活中的例子让学生将未知的名词与生活中熟悉的物品相联系，进行知识迁移，对酸和碱有个简单的认知和理解。

接着通过实验让学生亲身感受酸碱指示剂在酸性和碱性条件下的颜色变化，学生对动手实验都是充满了兴趣，并且直接经验更能让学生牢记于心。最开始在九年级和八年级上课时的实验部分是分小组实验，但是在杨主任的建议下以及我们综合考虑之后改成了演示实验。因为课堂的主旋律还是语文内容，化学部分是其中的一个环节，目的是为学生扫清阅读障碍，让学生更能深刻理解文章的内容，所以不适宜全体实验。演示实验已经可以足够让学生理解并体会酸碱指示剂遇到酸碱后的色彩变化了，也节约了时间，让课程更紧凑。

最后得出结论，学以致用。花儿显示出不同的颜色是因为物质基础——色素。色素本身有颜色，遇酸碱又会显示更多的颜色，所以花儿缤纷多彩，甚至有的花儿不同时间颜色也会不同，都是类似上述实验的原理，学生就会很容易理解。

通过这个课程我对整合课也有了很深刻的认识，各个学科教师对整合课的看法不一，有些教师认为整合课的主体是语文，其他学科要为语文服务，是为了扫清学生的阅读障碍，不能抢了语文的精彩，而有些教师觉得整合课是各个学科的整合，学科是平等的，可以展开，可以留疑。整合课是让学生明白，知识是关联的，是相通的，而并非独立的。我们各学科可以通过一个主题把相关的知识点都讲出来，比如物理和数学、物理和化学都有很多关联。比如物理和化学中都讲了分子和原子，我们完全可以拉出来一个分子和原子的主题，然后把相关的知识都讲给学生。再比如数学的公式及其在物理中的应用也可以一起讲，让学生融会贯通，也更理解理论知识在实际生活中的应用。

3. 生物——林周华

在这一节整合课中，我主要负责帮助学生解决对花色成因中的"自然选择"和"人工选择"这两点因素的疑惑。由于在我前面讲解的是物理老师对"不同长度的光波含的热量不同"的解释，而前面提到过"不同颜色的花的种类数目不一样，大致是光波越短（含热量多），花的种类数目越多"，但又有特殊的地方，即橙色光波长但花种类少，蓝色光波短花反而多，而这就是由于大自然中不同的昆虫对花色的选择，即"自然选择"。这里就涉及物理和生物两部分，需要两位老师分别阐明，那么如何自然衔接不突兀呢？如何解释"自然选择"让学生明白呢？

在这一个环节，我设计了一个游戏，通过明德课堂模型中的"还原思维"即"思维可视化"来让学生明白自然选择是怎么选择了不同花色。学生在八年级下册学习过一个探究"模拟保护色的形成过程"，捕食者容易发现与生活环境颜色差异大的猎物。而花是因为颜色鲜艳，与环境颜色差异大，容易被传粉者发现并得以传粉而繁衍保留下来。根据这个原理，以及探究的方法，我设计了"假如我是一只蜜蜂"的游戏：让学生扮演"采花蜜的蜜蜂"，在屏幕上展示"在绿叶环境中不同颜色的花"，让学生在极短时间内"发现"不同颜色的花，从而持续为它传粉。通过游戏的实践，学生头脑中很容易就还原出"昆虫选择了不同花色的花"的情景，从而理解了"自然选择"这一个花色成因。以"为什么反而蓝色的花多，橙色的花少"为问题设置矛盾质疑，激发学生思考；再以游戏的体验还原思维；最后以不同方面的例子还原花色成因的多样性，即还原变异。通过"矛盾质疑+还原思维+还原变异"的模型要素组合解决学生的疑惑。

本节整合课在九年级和八年级均上过，在上课的过程中，几个课堂模型要素均有应用，但前后顺序略微调整。如在九年级是把第一个"还原思维"

184

放在最后，即三位科学教师先进行知识答疑，然后再进行排序。这样安排的效果是学生排序有不少小组答案正确，但有个问题：三位教师的答疑顺序为学生提示了文章排序的逻辑顺序。所以，我们经过调整，将排序先放在前面，而且让排序错误的小组的答案展示出来，先让学生讲解其思路，然后三位科学教师再讲解科学知识。这时学生的思维会发生转变：顺序是由物质基础（色素）开始，然后从内在因素（光波反射、植物生理需要）到外在因素（自然选择、人工选择）。

在生物部分，通过观察发现，学生在"还原思维"部分参与度很高，第一是因为学生有活动参加，很有兴趣；第二是学生也很好奇该游戏可以说明什么。在上台指出第一眼看到的花的时候，学生们瞬间明白了，是颜色鲜艳程度决定了"蜜蜂"是否能发现花，从而决定了该颜色的花是否能成功繁衍。通过游戏体验"自然选择"的原理后，学生自然懂得了不同花色的存在原因，也搞懂了最初的"矛盾质疑"：不同颜色的花的种类数目不一样，大致是光波越短（含热量多），花的种类数目越多，但由于花的颜色鲜艳程度不同，不同昆虫对不同光源的敏感（或喜爱）程度不同，导致蓝花相对较多，橙花反而少。

本次整合课圆满结束，之后的教学中我们教师还应当积极思考：如何组合各要素来帮助学生在课堂上完成各种综合素养的提高，如观察能力、空间思维能力、实验探究能力等等。而且还要注意不同学科整合的过程中，内容上、课堂讲述上如何衔接，才会让学生在接受不同学科内容跨度时，不容易分散注意力，跟上思维，使整堂课真正地成为贯通学科间的"整合"课而不是"凑合"课。

《花儿为什么这样红》课堂整合教学过程

《梦回繁华》课堂整合教学过程

深圳明德实验学校　杨佳富　余志武　赵　颖

梦回繁华

毛　宁

北宋时期，商业手工业迅速发展，城市布局打破了坊与市的严格界限，出现空前的繁荣局面，北宋汴梁商业繁盛，除贵族聚集外，还住有大量的商人、手工业者和市民，城市的文化生活也十分活跃。由此，绘画的题材范围在反映现实生活方面得到了极大的拓展，从唐代以描绘重大历史事件和贵族生活为主，扩展到描绘城乡市井平民生活的各个方面。张择端的《清明上河图》便是北宋风俗画作品中最具代表性的一幅。

张择端主要活动于北宋末年至南宋初年，生卒年不详，山东东武人，字正道，又字文友，幼读书游学于汴京，徽宗朝进入翰林，据张著题跋，后习绘画，擅长界画，工/舟车、人物、市街、城郭，自成一家。除《清明上河图》外，还有《西湖争标图》相传为他所画。据后代文人考订，《清明上河图》可能作于政和至宣和年间，那正是北宋统治者在覆灭之前大造盛世假象，以此掩盖内忧外患的时期，建炎之后，南渡的北宋遗民怀念故土，在他们眼中，这幅图卷必有其特殊的意义，正是他们回首故土，梦回繁华的写照。透过此一观念来审视这副千古名作，我们会发觉那隐藏于繁华背后的心情。

张择端画的《清明上河图》，绢本，设色，纵24.8厘米，横528.7厘米。作品描绘了京城汴梁从城郊、汴河到城内街市的繁华景象。整个长卷犹如一部乐章，有慢板、柔板，逐渐进入快板、紧板，转而进入尾声，留下无尽的回味。

画面开卷处描绘的是京近郊的风光，疏林薄雾，农舍田畴，春寒料峭，赶集的乡人驱赶着往城内送炭的毛驴驮队。在进入大道的岔道上，是众多仆从簇拥的轿乘队伍，从插满柳枝的轿顶可知是踏青扫墓归来的权贵，近处小路上骑驴而行的则是长途跋涉的行旅。树木新发的枝芽，调节了画面的色彩和疏密，表现出北国早春的气息，画面中段是汴河两岸的繁华情景，汴河是当时南北交通的孔道，也是北宋王朝国家漕运的枢纽。巨大的漕船，舳舻相接，忙碌的船工从停泊在河边的粮船上卸下沉重的粮包，纤夫们拖着船，逆水行驶，一片繁忙景象。汴河上有一座规模宏敞的拱桥，其桥无柱，以巨木虚架而成，结构精美，宛如飞虹。桥的两端紧连着街市，车水马龙，热闹非凡。一艘准备驶过拱桥的巨大漕船的细节描绘，一直为人们所称道：船正在放倒桅杆准备过桥，船夫们呼唤叫喊，握篙盘索，桥上呼应相接，岸边挥臂助阵，过往行人聚集在桥头围观，而那些赶脚、推车、挑担的人们却无暇一顾，这紧张的一幕成为全画的一个高潮。后段描写汴梁市区的街道。在高大雄伟的城楼两侧，街道纵横，房屋林立，茶坊、酒肆、脚店、肉铺、寺观、公厕等一应俱全。各类店铺经营着罗锦布匹、沉檀香料、香烛纸马，另有医药门诊、大车修理、看相算命、修面整容，应有尽有。街上，行人摩肩接踵，络绎不绝，士农工商、男女老少、各行各业，无所不备。

《清明上河图》采用了中国传统绘画特有的手卷形式，以移动的视点摄取对象，全图内容庞大，却繁而不乱，长而不冗，段落清晰，结构严谨。画中人物有五百多个，形态各异。采用兼工带写的手法，线条遒劲，笔法灵动，有别于一般的界画。《清明上河图》是一副写实性很强的作品，画中所绘景物，与文献中有关汴梁的记载基本一致。《东京梦华录》中所记述的街巷、酒楼、饮食果子，以及"天晓诸人入市""诸色杂卖"等，都能在这画面中找到生动的图释。画中的"孙阳店""脚店"等，与《东京梦华录》中所记得"曹婆婆肉饼""正店七十二户……其余皆谓

《梦回繁华》课堂整合教学过程

之脚店"等，无有不符。画面细节的刻画也十分真实，如桥梁的结构，车马的样式，人物的衣冠服饰，各行各业人员的活动，皆细致入微。它不是一般热闹场面的记录，而是通过对各阶层人物活动的生动描绘，深刻地揭示出这一特定历史时期的社会生活状况。画中丰富的内容，有着文字无法取代的历史价值，在艺术表现的同时，也是为12世纪中国城市的生活状况留下的重要形象资料。

【教学目标及重难点】

（1）学生通过批注式阅读浏览全文，理清文章的写作思路，概括本文的主要内容。

（2）学生通过细读文中的重点段落，在理解关键词句、梳理各部分主要内容的基础上，把握本文主要运用的说明顺序、说明方法及其作用，体味典雅而富有韵味的语言。（重难点）

（3）在了解《清明上河图》创作背景的基础上，通过还原历史和艺术再现的方法，挖掘《清明上河图》画面背后的社会历史内涵和艺术价值。（重难点）

【教学方法】

（1）自主探究法。

（2）还原法。

【教学时间】

一课时。

【教学过程】

（一）创设情境，导入新课

《清明上河图》是中国十大传世名画之一，为北宋画家张择端的存世精品，属国宝级文物，现藏于北京故宫博物院。这样一幅稀世珍宝，有没有同学见过真迹？有没有见过完整的《清明上河图》？老师这里有这幅画的七张局部图片。通过文献验证，这七张图片能拼成一幅完整的《清明上河图》。

（二）读文知意，整体梳理

学生活动一：

请你根据毛宁教授的《梦回繁华》这篇文章的内容及这些图片之间存在的某种内在关系，完成《清明上河图》的拼接，组合成一幅完整的画卷。

学生拼图：根据课文内容及相关知识，完成《清明上河图》的拼接。

教师适当指导：课本第四段关于《清明上河图》画面（开卷、中段、尾段）的详细介绍，以及图片之间画面对接处的对应联系。

189

教师小结：动图验证。（视频）

（三）析文知理，品味语言

一幅完整的《清明上河图》现在已然呈现在我们的面前……

学生活动二：

（1）请你浏览这幅画，然后用一个词来形容你所看到的景象。

比如：我看到了一种＿＿＿＿的景象。

学生展示：喧闹、繁忙、车水马龙……

教师小结：喧闹、繁忙、车水马龙……（繁华）

（2）请你细读文中详细描绘画中繁华景象的段落，然后说说作者在说明这份繁华景象时所用语言与本单元前面几篇说明文的语言有何异同点。

资料补充：

汴河上有一座规模宏敞的拱桥，其桥无柱，以巨木虚架而成，结构精美，宛如飞虹。桥的两端紧连着街市，车水马龙，热闹非凡。一艘准备驶过拱桥的巨大漕船的细节描绘，一直为人们所称道：船正在放倒桅杆准备过桥，船夫们呼唤叫喊，握篙盘索，桥上呼应相接，岸边挥臂助阵，过往行人聚集在桥头围观。

——《梦回繁华》

永定河上的卢沟桥，修建于公元1189到1192年间。桥长265米，由11个半圆形的石拱组成，每个石拱长度不一，自16米到21.6米。桥宽约8米，路面平坦，几乎与河面平行。每两个石拱之间有石砌桥墩，把11个石拱联成一个整体。由于各拱相联，所以这种桥叫作联拱石桥。

——《中国石拱桥》

学生齐读节选文段，进行语言对比……

学生展示：

相同点：准确、严谨。

不同点：前者语言更为生动、形象，后者较为平实、简洁。

教师追问：两者在语言上的不同除了前者语言更为生动、形象，后者较为平实、简洁之外，还有什么不同点吗？

学生思考，揣摩……

资料补充：

疏林薄雾　农舍田畴　春寒料峭　长途跋涉　舳舻相接　规模宏敞

结构精美　宛如飞虹　车水马龙　热闹非凡　呼应相接　挥臂助阵

街道纵横　房屋林立　一应俱全　应有尽有　摩肩接踵　络绎不绝
各行各业　无所不备

——（选自《梦回繁华》）

山川之美　古来共谈　高峰入云　清流见底　两岸石壁　五色交辉
青林翠竹　四时俱备　晓雾将歇　猿鸟乱鸣　夕日欲颓　沉鳞竞跃。

——（选自《答谢中书书》）

学生自读选词，进行语言类比……

学生展示：典雅而富有韵味。

课堂小结：本文作者在描绘画中繁华景象时所用语言与前几篇说明文语言相比，语言更为生动、形象，且典雅而富有韵味。

作为文人的毛宁教授用生动、形象、典雅而富有韵味的语言将张择端《清明上河图》中的繁华景象活灵活现地展现在大家的面前，那么我们现在再往前推进一步，想想作为画家的张择端又是如何捕捉到这份繁华的呢？

（四）画中有话，梦回繁华

探究一：张择端又是如何捕捉和展现这份繁华的呢？

学生思考展示：建筑，商铺，人群……

（1）从绘画的角度（构图、线条、底色等），详细说明张择端如何捕捉和展现北宋汴京的"繁华"景象。

工笔、界画、散点透视法等。

（2）从画中市民生活的角度，捕捉和展现北宋汴京的"繁华"景象。

丰富的菜单、便捷的外卖、古老的灯箱广告牌、刮脸修面、精准的测风仪等。

这幅画中展现的繁华真的存在吗？北宋当年的都城真的是这样吗？如果是真的，为什么本文的标题为"梦回繁华"而不是"追忆繁华"呢？

探究二：北宋都城当年真的是这么繁华吗？

历史文献证实：北宋的经济（GDP）占世界22.7%，北宋人口从980年的0.37亿发展到1124年的1.26亿。可见北宋都城汴京的繁华景象当年确实存在。

探究三：为什么本文标题为"梦回繁华"而不是"追忆繁华"呢？

还原画面细节：

①疯狂的惊马（隐喻官民矛盾）。

②虚设的望火楼（汴京消防荒废）。

③惊悚的船桥险情（社会矛盾尖锐）。

④严峻的商贾囤粮（官粮危机）。

⑤慵懒的递铺官兵（拖沓低效）。

⑥严酷的党争事件（政风日下）。

⑦撤防的城门（胡人骆驼，辽金谍特）。

⑧沉重的商税（税额大增，官民对立）。

⑨泛滥的酒患（弓箭手押运军酒，局势不稳）。

⑩侵街商铺和拥挤交通（险象环生）。

⑪鲜明的贫富差异（官俸奇高，贫富对立）。

还原历史背景：

张择端创作《清明上河图》真正意图。

——揭露时弊，表现关乎社稷安危的现实：劝谏徽宗，关注日趋严重的社会危机。徽宗失政，繁华落尽。

——宋江起义，方腊起义，金军南下，靖康之耻。

小结：社会矛盾尖锐，危机四伏。

回归课本，互为印证：

据后代文人考订，《清明上河图》可能作于政和至宣和年间，那正是北宋统治者在覆灭之前大造盛世假象，以此掩盖内忧外患的时期，建炎之后，南渡的北宋遗民怀念故土，在他们眼中，这幅图卷必有其特殊的意义，正是他们回首故土、梦回繁华的写照。

（五）课堂小结

通过还原画面细节和这幅画产生的历史背景，我们看到了隐藏在这份繁华背后的忧患和危机以及造成这种局面的原因。同时，我们也能深切地认识和感受到这幅画卷对于北宋遗民的特殊意义，以及后人在审视千古名作时，隐藏于繁华背后的心情。

本节课我们从文学、美学和史学的角度，描绘了北宋汴京的繁华。实质上，我们是在用文学的语言、美学的语言和史学的语言表达了这份特殊的繁华。这份繁华是再也回不去，只能在梦中追忆的繁华。这也是本文标题用"梦回繁华"，不用"追忆繁华"的原因所在。

（六）作业布置

《清明上河图》还有很多值得探究之处，课外可以阅读《〈清明上河图〉的故事》《解读〈清明上河图〉》《谜一样的〈清明上河图〉》等书，进一步了解这幅名画。

（七）板书设计

梦回繁华

文学语言
美学语言　　　　　　　表达　　　　汴京繁华
史学语言

一、创设情境，导入新课

师：今天，我们来学习《梦回繁华》。这篇文章主要展现的是一幅名画——《清明上河图》，是中国十大传世名画之一，为北宋画家张择端的存世精品，属国宝级文物，现藏于北京故宫博物院。这样一幅稀世珍宝，有没有同学见过真迹？

生1：没有。

师：有没有见过完整的《清明上河图》？

生1：没有。

师：老师这里有这幅画的七张局部图片。通过文献验证，这七张图片能拼成一幅完整的《清明上河图》。

二、读文知意，整体梳理

师：请你根据毛宁教授的《梦回繁华》这篇文章的内容及这些图片之间存在的某种内在关系，完成《清明上河图》的拼接，组合成一幅完整的画卷。

生根据课文内容及相关知识，完成《清明上河图》的拼接。

三、析文知理，品味语言

师：一幅完整的《清明上河图》现在已然呈现在我们的面前。请你浏览这幅画，然后用一个词来形容你所看到的景象。

生2：繁华。

师：请同学们仔细找找文中哪个段落重点描写了这份繁华。

生3：第四段。

师：请同学们读一读这一段，边读边思考这样一个问题：毛宁教授在描写画中繁华的时候所用语言与本单元前面几篇说明文的语言有什么不一样？

（生默读）

生4：我觉得对比之前学的几篇来说，这篇文章各部分描写得比较细致，比如开卷部分，从郊外的风景到城区，再到街道，每个部分都有细节描写，给人身临其境之感，眼前浮现一幅画面。

师：什么样的语言能让人有身临其境的画面感呢？

生5：生动形象的语言。

师：这位同学说得很好。老师这里挑选了前面我们学过的《中国石拱桥》中介绍卢沟桥的节选部分和我们刚刚说到的描写《清明上河图》画中繁华的文字，请同学们看这两段文字，作者用了什么说明方法让语言变得生动形象呢？

资料补充：

汴河上有一座规模宏敞的拱桥，其桥无柱，以巨木虚架而成，结构精美，宛如飞虹。桥的两端紧连着街市，车水马龙，热闹非凡。一艘准备驶过拱桥的巨大漕船的细节描绘，一直为人们所称道：船正在放倒桅杆准备过桥，船夫们呼唤叫喊，握篙盘索，桥上呼应相接，岸边挥臂助阵，过往行人聚集在桥头围观。

——《梦回繁华》

永定河上的卢沟桥，修建于公元1189到1192年间。桥长265米，由11个半圆形的石拱组成，每个石拱长度不一，自16米到21.6米。桥宽约8米，路面平坦，几乎与河面平行。每两个石拱之间有石砌桥墩，把11个石拱联成一个整体。由于各拱相联，所以这种桥叫作联拱石桥。

——《中国石拱桥》

生6：打比方。

师：比如说……

生6：比如说作者把桥比作飞虹，一下子桥的形象就清晰起来了。

师：除了使用打比方这种说明方法之外，还有没有运用其他说明方法使语言生动形象呢？

生7：摹状貌。

师：比如说……

生7：画中漕船过虹桥的场面，船夫们握篙盘索，岸边的人挥臂助阵……

师：请同学们概括一下前后两段文字语言的特点。

生：前者语言更为生动、形象，后者较为平实、简洁。

师：两者在语言上的不同除了前者语言更为生动、形象，后者较为平

195

实、简洁之外，还有什么不同点吗？

（生疑惑，沉默）

师：疏林薄雾、农舍田畴、春寒料峭……

生8：有节奏感、有韵味。

师：请同学看屏幕，齐读这两段。

资料补充：

疏林薄雾	农舍田畴	春寒料峭	长途跋涉	舳舻相接	规模宏敞
结构精美	宛如飞虹	车水马龙	热闹非凡	呼应相接	挥臂助阵
街道纵横	房屋林立	一应俱全	应有尽有	摩肩接踵	络绎不绝
各行各业	无所不备				

——（选自《梦回繁华》）

山川之美	古来共谈	高峰入云	清流见底	两岸石壁	五色交辉
青林翠竹	四时俱备	晓雾将歇	猿鸟乱鸣	夕日欲颓	沉鳞竞跃。

——（选自《答谢中书书》）

师：这两段语言文字读出了什么味道？

生：典雅而富有韵味。

师：本文作者在描绘画中繁华景象时所用语言与前几篇说明文语言相比，语言更为生动、形象，且典雅而富有韵味。

作为文人的毛宁教授用生动、形象、典雅而富有韵味的语言将张择端《清明上河图》中的繁华景象活灵活现地展现在大家的面前，那么我们现在再往前推进一步，想想作为画家的张择端又是如何捕捉到这份繁华的呢？下面我们有请赵老师为大家来解读这幅千古名画。

四、画中有话，梦回繁华

（生开心，期待）

师（美术老师）：刚才我已经在下面坐着看着同学们把我们的《清明上河图》完整地拼接起来了。要说我们中国知名度最高，流传度最广的一幅画，我想十个人中至少有八个人会说是《清明上河图》。创作者张择端是北宋末年首屈一指的宫廷画家，能够为皇帝作画，可见他的绘画技法之高超。这幅画纵24.8cm，横528.7cm，五米多长，他只用了一年时间就把它完成了，同学们，你觉得创作这幅画，一年的时间是长还是短呢？

生：短。

师（美术老师）：短。这是一幅绢本工笔设色画，在绢上作画本身难度系数就很大，加之要工笔，难度就更大了。看完这幅画，作者用了什么手法为我们展现了汴京这份繁华景象呢？

生：全景、蒙太奇、散点透视法……

师（美术老师）：对，散点透视法，什么是散点透视法？

生：与焦点相对的一种作画手法。用移动的视角摄取对象，我们就叫它散点透视法。

师（美术老师）：这幅画的上端描绘的是远处的景色，下端描画的是近处的景色。这幅画中的景象同学们在文中读懂了哪些？

生：漕船过虹桥的场景……

师（美术老师）：画中有多少人你找一找？

生：好多人啊。（笑）

师（美术老师）：看课文114页。

生：500多人。

师（美术老师）：500多人画在5米多长的画卷上，平均1米有100多人，如果是你，你能做到吗？

生：很难做到。

师：有的人小得像黄豆般大小，但是依然非常的清晰。我把画面放大30倍来看看。同学们都看到了些什么？

生9：我看到了灯箱广告：拾仟脚业，天之美禄。

生10：赵太医家药店。

生11：刮面。

生12：鸟形测风仪。

生13：外卖小哥。

师（美术老师）：这就是当年汴京市民生活的景象，如果能穿越，我想回到宋代，去感受一下那一份繁华。可是细想一下，画中所展现的这份繁华当年真的存在吗？

北宋当年的都城真的是这样吗？如果是真的，为什么本文的标题为"梦回繁华"而不是"追忆繁华"呢？接下来有请余老师从历史角度为我们解读这一份繁华。

师（历史老师）：刚才，美术老师结合画面，引导同学们领略了北宋都城汴京的繁华。大家一定会感到惊疑：近千年以前的北宋，社会经济真有如

197

此繁荣吗？有没有同学来说说自己的看法。

生14：老师，我们在历史课上学过，宋代科技创新能力强，海外贸易发达，社会经济发展迅速，我认为《清明上河图》真实反映了历史。

师（历史老师）：说得好！在经济上，宋代超过了之前的唐朝。我这里有一组数据。从这些数据中你可以获得哪些信息？（课件呈现"北宋的经济和人口"统计图）

生14：北宋时，国民生产总值占当时世界的22.7%。

生14：北宋初期人口只有3700万，而到了北宋末年，人口达到了1.26亿。

师（历史老师）：22.7%，这是个怎样的概念呢？相当于当时世界的五分之一到四分之一。说明宋代经济在世界上遥遥领先。同学们，你们知道今天的中国GDP占世界的比重是多少吗？

生：应该与宋代差不多吧？

师（历史老师）：根据权威部门公布的统计数据，2017年我国GDP占世界的15%，居世界第二位。

生：啊？还不如北宋？（似乎有点不相信）

师（历史老师）：事实如此。现在，我们有理由相信宋代经济空前繁荣。正是经济的富庶，才养活了那么多的人口，才会出现像汴京这样的繁华大都市。它既是北宋时的政治、经济、文化中心，又是"万国咸通"的国际大都市。（课件呈现"开封地图"）直到今天，我们都引以为豪。

生15：老师，北宋如此富庶，为什么会被金灭亡呢？

师（历史老师）：这个问题问得好。我们今天就以《清明上河图》为切入点，来剖析北宋亡国之因。

生16：《清明上河图》怎么会与北宋的灭亡扯上了关系呢？

师（历史老师）：我们要透过现象看本质。繁荣的背后往往隐藏着衰败的危机。我们一起来观察画面的细节。

师（历史老师）：同学们仔细观察画面细节，说说你看到什么了？（课件呈现《清明上河图》的局部：拥挤的桥头）

生17：我看到桥面上有拥挤的人流，其中有两群人相向而行，但是他们互不相让。

师（历史老师）：是的。这两群人的互不相让，出现在繁华的汴河桥头，似乎有些不那么协调。其实，这个细节隐含着北宋严重的"党争"现象，已经危及国家的安定。

生（惊愕）：《清明上河图》不是要表现宋代的繁华吗？画家为什么要这样处理？

师（历史老师）：类似的画面细节至少还有十处。比如，大街上出现的疯狂的惊马，隐喻官民矛盾；虚设的望火楼，暗示着汴京消防荒废；惊悚的船桥险情，暗示着突出的社会矛盾等等。我们再来看看画的尾部。你发现什么了？（课件呈现画尾几个细节）

生18：我看到有人在一家药铺里看病。

生19：我看到有人在算命。

生20：我看到有人背着麻袋问路。

师（历史老师）：同学们的眼力不错。画尾这三个画面，隐含作者的"三问"：赵太丞家医铺求医——问宋朝"病"在哪里；"解"字牌下算命——问宋朝"命"运几何；村夫背着麻袋问路——问宋朝的存亡之"道"。

生21：那么作者的目的是什么呢？

师：在这里，作者张择端通过这幅作品，要揭露北宋的时弊，劝谏皇帝（宋徽宗）要正视北宋繁华背后的危机。宋徽宗是一个怎样的皇帝？有没有同学讲讲他的事迹。

生21：他是北宋亡国之君，靖康之耻就是发生在他和他儿子宋钦宗身上。

生22：他是一个擅长绘画和书法的皇帝。

生23：他是一个不善理政、重用奸臣的昏君。

师（历史老师）：你们说的都对。这里，我做一个归纳：他是一个玩物丧志的"享乐皇帝"，宠爱"六贼"，紊乱朝章；采运花石纲，苛敛天下；"联金灭辽"，轻启边衅。总之，他沉溺虚无而废政事，最终导致北宋的衰亡。我们在历史课上学过魏征这个历史人物，他是一个著名的谏臣。张择端也是一个谏臣，他想利用宋徽宗命他作画的时机，劝谏徽宗。这种做法，可以称作"画谏"。由此，我们可以看出张择端的用心之良苦。

生：原来如此！

生24：老师，宋徽宗有没有看到这幅画呢？

师（历史老师）：有。张择端完成画作后，呈交给宋徽宗。但是，宋徽宗很快将画赐给了他宠爱的一个大臣。估计，他是没有细看，或者，没有看懂张择端的良苦用心。现在，我们再来思考一个问题：本文为什么要以"梦回繁华"为标题呢？请你结合两幅历史地图："北宋疆域图"和"南宋疆域图"进行思考。（课件呈现）

199

生25：对比两幅地图，我发现，北宋都城东京，到了南宋时，已经不属于南宋了，而是在金国的疆域内了。

生26：这是因为金灭北宋之后，占领了开封（东京）。

生27：在北宋统治中心的很多人迁移到南方去了。

师：这些南迁的民众，对东京会有什么样的情感呢？

生28：留恋，怀念。

生29：痛惜。

生30：想有朝一日能回去。

师：是啊，亡国之痛，故土之恋，人之常情。对于南迁的北宋遗民来说，昔日繁华的东京，只能是在"梦"中回想了。

语文老师课堂总结：本节课我们从文学、美学和史学的角度，描绘了北宋汴京的繁华。实质上，我们是在用文学的语言、美学的语言和史学的语言表达了这份特殊的繁华。这份繁华是再也回不去，只能在梦中追忆的繁华。这也是本文标题用"梦回繁华"，不用"追忆繁华"的原因所在。今天的课上到这里，下课。

跨学科整合资源，激发语文教学的生命力

为了推进现代学校教育发展，跨学科课程的设计与实施已是科学发展的必然要求，跨学科课程整合逐渐成为世界范围内课程改革的重要形态。近年来，我校积极尝试和探索跨学科整合教学，并取得了一定的成效。笔者将结合部编八年级上册第五单元《梦回繁华》这篇课文的跨学科整合设计，谈谈这一教学理念的价值和作用。

一、跨学科整合教学资源，提升教师自身的综合素养

《梦回繁华》是一篇介绍《清明上河图》的说明文，对学生来说，除了文言文之外，说明文是最枯燥无味的。为了将这篇课文上得"有味"，我采用了跨学科整合这一教学理念，抓住"繁华"一词，从语文、历史、美术的角度，分别来解读这幅画中所呈现出来的繁华景象。这样的设计，既避免了单纯分析文本所涉及的说明文知识，又增添了该文本特有的文化韵味和艺术价值。要上好这堂课，除了语文学科知识之外，还要历史和美学知识的辅助，只有这样，学生才能真正读懂这篇文章，理解《清明上河图》的绝世价值。为了备好这节课，我读了余辉的《隐忧与曲谏》，更深层次地认识到张择端当年创作这幅画的真正意图。同时还了解了散点透视法，我才真正懂得张择端构图的精妙。如果没有跨学科设计这篇说明文，我可能就不会去触碰这幅画背后的深层意蕴和内涵，更不会懂得这幅画的构图精妙。所以跨学科设计，能将原本看似分离的学科融合在一起，从不同学科的视角，分析同一个问题或一个物象，不仅分析得全面，而且会更加深刻。这样的语文课堂教学会变得更有趣、有料、有深度。与此同时，在不断探索和积累其他学科知识并将它们融会贯通的同时，个人的综合素养也会不断提升。

二、跨学科整合教学资源，优化学科教学结构

跨学科整合，合理利用学科之间相互渗透、彼此依存的关系，使语文教学更加有活力。《梦回繁华》这堂整合课，由三位老师合作完成。我从语言文字的角度，解读本文是如何将《清明上河图》中这份繁华景象呈现出来的；美术老师从绘画的角度解读《清明上河图》构图之法；历史老师从文献资料的角度证实北宋当年的繁华以及揭开这份繁华背后的隐患和危机。三个不同的学科，三种不同的语言，三种不同的教法，在同一堂课中呈现，这和传统的教学有明显的区别。过去各学科之间缺少联系，甚至是强行割裂，而跨学科整合教学是相互渗透，相互融合的。在教学过程，能够避免同一知识点反复啰唆，反复授课。与此同时，在教学方式上，还可取长补短，真正做到有效教学，提高课堂效率。

三、跨学科整合教学资源，激发学生学习兴趣

跨学科教学资源的整合，有利于拓展学生的思考范围和活动空间，提升学习兴趣，使整个学习过程成为一个自主学习、自主探索的过程。

在《梦回繁华》这堂课上，一上课，语文老师首先展示了《清明上河图》的片段，并提问：为什么《清明上河图》会名垂千古呢？在古代名画中它不是最长的，清代的《姑苏繁华图》是它的两倍；它又不是最早的，东晋顾恺之的《洛神赋图》比它早八百年。这一提问激发了学生探求《清明上河图》的强烈兴趣。接着，从语言文字的角度解读了《清明上河图》中的繁华景象。课中，美术老师从绘画构图和设色的角度解读了这幅画中的繁华景象。学生听得十分认真、投入，特别是在讲焦点透视法和散点透视法区别的时候，学生兴趣极浓，兴致极高，因为这是在传统语文课堂上绝不会学到的知识，更不会如此细致解读这幅画本身的艺术特色。紧接着历史老师从史学角度验证《清明上河图》中繁华的真假。他利用文献资料，从当年北宋的人口和GDP来证实画中的繁华当年确实存在过。同时也揭露了这幅画繁华背后的忧患和危机，紧扣文题——"梦回繁华"。课堂最后，语文教师用还原思维的方法对整堂课进行总结。

在整堂课中，学生听课认真，课堂氛围活跃，课堂效率很高。

总之，通过以上课程设计和课堂教学实践，跨学科整合教学能够进一步提高教师的综合素养，增强团队合作意识，提高课堂效率。同时还可以优化

学科结构，减轻学生负担，提升学习兴趣，激发学生学习语文的积极性和创造性。若能很好地运用这一教学理念和方法，语文课堂教学会更具活力和生命力，同时也为教育改革提供了一个新的视角和方向。

《伟大的悲剧》课堂整合教学过程

深圳明德实验学校　任　洁

伟大的悲剧

（奥地利）斯蒂芬·茨威格

　　1912年1月16日这一天，斯科特一行清晨启程，出发得比平时更早，为的是能早一点看到无比美丽的秘密。焦急的心情把他们早早地从自己的睡袋中拽了出来。到中午，这五个坚持不懈的人已走了14公里。他们热情高涨地行走在荒无人迹的白色雪原上，因为现在再也不可能达不到目的地了，为人类所做的决定性的业绩几乎已经完成。可是突然之间，伙伴之一的鲍尔斯变得不安起来。他的眼睛紧紧盯着无垠雪地上的一个小小的黑点。他不敢把自己的猜想说出来：可能已经有人在这里树立了一个路标。但现在其他的人也都可怕地想到了这一点。他们的心在战栗，只不过还想尽量安慰自己罢了——就像鲁滨孙在荒岛上发现陌生人的脚印时竭力想把它看作是自己的脚印一样。其实，他们心中早已明白：以阿蒙森为首的挪威人已在他们之先到过这里了。

　　没过多久，他们发现雪地上插着一根滑雪杆，上面绑着一面黑旗，周围是他人扎过营地的残迹——滑雪板的痕迹和许多狗的足迹。在这严酷的事实面前也就不必再怀疑：阿蒙森在这里扎过营地了。千万年来人迹未至，或者说，太古以来从未被世人瞧见过的地球的南极点竟在极短的时间之内——即一个月内两次被人发现，这是人类历史上闻所未闻、最不可思议的事。而他们恰恰是第二批到达的人，他们仅仅迟到了一个月。虽然昔日逝去的光阴数以几百万个月计，但现在迟到的这一个月，却显得太晚太晚了——对人类来说，第一个到达者拥有一切，第二个到达者什么也不是。一切努力成了徒劳，历尽千辛万苦显得十分可笑，几星期、几个月、几年的希望简直可以说是癫狂。"历尽千辛万苦，无尽的痛苦烦恼，风餐露宿——这一切究竟为了什么？还不是为了这些梦想，可现在这些梦想全完了。"——斯科特在他的日记中这样写道。泪水从他们的眼睛里夺眶而出。尽管精疲力竭，这天晚上他们还是夜不成眠。他们像被判了刑似的失去希望，闷闷不乐地继续走着那一段到极点去的最后路程，而他们原先想的是：欢呼着冲向那里。他们谁也不想安慰别人，只是默默地拖着自己的脚步往前走。1月18日，斯科特海军上校和他的四名伙伴到达极点。由于他已不再是第一个到达这里的人，所以这里的一切并没有使他觉得十分耀眼。他只用冷漠的眼睛看了看这块伤心的地方。"这里看不到任何东西，和前几天令人毛骨悚然的单调没有任何区别。"——这就是罗伯特·福尔肯·斯科特关于极点的全部描写。他们在那里发现的唯一不寻常的东西，不是由自然界造成的，而是由角逐的对手造成的，那就是飘扬着挪威国旗的阿蒙森的帐篷。挪威国旗耀武扬威、洋洋得意地在这被人类冲破的堡垒上猎猎作响。它的占领者还在这里留下一封信，等待着这个不相识的第二名的到来，他相信这第二名一定会随他之后到达这里，所以他请他把那封信带给挪威的哈康国王。斯科特接受了这项任务，他要忠实地去履行这一最冷酷无情的职责：在世界面前为另一个人完成的业绩作证，而这一事业正是他自己所热烈追求的。

他们快快不乐地在阿蒙森的胜利旗帜旁边插上英国国旗——一面姗姗来迟的"联合王国的国旗"，然后离开了这块"辜负了他们雄心壮志"的地方。在他们身后刮来凛冽的寒风。斯科特怀着不祥的预感在日记中写道："回去的路使我感到非常可怕。"

回来的路程危险增加了十倍，在前往极点的途中只要遵循罗盘的指引，而现在他们还必须顺着自己原来的足迹走去，在几个星期的行程中必须小心翼翼，绝对不能偏离自己原来的脚印，以免错过事先设置的贮藏点——在那里储存着他们的食物、衣服和凝聚着热量的几加仑煤油。但是

《伟大的悲剧》课堂整合教学过程

漫天大雪封住了他们的眼睛，使他们每走一步都忧心忡忡，因为一旦偏离方向，错过了贮藏点，无异于直接走向死亡。况且他们体内已缺乏那种初来时的充沛精力，因为那时候丰富的营养所含有的化学能和南极之家的温暖营房都给他们带来了力量。

当初，他们一想到自己所进行的探险是人类的不朽事业时，就有超人的力量。而现在，他们仅仅是为了使自己的皮肤不受损伤、为了自己终将死去的肉体的生存、为了没有任何光彩的回家而斗争。在他们的内心深处，与其说盼望着回家，毋宁说更害怕回家。

阅读那几天的日记是可怕的。天气变得愈来愈恶劣，寒季比平常来得更早。他们鞋底下的白雪由软变硬，结成厚厚的冰凌，踩上去就像踩在三角钉上一样，每走一步都要粘住鞋，刺骨的寒冷吞噬着他们已经疲惫不堪的躯体。他们往往一连几天畏缩不前，走错路，每当他们到达一个贮藏点时，就稍稍高兴一阵，日记的字里行间重新闪现出信心的火焰。在阴森森的一片寂寞之中，始终只有这么几个人在行走，他们的英雄气概不能不令人钦佩。最能证明这一点的莫过于负责科学研究的威尔逊博士，在离死只有寸步之遥的时候，他还在继续进行着自己的科学观察。他的雪橇上，除了一切必需的载重外，还拖着16公斤的珍贵岩石样品。

然而，人的勇气终于渐渐地被大自然的巨大威力所销蚀。这里的自然界是冷酷无情的，千万年来积聚的力量能使它像精灵似的召唤来寒冷、冰冻、飞雪、风暴——使用这一切足以毁灭人的法术来对付这五个鲁莽大胆的勇敢者。他们的脚早已冻烂。食物的定量愈来愈少，一天只能吃一顿热餐，由于热量不够，他们的身体已变得非常虚弱。一天，伙伴们可怕的发觉，他们中间最身强力壮的埃文斯突然精神失常。他站在一边不走了，嘴里念念有词，不停地抱怨着他们所受的种种苦难——有的是真的，有的是他的幻觉。从他语无伦次的话里，他们终于明白，这个苦命的人由于摔了一跤或者由于巨大的痛苦已经疯了。对他怎么办？把他抛弃在这没有生命的冰原上？不。可是另一方面，他们又必须毫不迟疑地迅速赶到下一个贮藏点，要不然……从日记里看不出斯科特究竟打算怎么办。2月17日夜里1点钟，这位不幸的英国海军军士死去了。那一天他们刚刚走到"屠宰场营地"，重新找到了上个月屠宰的矮种马，第一次吃上比较丰盛的一餐。

现在只有四个人继续走路了，但灾难又降临到头上。下一个贮藏点带来的是新的痛苦和失望。储存在这里的煤油太少了，他们必须精打细算地使用这最为必需的用品——燃料，他们必须尽量节省热能，而热能恰恰是他们防御严寒的唯一武器。冰冷的黑夜，周围是呼啸不停地暴风雪，他们胆怯地睁着眼睛不能入睡，他们几乎再也没有力气把毡鞋的底翻过来。但他们必须继续拖着身子往前走，他们中间的奥茨已经在用冻掉了脚趾的脚板行走。风刮得比任何时候都厉害。3月2日，他们到了下一个贮藏点，但再次使他们感到可怕的绝望：那里储存的燃料又是非常之少。

现在他们真是惊慌到了极点。从日记中，人们可以觉察到斯科特如何尽量掩饰着自己的恐惧，但从强制的镇静中还是一再迸发出绝望的厉叫："再这样下去，是不行了"，或者"上帝保佑呀！我们再也忍受不住这种劳累了"，或者"我们的戏将要悲惨地结束"。最后，终于出现了可怕的自白："唯愿上帝保佑我们吧！我们现在已很难期望人的帮助了。"不过，他们还是拖着疲惫的身子，咬紧牙关，绝望地继续向前走呀，走呀。奥茨越来越走不动了，越来越成为朋友们的负担，而不再是什么帮手。一天中午，气温达到零下40摄氏度，他们不得不放慢走路的速度，不幸的奥茨不仅感觉到，而且心里也明白，这样下去，他会给朋友们带来厄运，于是做好了最后的准备。他向负责科学研究的威尔逊要了十片吗啡，以便在必要时加快结束自己。他们陪着这个病人又艰难地走了一天路程。然后这个不幸的人自己要求他们将他留在睡袋里，把自己的命运和他们的命运分开来。但他们坚决拒绝了这个主意，尽管他们都清楚，这样做无疑会减轻大家的负担。于是病人只好用冻伤了的双腿跟跟跄跄地又走了若干公里，一直走到夜宿的营地。他和他们一起睡到第二天早晨。清早起来，他们朝外一看，外面是狂吼怒号的暴风雪。

奥茨突然站起身来，对朋友们说："我要到外边去走走，可能要多待一些时候。"其余的人不禁战栗起来。谁都知道，在这种天气下到外面去走一圈意味着什么。但是谁也不敢说一句阻拦他的话，也没有一个人敢伸出手去向他握别。他们大家只是怀着敬畏的心情感觉到：劳伦斯·奥茨——这个英国皇家禁卫军的骑兵上尉正像一个英雄似的向死神走去。

现在只有三个疲惫、羸弱的人吃力地拖着自己的脚步，穿过那茫茫无际、像铁一般坚硬的冰雪荒原。他们疲倦已极，已不再抱任何希望，只是靠着迷迷糊糊的直觉支撑着身体，迈着蹒跚的步履。天气变得愈来愈可怕，每到一个贮藏点，迎接他们的是新的绝望，好像故意捉弄他们似的，只留下极少的煤油，即热能。3月21日，他们离下一个贮藏点只有20公里了。但暴风雪刮得异常凶猛，好像要人的性命似的，使他们无法离开帐篷。每天晚上他们都希望第二天能到达目的地，可是到了第二天，除了吃掉一天的口粮外，只能把希望寄托在第二个明天。他们的燃料已经告罄，而温度计却指在零下40摄氏度。任何希望都破灭了。他们现在只能在两种死法中间进行选择：是饿死还是冻死。四周是白茫茫的原始世界，三个人在小小的帐篷里同注定的死亡进行了八天的斗争。3月29日，他们知道再也不会有任何奇迹能拯救他们了，于是决定不再迈步向厄运走去，而是骄傲地在帐篷里等待死神的来临，不管还要忍受怎样的痛苦。他们爬进各自的睡袋，却始终没有向世界哀叹过一声自己最后遭遇到的种种苦难。

凶猛的暴风雪像狂人似的袭击着薄薄的帐篷，死神正在悄悄地走来，就在这样的时刻，斯科特海军上校回想起了与自己有关的一切。因为只有在这种从未被人声冲破过的极度寂静之中、他才会悲壮地意识到自己对祖国、对全人类的亲密情谊。但是在这白雪皑皑的荒漠上，只有心中的海市蜃楼，它召来那些由于爱情、忠诚和友谊曾经同他有过联系的各种人的形象，他给所有这些人留下了话。斯科特海军上校在他行将死去的时刻，用冻僵的手指给他所爱的一切人写了书信。

斯科特海军上校的日记一直记到他生命的最后一息，记到他的手指完全冻住，笔从僵硬的手中滑下来为止。他希望以后会有人在他的尸体旁发现这些能证明他和英国民族勇气的日记，正是这种希望使他能用超人的毅力把日记写到最后一刻。最后一篇日记是他用已经冻伤的手指哆哆嗦嗦写下的愿望："请把这本日记送到我的妻子手中！"但他随后又悲伤地、坚决地划去了"我的妻子"这几个字，在它们上面补写了可怕的"我的遗孀"。

住在基地木板屋里的伙伴们等待了好几个星期，起初充满信心，接着有点忧虑，最后终于愈来愈不安。他们曾两次派出营救队去接应，但是恶劣的天气又把他们挡了回来。一直到南极的春天到来之际，10月29日，一支探险队才出发，至少要去找到那几位英雄的尸体。11月12日，他们到达那个帐篷，发现英雄们的尸体已冻僵在睡袋里，死去的斯科特还像亲兄弟似的搂着威尔逊。他们找到了那些书信和文件，并且为那几个悲惨死去的英雄们垒了一个石墓。在堆满白雪的墓顶上竖着一个简陋的黑色十字架。

　　在英国国家主教堂里，国王跪下来悼念这几位英雄。

　　一个人虽然在同不可战胜的厄运的搏斗中毁灭了自己，但他的心灵却因此变得无比高尚。所有这些在一切时代都是最伟大的悲剧。

教学设计

【教学目标及重难点】

（1）了解课文思想内涵：为失败者做传记，作者茨威格的与众不同的构思。（重点）

（2）品读语言，积累词汇量，提高学生的阅读能力和表达能力。（重点）

（3）了解南极相关知识，地理和文学的整合。（难点）

【教学过程】

（一）导入

首先在导入新课的过程中，需要使用网络让学生查找一个世纪之前的相关资料，那时候人类只能利用爱斯基摩犬和矮种马，方能到达南极点。教学中安排学生查找相关资料，提供南极寒冷的数据资料，让学生自己先理解伟大的悲剧为什么在那个时代会发生。

用诗句形容南极：

（学生活动）千里冰封，万里雪飘。千山鸟飞绝，万径人踪灭。

（教师提问）零下40摄氏度的低温，73天的生死较量。1912年的南极记录了一个怎样的故事？

（二）默读文本

训练概括能力。写一则"标题新闻"，报道文章主要内容。（抓住叙述的六要素概括，力求言简义丰。）

学生概括情况汇总：

（1）1912年1月16日，斯科特探险队第二个到达南极，返程时在冰天雪地中悲壮牺牲。

（2）斯科特一行探险南极，接连牺牲，受国人悼念。

（3）斯科特一行5人到达南极时发现已经有人捷足先登，踏上归途，悲壮死去。

（三）还原背景

为什么阿蒙森成功了而斯科特却失败了？

当斯科特还在新西兰筹措资金时，阿蒙森发来电报："请允许我通知您，我已经向南极进军。"斯科特没有气馁。"为了大英帝国的荣誉，我必须振作起来！"他在日记中写道，于是他们匆忙提前出发。

（四）矛盾质疑（地理老师）

美国国家海洋和大气层管理署的苏珊·所罗门在《最寒冷的三月》中说，1911—1912年的冬天，长达几周最低温度为零下37摄氏度。自南极洲大陆内部有气温记录以来，只有1988年气温降到过斯科特曾遇到的程度。

（学生活动）思考争议问题，各抒己见。

（五）练习（语文老师）

感动中国2016十大人物之一：王锋（火海救人英雄）。

组委会颁奖辞：

（学生活动）齐读：面对一千度的烈焰，没有犹豫，没有退缩，用生命助人火海逃生。小巷中带血的脚印，刻下你的无私和无畏，高贵的灵魂浴火涅槃，在人们的心中永生。

（学生活动）品析，仿写，当堂朗读，互评。

（六）教学特色、教学效果、教学反思

（1）本次课程的设计本着以学生为本，让学生自己动手利用网络查找相关数据，在地理老师的指导下了解南极的情况，人类挑战自己的极限如何成就历史上的第一。理解主旨："一个人虽然在同不可战胜的厄运的搏斗中毁灭了自己，但他的心灵却因此变得无比高尚。所有这些在一切时代都是最伟大的悲剧。"

训练学生：丰富的想象力，善用细腻的心理描写、动作描写、环境描写再现场景，倾注了全部感情来描写。给出感动中国的故事，让学生完成以上要求的练习。

（2）教学效果：学生非常感动，积极参与练习。

（3）教学反思：本节课还原背景，利用网络资源，学生全情投入，结合当今时代故事，学以致用。

（七）作业布置

请为某个时代人物做传，写一篇300字左右的文章。

《伟大的悲剧》课堂整合教学过程

（八）板书设计

《伟大的悲剧》

茨威格

成功　　　　　失败，牺牲（悲剧）

（伟大）精神：团结合作，甘于奉献

一、导入新课

师：同学们，你们假期都去过哪些国家和地区？

生1：美国。

生2：英国。

生3：我去过非洲。

……

师：有没有同学去过南极洲？

学生们互相看看，全都摇头。

师：今天，老师带领你们神游一下南极洲。（展示南极洲的精彩图片）

师：如果让你用学过的诗句来形容一下南极洲，你们会选择哪些诗句呢？

生4：千里冰封，万里雪飘。

生5：千山鸟飞绝，万径人踪灭。

……

师：被冰雪覆盖的南极，吸引了一批批勇敢的探险家。1911年底，挪威探险家阿蒙森和英国探险家斯科特，为了"争取国家的荣誉"，在南极展开了一场惊心动魄又令人心酸的角逐。结果，阿蒙森队于1911年12月14日到达南极，捷足先登，并顺利班师。斯科特队付出了艰苦卓绝的努力，终于在1912年1月18日到达了南极点，却比阿蒙森队晚了将近5个星期。零下40摄氏度的低温，73天的生死较量。1912年的南极记录了一个怎样的故事？

二、讲授新课

师：请同学们用最快的速度默读课文，然后写一则标题新闻，报道文章的主要内容。

（大多数学生用了6分钟左右默读课文，快的学生已经在本子上开始拟写

《伟大的悲剧》课堂整合教学过程

标题新闻。）

师：请同学们抓住叙述的六要素概括，力求言简义丰。

师：下面我们请几位同学读一下自己的概括。

生6：1912年1月18日，斯科特探险队第二个到达南极，返程时在冰天雪地中悲壮牺牲。

生7：斯科特一行探险南极，接连牺牲，受国人悼念。

生8：斯科特一行5人到达南极时发现已经有人捷足先登，踏上归途，悲壮死去。

师：为什么阿蒙森成功了而斯科特却失败了？老师查到了一些历史资料。（图片展示）我们找同学读一下。

生9：当斯科特还在新西兰筹措资金时，阿蒙森发来电报："请允许我通知您，我已经向南极进军。"斯科特没有气馁。"为了大英帝国的荣誉，我必须振作起来！"他在日记中写道，于是他们匆忙提前出发。

师：南极探险都是选择南极洲的夏天，天气情况一般都比较稳定，可是，有些时候就会有不确定的情况发生。下面我们请地理老师讲解一下南极洲的气候。

地理老师：美国国家海洋和大气层管理署的苏珊·所罗门在《最寒冷的三月》中说，1911—1912年的冬天，长达几周最低温度为零下37摄氏度。自南极洲大陆内部有气温记录以来，只有1988年气温降到过斯科特曾遇到的程度。这就是我们说的"天有不测风云"。对此，你们有什么看法？

生10：斯科特他们太倒霉了。

生11：我认为他们还是没有做好准备，没有考虑到这种异常天气。

生12：我看过一些有关报道，说他们选择代步工具选错了。斯科特带的西伯利亚小马和摩托雪橇，摩托雪橇的汽油很快就告急，西伯利亚小马在去往南极的途中，全部冻死，他们只好穿毡鞋走路。

师：你做了大量的预习工作，非常棒！这也是老师想告诉大家的。老师给大家再补充一些资料。（展示灯片）茨威格不愿意他心目中的英雄因为准备仓促才遇难，所以，他特别强调了"意外"两个字。当斯科特成为第二个到达南极点的人，他看到了什么景象？他有怎样的心情？

生13："挪威国旗耀武扬威、扬扬得意地在这被人类冲破的堡垒上猎猎作响。"这里的景物描写其实也是斯科特的心情写照。

师：有人说斯科特可以不接受为阿蒙森作证的请求，他甚至可以换上英国国旗。你们有何看法？

生14："忠实"体现了斯科特一行人的绅士风度、博大的胸襟、诚实守信的品格。

师：文章中有很多句子描写了英雄的胆怯，茨威格为什么要反复向我们披露英雄胆怯的一面呢？

生15：英雄也是人啊。

生16：胆怯是人之常情，这很正常。

师：茨威格"并不以表现人类弱点为耻"，"他的哀怨是人的哀怨，他的行为却是英雄的行为。两者结合在一起，才形成有人气的英雄"。

师：茨威格并没有亲临现场，仅有探险队员遗留下来的日记资料，什么原因使得他能给我们再现当时的情景呢？

生17：他研究了历史资料。

生18：有想象力。

生19：他用文学笔法描述了我们看不见的事情，再现了当时情景。

师：这给我们哪些写作方面的启示呢？

生20：要有丰富的想象力。

生21：善用细腻的心理描写、动作描写、环境描写再现场景。

生22：作者倾注了全部感情来写这场悲剧。

师：茨威格关注的不是事业的成功者，而是能引起人精神上的震撼和启迪的失败者。这篇文章与其他13篇分别记述拿破仑、列宁、托尔斯泰、歌德等人的传记共同收录在一本集子里，取名叫《人类的群星闪耀时》。老师把这本书推荐给大家。下面我们齐读并品味主旨句："一个人虽然在同不可战胜的厄运的搏斗中毁灭了自己，但他的心灵却因此变得无比高尚。所有这些在一切时代都是最伟大的悲剧。"

（生齐读）

师：悲剧是起点，伟大是终结。读完本文，你想对斯科特说些什么？（PPT展示：感动中国人物颁奖词，学生仿写。）

（生课堂练笔）

（生朗读对斯科特的评价）

师：课外，希望同学们就这篇课文写一篇心得体会。"英雄之所以称之为英雄，并不在于我们颂赞的语言，而在于他们始终以高度的事业心、自尊心和锲而不舍地对神奇而美妙的宇宙进行探索的责任感，去实践真正的生活

215

《伟大的悲剧》课堂整合教学过程

以至献出生命，我们所能尽力做到的就是记住他们的名字！"这是美国前总统里根《真正的英雄》里面的一段话。让我们踏着英雄的足迹，在探索自然的道路上，奋勇向前！下课！

对课文价值观的重新解读

七年级下册语文教材中的《伟大的悲剧》是奥地利作家斯蒂芬·茨威格的一篇传记。该传记节选自历史特写集《人类的群星闪耀时》中一篇名为《夺取南极的斗争》的文章。为了纪念人类历史上最早到达南极点的两名科学探险家——挪威人阿蒙森和英国人斯科特而作。教材中选取的段落突出了斯科特等人牺牲前展现出的人性的光辉。

在准备讲授这篇课文的时候，我提前做了大量的准备，下载了与这篇文章有关的几十篇论文。我希望从更理性、更高的视角审视这篇文章，能够超越教师用书的传统高度去解读作品。分析人物的时候，可以更加深入地展现人性本能的一面，再让学生体会英雄们的高尚情怀，避免说教式的解读，浮光掠影地欣赏一下就结束。

下面就这篇课文的教学，反思几个方面。

一、对课文价值观的重新解读

新课标要求"提高学生阅读能力的同时提升学生的情感、态度与价值观"，仅仅按照文本和传统教学告诉学生"不以成败论英雄"的生存价值观，还是不能真正触动学生心灵。那么怎么样正确对待失败，并在阅读中体会到一种高尚的绅士情怀，我采用了以下策略。

还原背景：为什么阿蒙森成功了而斯科特却失败了？

当斯科特还在新西兰筹措资金时，阿蒙森发来电报："请允许我通知您，我已经向南极进军。"斯科特没有气馁。"为了大英帝国的荣誉，我必须振作起来！"他在日记中写道，于是他们匆忙提前出发。

矛盾质疑：美国国家海洋和大气层管理署的苏珊·所罗门在《最寒冷的三月》中说，1911—1912年的冬天，长达几周最低温度为零下37摄氏度。自南极洲大陆内部有气温记录以来，只有1988年气温降到过斯科特曾遇到的程度。

基于以上给学生补充的材料，让学生重新解读人物，我们就不仅仅是对英雄表示同情了，还有了更为客观的评价。

二、本节课在学生练笔方面的设计结合了当今社会热点

我展示了该年度"感动中国人物"的颁奖词，让学生模仿这种语言表达的特点，高度洗练地概括课文人物的品质。运用自己的语言积累，学生们不同程度地完成了这次练笔，有些学生写得非常精彩！

三、不足之处

因为从开始解读文本就是站在几十篇论文的基础之上，所以我们没有在传统习题上花费大量时间，导致学生有高度，细致度却不够。重视人格修养，少了许多细致的赏析语言的练习。这方面还应该在备课中加大练习数量。

以上是本课教学后的反思，恳请各位提出更加宝贵的意见。

《苏州园林》课堂整合教学过程

深圳明德实验学校　张　敏　高伯寅　庞志伟　王　莹

苏州园林

叶圣陶

　　苏州园林据说有一百多处，我到过的不过十多处。其他地方的园林我也到过一些。倘若要我说说总的印象，我觉得苏州园林是我国各地园林的标本，各地园林或多或少都受到苏州园林的影响。因此，谁如果要鉴赏我国的园林，苏州园林就不该错过。

　　设计者和匠师们因地制宜，自出心裁，修建成功的园林当然各个不同。可是苏州各个园林在不同之中有个共同点，似乎设计者和匠师们一致追求的是：务必使游览者无论站在哪个点上，眼前总是一幅完美的图画。为了达到这个目的，他们讲究亭台轩榭的布局，讲究假山池沼的配合，讲究花草树木的映衬，讲究近景远景的层次。总之，一切都要为构成完美的图画而存在，决不容许有欠美伤美的败笔。他们唯愿游览者得到"如在画图中"的美感，而他们的成绩实现了他们的愿望，游览者来到园里，没有一个不心里想着口头说着"如在画图中"的。

　　我国的建筑，从古代的宫殿到近代的一般住房，绝大部分是对称的，左边怎么样，右边也怎么样。苏州园林可绝不讲究对称，好像故意避免似的。东边有了一个亭子或者一道回廊，西边决不会来一个同样的亭子或者一道同样的回廊。这是为什么？我想，用图画来比方，对称的建筑是图案画，不是美术画，而园林是美术画，美术画要求自然之趣，是不讲究对称的。

　　苏州园林里都有假山和池沼。假山的堆叠，可以说是一项艺术而不仅是技术。或者是重峦叠嶂，或者是几座小山配合着竹子花木，全在乎设计者和匠师们生平多阅历，胸中有丘壑，才能使游览者攀登的时候忘却苏州城市，只觉得身在山间。至于池沼，大多引用活水。有些园林池沼宽敞，就把池沼作为全园的中心，其他景物配合着布置。水面假如成河道模样，往往安排桥梁。假如安排两座以上的桥梁，那就一座一个样，决不雷同。池沼或河道的边沿很少砌齐整的石岸，总是高低屈曲任其自然。还在那儿布置几块玲珑的石头，或者种些花草：这也是为了取得从各个角度看都成一幅画的效果。池沼里养着金鱼或各色鲤鱼，夏秋季节荷花或睡莲开放，游览者看"鱼戏莲叶间"，又是入画的一景。

　　苏州园林栽种和修剪树木也着眼在画意。高树与低树俯仰生姿。落叶树与常绿树相间，花时不同的多种花树相间，这就一年四季不感到寂寞。没有修剪得像宝塔那样的松柏，没有阅兵式似的道旁树：因为依据中国画的审美观点看，这是不足取的。有几个园里有古老的藤萝，盘曲嶙峋的枝干就是一幅好画。开花的时候满眼的珠光宝气，使游览者感到无限的繁华和欢悦，可是没法说出来。

　　游览苏州园林必然会注意到花墙和廊子。有墙壁隔着，有廊子界着，层次多了，景致就见得深了。可是墙壁上有砖砌的各式镂空图案，廊子大多是两边无所依傍的，实际是隔而不隔，界而未界，因而更增加了景致的深度。有几个园林还在适当的位置装上一面大镜子，层次就更多了，几乎可以说把整个园林翻了一番。

　　游览者必然也不会忽略另外一点，就是苏州园林在每一个角落都注意图画美。阶砌旁边栽几丛书带草。墙上蔓延着爬山虎或者蔷薇木香。如果开窗正对着白色墙壁，太单调了，给补上几竿竹子或几棵芭蕉。诸如此类，无非要游览者即使就极小范围的局部看，也能得到美的享受。

　　苏州园林里的门和窗，图案设计和雕镂琢磨功夫都是工艺美术的上品。大致说来，那些门和窗尽量工细而决不庸俗，即使简朴而别具匠心。四扇，八扇，十二扇，综合起来看，谁都要赞叹这是高度的图案美。摄影家挺喜欢这些门和窗，他们斟酌着光和影，摄成称心满意的照片。

苏州园林与北京的园林不同，极少使用彩绘。梁和柱子以及门窗栏杆大多漆广漆，那是不刺眼的颜色。墙壁白色。有些室内墙壁下半截铺水磨方砖，淡灰色和白色对称。屋瓦和檐漏一律淡灰色。这些颜色与草木的绿色配合，引起人们安静闲适的感觉。花开时节，更显得各种花明艳照眼。

可以说的当然不止以上这些，这里不再多写了。

《苏州园林》课堂整合教学过程

【教学目标】

（1）领略苏州园林之美，把握说明文的写作结构和层次。（重点）

（2）了解园林发展史和苏州"园林之城"的历史成因，苏州园林的植被和气候。（重点）

（3）苏州园林的美学意义，学会品味生活中的美，体会"诗意地栖息在大地上"。（难点）

【整合科目】

语文+美术+历史+地理。

【教学时间】

一课时。

【教学过程】

（一）语文

1.问题导入

同学们，俗话说"上有天堂，下有苏杭"。杭州西湖美景三月天，那苏州有什么美景让人流连忘返呢？（苏州园林）有句话说"江南园林甲天下，苏州园林甲江南"，我们来齐读苏州园林的介绍。今天我们就和叶圣陶先生一起走进苏州园林，去欣赏醉人的园林风光。

2.走进文本

园林图片欣赏。

问：同学们，欣赏完图片，你觉得苏州园林美不美？（美）如果让你用一个比喻句形容苏州园林，你会怎么说？

我觉得苏州园林就像_____。（学生活动）

刚才有个同学提到，苏州园林就像一幅画。是的，古典优雅，静谧清幽，就像在画中游览一样，给人一种闲适的感受，你们的观点和作者，和园林的建设者们不谋而合。你能找到这句和你心有灵犀的话吗？

学生齐读：务必使游览者无论站在哪个点上，眼前总是一幅完美的图画。

苏州园林堪称中国古典园林、山水园林艺术中的代表和典范。那么苏州园林具有什么特征呢？它的艺术之美又体现在哪些方面呢？

小组活动——迅速浏览课文，找出每段的中心句。

（1）苏州园林是我国各地园林的标本。

（2）游览者无论站在哪个点上，眼前总是一幅完美的图画。

（3）苏州园林可绝不讲究对称。

（4）假山的堆叠，是一项艺术而不仅是技术。池沼，大多引用活水。

（5）苏州园林栽种和修剪树木也着眼在画意。

（6）花墙和廊子隔而不隔，界而未界。

（7）苏州园林在每一个角落都注意图画美。

（8）苏州园林里的门和窗，尽量工细而决不庸俗，即使简朴而别具匠心。

（9）苏州园林极少使用彩绘。

（10）可以说的当然不止以上这些，这里不再多写了。

齐读全文中心句。问：通过刚才中心句的查找，你发现中心句的分布有什么规律？（段首或段尾）这是一篇什么体裁的文章？（说明文）

小结：每段的中心句在概括段意的同时，其实也体现了说明对象的具体特征。这就教会我们，在阅读说明文的时候，找出每段的中心句，就可以弄清楚文章内容了。

3. 分析文章结构

再次齐读全文中心句。

通过找中心句和读中心句，知道全文的基本内容，接下来我们一起来分析这篇文章的结构。仔细观察这些中心句，有没有人发现这篇文章的结构？（总—分—总，提问具体划分）

是的，非常好。苏州园林是各地园林的标本，借用这句话，这篇文章也是说明文中的"标本"，通过找中心句我们知道，这篇说明文紧紧围绕中心句写作，同时，思路非常明晰，是非常明显的"总—分—总"的结构。两部分"总"的内容比较简单，我们来详细分析第二部分的内容。分析每段关系，请找出分写部分的结构。（分—总，提问具体划分）

第二自然段介绍的是苏州园林的总特点。好，我们一起来把这一段读一下。

问：第三至第六自然段照应了哪一句话？看谁先找出来？

齐读这句话。

《苏州园林》课堂整合教学过程

223

问：既然是照应，能不能换顺序？（提问）

小结：说明文是讲究结构和顺序的，内容的安排有非常严谨的逻辑要求，不是东一榔头西一棒槌，想到哪里写哪里。

师：观察很仔细，那么后面第七至第九自然段是从哪个角度介绍苏州园林的呢？

生：后面三个自然段是从苏州园林的局部、细处介绍了苏州园林角落的构图美、门窗的图案美、建筑的色彩美。

同学们，通过层层深入的分析，我们清晰地看到作者在介绍苏州园林时是紧紧围绕苏州园林"图画美"的总特征，按照从整体到局部、从总到分、从大处到小处的逻辑顺序来写的，条理清晰，主次分明，特征突出。

说明文知识复习：

（1）说明方法。（提问）

（2）说明语言。（提问）

讨论：跟叶圣陶学说明文的谋篇布局，假如你要写一篇说明文，学完本文后，你会如何安排结构？

明确：写说明文要抓住说明对象的特征来写，可以按照先总后分的顺序写出层次，还要注意段与段之间的照应。介绍说明对象特征的时候，使用严谨科学又准确的语言，运用合适的说明方法，这样，我们就都可以写出一篇有质量的说明文了。

好的，刚才我们一起分析了文本，认识了苏州园林和说明文的结构，现在我们有请美术老师来给我们讲一下苏州园林中的美学知识。

（二）美术

环节一：

出示材料：

似乎设计者和匠师们一致追求的是：务必使游览者无论站在那个点上，眼前总是一幅完美的图画。

——《苏州园林》

明确：材料反映了园林的中国画的透视规律——散点透视。

环节二：

出示材料：

隔而不隔，界而未界。

——《苏州园林》

图片展示：虚实、正负、空间造型。

原因：明朝园林发展不仅有经济原因，还受人文、风俗、文化影响。

通过课文文本的学习和刚才空间、色彩的具体讲解，我们对苏州园林既有了整体的概念，又有细节的了解，那你们知道为什么是苏州成了著名的园林之城，而不是其他地方？苏州园林的形成有什么样的历史因素呢？我们有请历史老师来为我们解决疑问。

（三）历史

环节一：

出示材料：

（周）文王之囿，方七十里，有诸？

——《孟子·梁惠王下》

苑中养百兽，天子春秋射猎苑中，取兽无数。其中离宫七十所，容千骑万乘。

——《上林赋》

园林山池之美，诸王莫及。

——北魏杨炫之《洛阳伽蓝记》

明确：材料反映了园林的发展史，魏晋时期有了园林一词。

环节二：

出示材料：

先秦时期园林6处，汉代4处，南北朝14处，唐代7处，宋代118处，元代48处，明代271处，清代130处。

——《苏州府志》

明确：明朝是园林发展大放异彩的时期，引发学生思考原因。

环节三：

出示材料：

苏湖熟，天下足。

——宋朝谚语

今观之吴下，号为繁盛，四郊无旷土。其俗多奢少俭，有海陆之饶，商贾并凑。精饮馔，鲜衣服，丽栋宇。婚丧嫁娶，下至燕集，务以华缛相高，女工织作，雕镂涂漆，必殚精巧。信鬼神，好淫祀，此其所谓轻心者乎。

——明代文学家王鏊

明确：明朝园林发展不仅有经济原因，还受风俗文化影响。

225

小组讨论：就以上问题，给出你的观点和理由。

同学们，通过刚才的讲解我们知道苏州园林之所以是苏州园林，不是上海园林，不是南京园林，是有深刻的历史原因的。苏州的商贾富户、文人雅士建造园林，当他们对园品茗、游园赏景的时候，会看到什么样的园林植物呢？我们有请地理老师来给我们进行相关知识的讲解。

（四）地理

环节一：

展示苏州园林的位置图和气候图，明确苏州园林的植被类型。

环节二：

展示苏州园林的全景图，总结园林植被特点：

（1）造园者将大片的落叶树与常绿树混合配植，以展现"山林之气"。

（2）造园者还将花时不同的多种花树混合配植，利用植被的季节性来展示出四季不同的景色。

（列举苏州园林花树配植的四季景色）

环节三：

对比苏州园林与北京园林的不同，体现苏州园林（植被、建筑）的设计注重古朴、敦厚的气息。

通过这节课我们知道了苏州园林的细节美、历史成因和有关的植被气候知识，那苏州园林反映出什么样的文化观呢？我们再请语文老师进行总结。

（五）语文

同学们，在中国传统文化中，艺术的最高境界是天人合一，人与自然的和谐统一，浑然天成。苏州园林曲曲折折的回廊，近景远景的层次，都体现出中国古人"曲径通幽"的审美观和"天人合一"的文化观。

观看视频：想象你现在正处在视频中的园林中，你会看到什么？内心会有什么样的情愫？写下来。

写作分享：对生活中美的追求，古人需要，我们也需要。尤其是生活在喧嚣城市的我们，需要有一个安静舒适的环境放松心情，让我们在钢筋水泥的空隙间能拥有一份闲适悠然，走进自然之中，忘掉一切生活中的烦恼。因为——人的本质是诗意地栖居在大地上！人不仅要有生存和生活的物质世界，也要有诗意的精神天空，只有这样，我们才能找到存在的意义，在平凡的生活中诗意地活着。希望你们的生活一直有诗意。

一、语文

师：同学们，俗话说"上有天堂，下有苏杭"。杭州西湖美景三月天，那苏州有什么美景让人流连忘返呢？

生：苏州园林。

师：对，很好，看来大家都知道苏州园林。那么你们知道这句话吗？"江南园林甲天下，苏州园林甲江南"。

生：不知道，我们只知道苏州园林很美，中国风的古典美。

师：好的，很好，苏州园林确实很美。我们来齐读苏州园林的介绍。

（生齐读）

师：很好，声音很洪亮。今天我们就和叶圣陶先生一起走进苏州园林，去欣赏醉人的园林风光。

（园林图片展示）

师：同学们，欣赏完图片，你觉得苏州园林美不美？

生：美！很美。

师：如果让你用一个比喻句形容苏州园林，你会怎么说？我觉得苏州园林就像＿＿＿＿＿＿＿。我们采用这个句式进行回答。

生1：我觉得苏州园林就像一幅古典的水墨画。

生2：我觉得苏州园林就像一位从诗歌中走出的仕女。

生3：我觉得苏州园林就像一首缓缓流动的诗。

生4：我觉得苏州园林就像一支旋律动听的曲子。

师：很好，你们的比喻说得太棒了，都很生动形象，每一个句子都那么美。我们一起给发言的同学鼓鼓掌好不好？

（生鼓掌）

师：刚才有同学提到，苏州园林就像一幅古典的水墨画。是的，古典优雅，静谧清幽，就像在画中游览一样，给人一种闲适的感受，你们的观点和作者，和园林的建设者们不谋而合。你能找到这句和你心有灵犀的话吗？来，一起大声读出来！

生（齐读）：务必使游览者无论站在哪个点上，眼前总是一幅完美的图画。

师：苏州园林堪称中国古典园林、山水园林艺术中的代表和典范。那么苏州园林具有什么特征呢？它的艺术之美又体现在哪些方面呢？我们现在进行小组活动——迅速浏览课文，找出每段的中心句。每个小组负责两段，请找好的小组派代表上来按段落序号写中心句。

师：好的，每小组都已经写下了自己小组找的中心句，现在我们来仔细看这些中心句，你觉得有没有概括不到位或者意见不合的地方？如果有，请举手上来写在句子后面。

（生修改）

师：很好，我们一起来看这两句被修改的中心句，你们觉得是改前好还是改后好？

生：改后好。改过之后更加简练，概括的内容更加准确。

师：你们真棒。现在我们一起来读一遍全文每段的中心句。

（1）苏州园林是我国各地园林的标本。

（2）游览者无论站在哪个点上，眼前总是一幅完美的图画。

（3）苏州园林可绝不讲究对称。

（4）假山的堆叠，是一项艺术而不仅是技术。池沼，大多引用活水。

（5）苏州园林栽种和修剪树木也着眼在画意。

（6）花墙和廊子隔而不隔，界而未界。

（7）苏州园林在每一个角落都注意图画美。

（8）苏州园林里的门和窗，尽量工细而决不庸俗，即使简朴而别具匠心。

（9）苏州园林极少使用彩绘。

（10）可以说的当然不止以上这些，这里不再多写了。

（生齐读）

师：通过刚才中心句的查找，你发现中心句的分布有什么规律？

生：有的在段首，有的在段尾。

师：那这是一篇什么体裁的文章？

生：说明文。

师：是的，你们已经知道迅速走进说明文的关键点了，那就是概括每段中心句。每段的中心句在概括段意的同时，其实也体现了说明对象的具体特征。这就教会我们，在阅读说明文的时候，找出每段的中心句，就可以弄清楚文章内容了。我们再次齐读全文中心句，了解全文内容。

师：同学们，通过刚才的找中心句和读中心句，我们知道了全文的基本内容，接下来我们一起来分析这篇文章的结构。仔细观察这些中心句，有没有人发现这篇文章的结构？

生：总—分—总。

师：对，很好，那你们知道是怎么具体划分的吗？谁来在黑板上画一下层次？

（生上台划分层次）

师：同学们，她划分的对不对？

生：对！

师：那我们给她加1分。根据刚才同学们的划分，"苏州园林是各地园林的标本"这句话是全文的中心句。借用这句话，这篇文章其实也是说明文中的"标本"。通过找中心句我们知道，这篇说明文紧紧围绕中心句写作，同时思路非常明晰，是非常明显的"总—分—总"的结构。两部分"总"的内容比较简单，我们来详细分析第二部分的内容。请仔细分析每段间的关系，请找出分写部分的结构。

生5：分写部分是"分—总"的结构，第二自然段是这部分的中心段，剩下的都是分写部分。

师：对的，你回答得太好了，加一分！第二自然段介绍的是苏州园林的总特点。好，同学们，我们一起来把这一段读一下。

（生齐读）

师：第三至第六自然段照应了哪一句话？看谁先找出来？

（生齐读这句话）

师：既然是照应，能不能换顺序？

生6：不能，因为第二自然段是这部分的中心段，里面有句话是这么说的："他们讲究亭台轩榭的布局，讲究假山池沼的配合，讲究花草树木的映衬，讲究近景远景的层次。"所以后面的内容其实也应该按照这个顺序来写，一换顺序就乱了。

师：同学们，他的观点你们同意吗？

生：同意！我们也是这么想的。

师：说明文是讲究结构和顺序的，内容的安排有非常严谨的逻辑要求，

《苏州园林》课堂整合教学过程

不是东一榔头西一棒槌，想到哪里写哪里。大家观察很仔细，那么后面第七至第九自然段是从哪个角度介绍苏州园林的呢？

生：后面三个自然段是从苏州园林的局部、细处介绍了苏州园林角落的构图美、门窗的图案美、建筑的色彩美。

师：对。老师对刚才的内容进行一下总结。刚才我们通过层层深入的分析，清晰地看到作者在介绍苏州园林时是紧紧围绕苏州园林"图画美"的总特征，按照从整体到局部、从总到分、从大处到小处的逻辑顺序来写的，条理清晰，主次分明，特征突出。

师：刚才我们说了，这是一篇说明文，现在我们来回顾一下说明文都有哪些说明方法。谁来回答？好，这位同学，请你来回答。

生7：举例子、作引用、作比较、列数字、分类别、打比方、摹状貌、下定义、作诠释、画图表、作假设、引资料等。

师：说得很好，很全面，掌握得真扎实。那说明文的语言有什么特点呢？好，你来回答。

生8：说明文的语言要求科学、严谨、真实，要符合逻辑。

师：对，很好！假如你要写一篇说明文，学完本文后，你会如何安排结构？

生9：要总—分—总结构，或者其他结构也行，但是一定要清晰。

生10：要用一定的说明方法，从各个层面去说。

生11：说明语言要科学严谨，还要符合事实。

师：是，你们说得真好，老师来总结一下，写说明文要抓住说明对象的特征来写，可以按照先总后分的顺序写出层次，还要注意段与段之间的照应。介绍说明对象特征的时候，使用严谨科学又准确的语言，运用合适的说明方法，这样，我们就都可以写出一篇有质量的说明文了。

师：好的，刚才我们一起分析了文本，认识了苏州园林和说明文的结构，现在我们有请美术老师来给我们讲一下苏州园林中的美学知识。

二、美术

师：同学们，刚才张老师从语文的角度给大家介绍了苏州园林。那么我从美术的角度给大家普及一下苏州园林的美感。有同学去过苏州园林吗？

生：有。

师：很好，看来大家对苏州园林还是有一定印象的。接下来我们从空间关系给大家介绍一下苏州园林。我们先来看这句话，"似乎设计者和匠师们一致追求的是：务必使游览者无论站在那个点上，眼前总是一幅完美的图画。"大家能理解这句话吗？

生：不太理解。

师：好，这句话的意思是说苏州园林的设计师和工匠们想把园林设计成一幅完整的国画，让我们每个人都能从任何一个角度来欣赏它的美感。我们首先要具备两点认识，第一点就是中国画的透视规律——散点透视，这个怎么理解呢？这里有一张图帮助大家认知。大家一起读一下这句话。

生：不受时空的约束，体现了中国文人的中庸之道和文人山水画的空间意识。

师：很好，读得很整齐，声音很洪亮。大家有没有看到图中的三个眼睛，这三个眼睛就是代表了我们所要观看的视角，中国画的特征就是散点透视，就是画面没有所谓的焦点，从任意角度看都是一张完整的图画。好，如果刚才说的是苏州园林的布局依据，那我们来看看它的审美追求是什么。（展示PPT）大家齐读一下这八个字。

生：隔而不隔，界而未界。

师：很好，这几个字是什么意思呢？"隔"是指有墙隔着，"不隔"是指墙上有砖砌的镂空图案，"界"是指有廊子界着，"未界"是指廊子大多是两旁无所依傍的。具体表现为以下三点：

（1）虚实。（展示鸟巢的图片）

（2）正负。（展示园林一角图片）

（3）空间造型。以窗户为例，展示空窗、半窗、长窗、纱窗、和合窗、横窗、漏窗、风窗。

师：大家觉得这些窗户是不是造型各异，各有特点。

生：是。

师：很好，那我们来看看它有什么价值？

师：园林这样设计有两点价值，第一视觉价值：使游览者在心理上觉得园林中景致繁复、有层次。第二人文价值：最大特点是纯属私家，不沾皇气，其核心是受归隐文化的影响。那我们来齐读一下红字的内容。

生（齐读）：讲风水，讲五行，讲和谐，讲平衡，讲疏密。追求"超凡脱俗"，园子成为诗画艺术的载体。

师：大家读得非常好，那接下来我们有请庞老师给大家从历史的角度谈一下苏州园林相关知识。

三、历史

师：同学们，请阅读以下材料，说一说园林发展的脉络。

材料一：

（周）文王之囿，方七十里，有诸？

——《孟子·梁惠王下》

苑中养百兽，天子春秋射猎苑中，取兽无数。其中离宫七十所，容千骑万乘。

——《上林赋》

园林山池之美，诸王莫及。

——北魏杨炫之《洛阳伽蓝记》

生：园林最早产生于先秦时期，到了魏晋南北朝时期发展成熟。

师：对，很好，为什么苏州这个地方极具园林特色呢？

生：因为苏州比较富裕。

师：对，请看以下材料，你还得出什么结论？

材料二：

苏湖熟，天下足。

——宋朝谚语

材料三：

今观之吴下，号为繁盛，四郊无旷土。其俗多奢少俭，有海陆之饶，商贾并凑。精饮馔，鲜衣服，丽栋宇。婚丧嫁娶，下至燕集，务以华缛相高，女工织作，雕镂涂漆，必殚精巧。信鬼神，好淫祀，此其所谓轻心者乎。

——明代文学家王鏊

生：因为苏州物产丰富，比较富庶，所以这里聚集了大批的文人，这些文人墨客寄情园林，所以苏州园林才别具特色。

师：那除此之外，还有什么地理因素吗？有请地理老师解析。

四、地理

师：同学们，观察苏州园林的照片，有什么特色的景象呢？

生：植被覆盖率较高，植被和园林规划较为合理。

师：很好，苏州园林在我国的哪里呢？

生：苏州园林位于我国的江苏省，南方东部沿海地区。

师：同学们仔细观察苏州园林的照片，其植被是什么类型呢？为什么呢？

生：亚热带常绿阔叶林，因为苏州园林位于亚热带季风气候区。

师：回答非常好。除了亚热带常绿阔叶林，造园者还将大片落叶树与常绿树混合配植，展现山林之气。不仅如此，造园者还将花时不同的多种花树混合配植，利用植被的季节性体现了四季不同的景色，如：

各园厅堂前的玉兰与花台上的牡丹——侧重春景；

拙政园与狮子林的荷蕖——主要供夏季观赏；

留园西部土山上的枫林以及各园的桂花和菊花——秋景构成；

拙政园西部十八曼陀罗花馆前的山茶花以及各园小院内的天竹、蜡梅——冬景。

这样的设计给人一种安静、闲适的感觉，正因为苏州园林不同于北京的皇家园林，大多数为私家园林，整体园林无论是在植被还是建筑上的设计都比较注重古朴、敦厚的气息。

师：通过学习我们知道了苏州园林的细节美、历史成因和有关的植被与气候知识，那苏州园林反映出什么样的文化观呢？我们再请张老师为同学们讲解。

五、语文

师：同学们，在中国传统文化中，艺术的最高境界是天人合一，人与自然的和谐统一，浑然天成。苏州园林曲曲折折的回廊、近景远景的层次，都体现出中国古人"曲径通幽"的审美观和"天人合一"的文化观。现在来观看一个视频。

（生观看视频）

师：想象你现在正处在视频中的园林中，你会看到什么？内心会有什么样的情愫？写下来。

师：对生活中美的追求，古人需要，我们也需要。尤其是生活在喧嚣城市的我们，需要有一个安静舒适的环境放松心情，让我们在钢筋水泥的空隙间能拥有一份闲适悠然，走进自然之中，忘掉一切生活中的烦恼。因为——人的本质是诗意地栖居在大地上！人不仅要有生存和生活的物质世界，也要有诗意的精神天空，只有这样，我们才能找到存在的意义，在平凡的生活中诗意地活着。希望你们的生活一直有诗意。下课！

《苏州园林》课堂整合教学过程

诗意地栖息

　　《苏州园林》是著名作家叶圣陶的代表作之一。本文是叶老为一本苏州园林图片册写的序。叶老22岁以前一直生活在苏州，课余之暇，常和好友游览苏州园林，对苏州园林的情趣和特征有深刻的体会。叶老从游览者的角度，概括出数量众多、各具匠心的苏州园林的共同特点，进而从多方面进行说明。这篇课文像是一把钥匙，打开了苏州园林之美的奥秘之门。

　　这是一篇说明文，说明文的授课要在梳理文本的基础上，让学生把握说明对象的特征，同时还要讲清楚说明顺序、说明方法。在进行备课的时候，怎样从常规课堂出发，找到整合的切入点，是教师们面临的一个问题。在一次一次的提出—否定—再提出的讨论中，这节课的整合思路逐渐明晰。这是一篇讲园林美学的说明文，梳理文本，落实说明文的相关知识是基础。美术部分进行相关美学知识的落实和拓宽，历史作为背景材料补充的一部分，进行历史文化的还原，地理从园林景观入手，结合具体的园林实例去讲园林的植被和气候，语文再从情感上切入，从美学引入到人对自身居住环境的关注、对内心精神世界的追求，提炼出"诗意地栖息"这样一个情感内核。

　　在实际的授课中，语文部分文本梳理非常顺利，学生对于文本内容有准确的把握，能概括文章内容，划分文章结构，在说明方法的具体分析中，也都能结合课文实例，积极发言。这为从语文过渡到其他整合科目的内容奠定了良好的基础。从美术的角度来看，学生是具备一定的个人经历和审美素养的。课堂把控方面需要教师从语言、体态、神情方面去引导，学生配合得很好，自主自律意识很强，一来一回很有节奏，在回答问题和朗读方面都显得很积极，而且对于文字的理解很到位，能从一段话里迅速捕捉到这段话所要表达的核心意思。从学生的面部表情和反应来看，他们能认真倾听老师所要传递的知识和内容，而且部分活跃的学生也很配合老师们课堂环节的安排，并且表现为积极的、渴望的获取知识的状态，这是这一节课的关键，也是最为珍贵的部分所在。

目前学术界已有多篇文章在探讨将历史学科与其他学科进行整合，其中以"文史结合"的研究居多，研究方向多集中在融合的必要性和可能性方面。历史该如何与其他科目整合呢？课堂教学的时间有限，应该根据课程标准，确定教学的重难点，选取的整合内容能具有帮助理解重难点的作用，与学生的学习内容之间有共同的知识要素与思维通道，利于揭示教学内容主题，有助于学生更好地理解核心概念、感悟历史。苏霍姆林斯基说："如果教师不想方设法使学生产生情绪高昂和智力振奋的内心状态，就急于传授知识，不动感情的脑力劳动就会带来疲倦；没有欢欣鼓舞的心情，没有学习的兴趣，就会成为学生沉重的负担。"生硬的拼接做不成整合课，跨学科知识拼盘也引不起学生的思维兴奋点。如何将不同学科的知识融合在一起，使学生"情绪高昂和智力振奋"呢？在《苏州园林》这一整合课中我们选取了"明清江南经济"这个知识目标，同时设计了"原因探究"的探究活动。

《苏州园林》地理部分的教学设计主要带领学生们领略素有"园林之城"之称，享有"江南园林甲天下，苏州园林甲江南"之美誉的苏州园林的奇异美景，感受祖国美丽风光的神奇。本节课意在通过以下措施来培养学生的分析和表达能力，培养学生的爱国主义情感：

（1）通过所学地理知识（苏州的气候、地形等）来分析苏州园林的植被形成。

（2）结合当地的自然环境、历史因素等分析苏州园林的设计意图；展示苏州园林四季的图片，让学生们直观地看出造园者利用植被的季节性体现出奇异的美景。

（3）把苏州园林与北京皇家园林进行比较，突出苏州园林的特点和独到之处，体现出造园者一丝不苟、独运匠心，在园林设计上更注重古朴、敦厚的气息，这样的园林设计给人安静、闲适的感觉。

整节课在文本内容的梳理上，从美学、历史学、地理学等角度使苏州园林的讲解有宽度和厚度，最后通过"诗意地栖息"给学生带来精神的启发。整个过程顺畅，学生反馈积极，为以后整合课的实践提供了借鉴意义。

《苏州园林》课堂整合教学过程

《呼风唤雨的世纪》课堂整合教学过程

深圳明德实验学校　童再燕　张　正

呼风唤雨的世纪

路甬祥

20世纪是一个呼风唤雨的世纪。

是谁来呼风唤雨呢？当然是人类；靠什么呼风唤雨呢？靠的是现代科学技术。在20世纪一百年的时间里，人类利用现代科学技术获得那么多奇迹般的、出乎意料的发现和发明。正是这些发现和发明，使人类的生活大大改观，其改变的程度超过了人类历史上百万年的总和。

人类在上百万年的历史中，一直生活在一个依赖自然的农耕社会。那时没有电灯，没有电视，没有收音机，也没有汽车。人们只能在神话中用"千里眼""顺风耳"和腾云驾雾的神仙，来寄托自己的美好愿望。我们的祖先大概谁也没有料到，在最近的一百年中，他们的那么多幻想纷纷变成了现实。20世纪的成就，真可以用"忽如一夜春风来，千树万树梨花开"来形容。

20世纪，人类登上月球，潜入深海，洞察百亿光年外的天体，探索原子核世纪的奥秘；20世纪，电视、程控电话、因特网以及民航飞机、高速火车、远洋船舶等，日益把人类居住的星球变成联系紧密的"地球村"。人类生活的舒适和方便，是连过去的王公贵族也不敢想的。科学在改变着人类的精神文化生活，也在改变着人类的物质生活。

1923年，英国数学家、哲学家伯特兰·罗素说："归根到底，是科学使得我们这个时代不同于以往的任何时代。"八十多年后，这段话依然适用。回顾20世纪的百年历程，科学的确是在创造着一个又一个神话，科学正在为人类创造着比以往任何时代都要美好的生活。在新的世纪里，现代科学技术必将继续创造一个个奇迹，不断改善我们的生活。

《呼风唤雨的世纪》课堂整合教学过程

【教学目标及重难点】

（1）朗读课文，体会文中的重点词句，以及举实例、作比较的说明方法。（重点）

（2）理解课文内容，感受20世纪科学技术给人类带来的巨大变化，体会是科学改变了人类的生活，激发学生爱科学、学科学的情感。（重点）

（3）了解科学小品文的特点。（难点）

【课堂模型】

行为目标+还原变异+思维可视化。

【教学时间】

一课时。

【教学过程】

（一）理解课题"呼风唤雨的世纪"的意思

1. 整体感知，直奔重点

（1）用一句话说课题。

（2）找文中与课题意思一样的那段话。

理解词语"呼风唤雨""世纪"的意思。（字典上的意思、在课文中的意思。）

呼风唤雨：使刮风下雨，原指神仙道士的法力，现在比喻人类在利用自然方面取得了重大突破，不再像从前那样受到自然条件的严格限制。

世纪：时间单位，100年为一个世纪。20世纪指1901—2000年。

2. 解题

这是一篇说明文，简单介绍一下作者路甬祥及本文的写作意图。

设计意图：从课题入手，联系中心句"20世纪是一个呼风唤雨的世纪"，提纲挈领，让学生一下子抓住了学习的重点，学得心中有底。

（二）自主学习，提取信息

（1）默读《呼风唤雨的世纪》，了解课文内容。

（2）根据学习单的要求想一想：学习单里要求我们掌握的知识，哪些可以不教？前后左右的同学可以小声讨论交流。

（3）指名回答并追问理由。

（4）通过检查字词及学习单，了解学生自主学习情况。

交流词语：

呼风唤雨、世纪、发明、发现、寄托、幻想。

忽如一夜春风来，千树万树梨花开。

千里眼、顺风耳、腾云驾雾。

望远镜、电话、手机、飞机。

"忽如一夜春风来，千树万树梨花开"形容纷纷大雪好似梨花开放。课文中引用这句古诗，表现现代科学技术成就的变化之快、变化之大是人们始料未及的，给人们带来了意想不到的惊喜。

设计意图：学生是学习的主体，通过这样的形式，可以激发学生学习兴趣，促使学生去自学，主动获得信息，教师也可以了解学生现有的水平，并以此作为学习的起点。

（三）讨论质疑，交流科学小品文的知识性和趣味性

（1）换角度思考：要学好这篇课文，哪些知识还是需要老师教的？可以跟同桌或者小组成员小声讨论。

（2）师预设问题：这篇课文是什么文体？

（3）说明文是个很大的分类，包括各种产品说明书、书籍的出版说明和内容提要、词典的释文、影剧内容介绍等，凡是可以说明事物或者以事理为主要表达方式的文本都是说明文。这篇课文算是说明文中的哪一种？

（4）知识小品有什么特点？说说你的看法。

在判断的时候你的心里一定有过一些选择，否则为什么不说它是产品说明书或者别的什么说明性文体？知识小品就是介绍科学知识的，文章篇幅很短，所以叫"小品"。知识小品篇幅短小，具有知识性。

（5）研究知识小品的趣味性。

比如，文章中用了自问自答的形式，肯定有趣；利用比较的方法来写；引用古诗，引用名人名言，来表现出科学技术发展非常快；加入了一些神话传说的词，读起来就更加有趣了；等等。

小结：知识小品是一种以传播、普及科学知识为目的的说明文，是写给一般读者看的，当然要读者爱看才行，因此特别讲究趣味性，要使读者在轻松愉快的阅读中获得一定的科学知识。

设计意图：这一部分的学习，既解决了学生阅读文本时心中的疑团，又让学生在具体的语言环境和语言实践中理解知识小品的知识性和趣味性。

（四）从科学性出发，了解更多科技成就

科学老师：除了趣味性，对于知识小品来说，里面介绍的知识必须是正确的、符合科学原理的，否则就不是知识小品了。如果也用一个"性"来概括一下是什么呢？

（1）列出20世纪科技发展的一些名称，然后玩分类游戏，看看哪些是发明，哪些是发现，从而理解"发现"和"发明"，体现科学家写作用词准确，具有科学性。

例如，X射线、空调、洗衣机、磁悬浮列车、霓虹、维生素、第一条汽车生产线、彩色胶片、冰箱、电视、青霉素、石英钟、拉链、圆珠笔、激光、杂交水稻、因特网、移动电话。

师总结：这里也体现了科学家写作用词准确，也是刚刚我们说到的知识小品的另一特性：科学性。

准确地说是人类利用科学技术获得了发现和发明，然后给我们人类带来了改观和改变。

（2）补充21世纪的新发明和新发现，以及深圳这个科技创新城市的科技公司有哪些，再加入科普地图。

设计意图：这一部分的学习，让学生在具体的语言环境和语言实践中理解了"发明"和"发现"的区别，让学生了解了知识小品的科学性，同时浏览了21世纪最前沿的科学成果，激发了学生们学习科学的兴趣。

（五）总结提升，畅想未来

语文老师回应点题：有那么多的发明和发现，科学技术的发展速度那么快，如果用一句诗来形容，这可以说——"忽如一夜春风来，千树万树梨花开"。20世纪，我们用科学技术实现了祖先那么多的幻想，我们怎能不说——20世纪是一个呼风唤雨的世纪。

（1）默读最后一段，畅想21世纪的科学技术发展，想象未来世界可能还会有什么新的发明和发现。

（2）如果你们从小多思考、多努力，长大以后必将实现这些畅想，创造出更多的科技成就。

设计意图：回应开头，总结学习，让学生在说"科学"中体会科学的力量，认识科学的重要性，激发学生从小爱科学、学科学的情感。

（六）作业布置

（1）课外阅读《电脑住宅》《飞船上的特殊乘客》《科学改变人类生活的100个瞬间》。

（2）深圳是个科技创新城市，也非常重视学生们的科学教育，根据科普地图，选择科普教育基地进行参观和学习。

设计意图：将课内外阅读紧密联系起来，拓宽学生的阅读视野。注重读写结合、学以致用的教学原则，让学生将自己感悟到的写作方法运用到写作实践活动中去，从而达到读为写服务的目的。

（七）板书设计

呼风唤雨的世纪

科技的发展

知识小品 ｛ 知识性 趣味性 科学性

附：

学习单

1. 通过查字典，我知道了"呼风唤雨"的意思是_____，本文中，作者通过"呼风唤雨"比喻人类（　　）。

   A. 可以控制天气

   B. 获得了很多发现和发明

   C. 利用科学技术比较自由地控制自然、探索自然和利用自然

   D. 利用科学技术已经可以随心所欲支配自然

2. 人类利用现代科学获得的"发现"有_____，"发明"有_____。
   由此我知道了"发现"和"发明"的区别在于_____。

   A. 洞察百亿年光年外的天体

   B. 探索原子核世界的奥秘

   C. 因特网

   D. 远洋船舶

3. 本文中用到的说明方法包括（　　　）。（多选）

    A. 举例子   B. 列数字   C. 作比较   D. 打比方

4. "忽如一夜春风来，千树万树梨花开"使用了引用的说明方法，表明（　　　）。

    A. 科学给世界带来了美丽的自然景色

    B. 科学使我们的生活更加美好

    C. 现代科学技术的成果像梨花一样开满枝头

    D. 现代科学技术的变化之大和范围之广是人们始料不及的，给人们带来了意想不到的惊喜

5. "归根到底，是科学使得我们这个时代不同于以往的任何时代。"罗素的这段话在八十多年后仍然适用是因为（　　　）。

    A. 20世纪是一个呼风唤雨的世纪

    B. 20世纪的成就，真可以用"忽如一夜春风来，千树万树梨花开"来形容

    C. 科学在改变着人类的精神文化生活，也在改变着人类的物质生活

    D. 回顾20世纪的百年历程，科学为人类创造了比以往任何时代都要美好的生活

6. 在如此漫长的百万年间，在如此短暂的一个世纪中，人们的生活状态分别是怎么样的？请在第三、四自然段中画出相应的句子，说说这么写的好处是什么。

_____

_____

7. 在新的世纪里，你认为科学技术还会创造怎样的奇迹？

_____

_____

一、理解课题"呼风唤雨的世纪"的意思

1. 整体感知，直奔重点

师：同学们，今天我们要学习的课文题目很有意思，你们读一读。

生1：呼风唤雨的世纪。

师：看看题目，觉得哪个词语很有趣？

生2：呼风唤雨。

师：什么意思？

生3：不知道。

生4：应该是你想要风就有风，想要雨，雨就来了。

师：真厉害！谁有这个能力呢？

生5：神仙。

师：神仙才有这个法力。那出现在我们这个课文标题里代表着什么呢？

生6：应该是说科技给我们的生活带来的改变很大，像神仙一样。

师：课题里还有一个词"世纪"，知道什么意思吗？

生7：时间单位，100年为一个世纪。

师：那题目中的"世纪"指的是哪个世纪？

生8：20世纪，大概是指1901年—2000年。因为课文的第一段就告诉了我们"20世纪是一个呼风唤雨的世纪"。

2. 解题

这是一篇说明文。简单介绍作者路甬祥及本文的写作意图。

师：这是一篇说明文，作者是中国科学院的前院长路甬祥，他写这篇文章是想为大家普及人类科技发展的知识。里面提到的科学知识，你们在预习中是不是已经了解了很多？

生10：是的。

《呼风唤雨的世纪》课堂整合教学过程

二、自主学习，提取信息

1. 默读《呼风唤雨的世纪》，了解课文内容

师：上学期我们学过一篇说明文，叫作《太阳》，文中提到的一些说明方法你们也了解了。

生11：是的。

师：那请大家默读课文，看看你知道了什么。

2. 根据学习单的要求想一想

师：学习单里要求我们掌握的知识，哪些可以不教？前后左右的同学可以小声讨论交流。

师：这篇课文老师是不是不用讲了？

生12：不是。

师：请你们对照学习单，读一读，想一想：哪些知识可以自己学，不用教？

师：有些同学已经找到了，你可以跟周围的同学讨论一下哪些可以不用老师教了，小声讨论。

3. 指名回答并追问理由

生13：老师，我觉得举例子的说明方法可以不用教了。

师：哪里用到了举例子的说明方法？

生14：第三自然段里面。

师：其他同学找到了吗？找到的举手看看。

生15：那个时候没有的东西太多了，这里就是举例子说了几个，没有电灯，没有电视，没有收音机，也没有汽车。

生16：还有第四段里面说道："20世纪，人类登上月球，潜入深海，洞察百亿光年外的天体，探索原子核世纪的奥秘；20世纪，电视、程控电话、因特网以及民航飞机、高速火车、远洋船舶等，日益把人类居住的星球变成联系紧密的'地球村'。"这里也是属于举例子。

师：非常棒，掌声送给他。除了说明方法，还有什么不用教？

生17：读了以后我知道了学习单第五题的答案。"归根到底，是科学使得我们这个时代不同于以往的任何时代。"罗素的这段话在八十多年后仍然适用，是因为科学在改变着人类的精神文化生活，也在改变着人类的物质生活。

师：恩，这种一看书就明白，一看就知道答案的地方也可以不用讲了。

244

4.通过检查字词及学习单，了解学生自主学习情况

师：那字词用不用讲？

生18：不用。

师：全会啦？那一起来看看。

（生自由读词语）

呼风唤雨、世纪、发明、发现、寄托、幻想。

忽如一夜春风来，千树万树梨花开。

千里眼、顺风耳、腾云驾雾。

望远镜、电话、手机、飞机。

师：确定不用讲了？

生19：不用了。

师：那考考你，"千里眼"是什么意思？

生20：可以看到一千里，可以看很远很远。

师："顺风耳"是什么意思？

生21：很远很小的声音都可以听到。

师：非常棒，那我们再考一个难一点的。雪下得非常大，一夜之间树上像是开满了梨花。是哪句诗？

生22：忽如一夜春风来，千树万树梨花开。

师：文中引用这句诗，是想说明什么呢？

生23：20世纪的科学在一夜之间突飞猛进，发展得很快。

三、讨论质疑，交流科学小品文的知识性和趣味性

（1）换角度思考，要学好这篇课文，哪些知识还是需要老师教的？可以跟同桌或者小组成员小声讨论。

师：哇哦，你们现在自学能力真的非常强！通过预习和自己读就能了解这么多。那我们再默读一遍课文，并且换个角度思考：还有哪些地方需要老师教。比如，没看懂的，或者看完以后还想知道什么，或是预习时的疑问没得到解答的也可以提出来。

（生默读课文）

师：你们也可以跟同学交流一下你们的疑问。

师：刚才在巡视中，我发现你们说了一些有意思的问题，有些已经在讨论中解决了，还有一些觉得解答不了的，可以举手跟大家说说。

（2）预设问题：这篇课文是什么文体？

生24：课文中为什么会引用一些哲学家的话，一些古代神话故事和诗词？

师：这句话说来有点长，你们知道这是一篇什么类型的文章吗？

生25：说明文。

（3）这篇课文算是说明文中的哪一种？

师：说明文是一个很大的分类，它下面还有很多小的分类，比如说明书是一种说明文，字典里的出版说明，还有电影电视的剧情说明，还有参考书里的教学设计等也属于说明文，还有一种说明文叫知识小品。你们觉得这是一篇什么样的说明文？

生26：不敢确定。

师：有人小声地说。

生27：知识说明文，科学知识小品。

师：为什么不是产品说明书呢？

生28：产品是人类自己造出来的，知识是本来就有的。

师：嗯，肯定不是产品说明书。

生29：我觉得他说的不对，我觉得这篇文章不是围绕产品说的，是围绕科学说的，讲了很多科学方面的知识。

（4）知识小品有什么特点，说说你的看法。

师：对，讲了很多科学知识，是科学知识小品文。你也说到了科学小品文一个非常重要的特点——知识性。

生30：就是讲了很多科学知识。

师：除了知识性，这是一篇科普文章，它还有一个特点非常重要。比如说里面讲到了"千里眼""顺风耳""腾云驾雾"，读起来怎么样呀？

生31：很神奇。

师：有没有兴趣读下去？

生32：有！

生33：很好笑。

（5）研究知识小品的趣味性。

师：除了知识性外，还引用了名人的话、古代传说、诗歌等，让人觉得很有——

生34：很有意思。

生35：很有趣味。

师：是的，科学小品文还有一个特点——趣味性。它虽然是讲知识的，但是它是讲给普通人听的，如果只有知识的话，读起来怎么样？

生36：那肯定很无聊。

师：所以为了增强趣味性，作者引用了一些内容。除了引用，课文里还有哪些地方也增加了文章的趣味性？请你仔细找找，可以从语言文字上找，也可从写法上来说。

生37：书上第四段说"人类生活的舒适和方便，是连过去的王公贵族也不敢想的"，我觉得这种写法对比了现在的生活，读起来有意思。

师：这是一种对比的写法。除了王公贵族的生活，普通人的生活环境是怎么样的？

生38：人类在上百万年的生活中，一直生活在依赖自然的农耕社会，那时没有电灯，没有电视，没有收音机，也没有汽车。

师：增加了对比以后，让我们感觉到科学技术真的给我们的生活带来了很多很多的方便。还有哪些地方让你觉得这篇科普文读起来很有趣？

（生沉默）

师：找不到了吗？有一个地方我特别想告诉你们，要不要？

生39：要。

师：让我们看看第二自然段的开始，女生来读有问号的，男生来读有句号的。

女生：是谁来呼风唤雨呢？

男生：当然是人类。

女生：靠什么呼风唤雨呢？

男生：靠的是现代科学技术。

师：你们在一问一答。可是作者在写的时候是他自己在问？

生40：自问自答。

师：作者知不知道答案？

生41：知道。

师：知道还要自己问，这是什么意思？

生42：他自己问，然后在自己答的时候说"当然是"，是为了更肯定。

师：如果作者直接告诉你说"人类靠现代科学技术可以呼风唤雨"，你觉得怎么样？

生43：没意思啦！

师：是的，作者在语言文字的运用上故意用了设问的方法，让我们读起来也觉得更有意思。让我们一起再读一遍。

生44：是谁来呼风唤雨呢？当然是人类，靠什么呼风唤雨呢？靠的是现代科学技术。

四、从科学性出发，了解更多科技成就

师：刚才我们说到了，这是一篇知识小品文。它要有知识性，还要有一点趣味性，这样才会让科学知识学起来没那么乏味，我们也能更轻松地了解科学知识。除了知识性和趣味性，科学张老师还有话要说。

科学老师：就像童老师讲的那样，科学小品文，趣味性当然很重要，但是作为科学老师，我有必要提醒大家，对于科学说明文，还要必须讲究科学严谨性，比如说"发现"和"发明"，这两个词只有一字之差，但是意思千差万别。哪个同学能说说它们有什么差别？

生45：发现是原来存在，发明是原来没有的。

科学老师：非常好，言简意赅。他提到一个关键点：发明是原来没有的，人类创造出来的。发现是原来有的，人类经过研究探索找到了它。PPT上面这些科学技术是人类20世纪的成果，我们把它们按照"发现"和"发明"分一下类。可以先讨论一下。

（1）列出20世纪科技发展的一些名称，然后玩儿分类游戏，看看哪些是发明，哪些是发现，从而理解"发现"和"发明"，体现科学家写作用词准确，具有科学性。

科学老师：好，哪个同学来回答一下，举手回答。

生46：除了DNA分子结构、青霉素和维生素属于发现，其他都是发明。

（2）补充21世纪的新发明和新发现，以及深圳这个科技创新城市的科技公司有哪些，再加入科普地图。

科学老师：20世纪的发现和发明对人类生活产生了巨大的影响，比如说青霉素这种抗生素，在1928年发现之后，大大增强了人类抵抗细菌感染的能力，帮助人类攻克了肺炎、肺结核、脑膜炎等疾病。要知道，在发现青霉素之前，肺结核，那是一种死亡率很高的疾病。但现在肺结核的治愈率达到百分之九十多，已经很高了。还有1953年DNA分子双螺旋结构的发现，使医学对人的认识达到了基因层面，从而帮助我们大大提升了对医学疾病，比如癌症的治疗效果。包括之后的杂交水稻，养活了全世界几十亿人。然后手机、

因特网、飞机，这些都是使地球变成了"地球村"的发明。在20世纪，它们已经改变了生活的方方面面，以至于我们都已经习以为常了。那么21世纪的今天，我们再来看看现在的科学已经发展到什么程度了。如在2017年深圳市作为中国最具有创新性的城市，无人驾驶公交车已经上路测试了；其次钢铁侠已经不再是电影中的产品，已经接近现实产品了。

（看一段无人驾驶和机器人运动的录像）

生47：有没有人啊。

生48：能飞吗？（笑声）

科学老师：一种新的人类，人工智能已经来了，它比我们想象中来得更快，而且更聪明。我们来看。（看一段人工智能录像）这是人工智能机器人在英国的议会，与议长大人在讨论提案。科学发展到今天，我们的生活充满了无限的可能，接下来，就让我们插上想象的翅膀，好好畅想一下未来的世界将是怎么样的呢？

师：谢谢张老师。张老师给我们讲到了知识小品还有一个什么特点？

生49：科学性。

五、总结提升，畅想未来

师：是的，不光讲知识，还要讲得有趣，关键是里面讲的知识必须是正确的，要有科学性。另外，张老师还讲到了我们科学技术发展真是很快，还给我们举了很多例子。我们再次体会到了科学技术发展之快，发现和发明的数量巨大。用我们今天书上的一句话，叫什么？

生50：忽如一夜春风来，千树万树梨花开。

师：所以，我们不得不说20世纪是一个——

生51：呼风唤雨的世纪。

（1）默读最后一段，畅想21世纪的科学技术发展，想象未来世界可能还会有什么新的发明和发现？

师：我们都生活在21世纪，21世纪会是一个怎样的世纪呢？

生52：21世纪是一个全新的世纪。

师：全新的，新在哪里？

生53：翻天覆地的变化，充满想象。

生54：21世纪是一个创新的世纪。

师：创新，我喜欢这个词。

生55：科技让我们的生活更加舒适。

生56：21世纪是一个神奇的世纪。

生57：21世纪会是一个幸福的世纪。

师：同学们，是什么让我们的20世纪和21世纪变得充满想象，生活更加便捷，更加幸福？

生58：科技发展。

师：是的，八十多年前，罗素就说了这段话，真的是很正确，让我们来读一下。

生59：归根到底，是科学使得我们这个时代不同于以往的任何时代。

师：是的，科技发展让我们这个时代不同于以往任何时代。那未来可能还有什么新的科学技术，现在就给你机会让你异想天开。

生60：世界各地穿梭门。

生61：会变形、会飞的房子。

生62：磁悬浮汽车，不用汽油了。

生63：珠穆朗玛峰安装电梯。

生64：人可以穿着设备在天空中飞翔。

生65：我们可以去太空旅游。

……

师：小科学家、小发明家们，你们刚才说得很激动，感觉这些立刻就要实现了。那么要实现这些，请问靠什么？

生66：科技，人类。

师：的确，科学技术的发展最终靠人类不断探索、学习，不断创新去实现。如果你们从小多思考、多努力，长大以后必将实现这些畅想，创造出更多的科技成就。

（2）布置作业。

师：今天推荐大家去读《飞船上的特殊乘客》，还有《科学改变人类生活的100个瞬间》。另外深圳是一个科技创新城市，非常注重培养科技创新精神，所以建立了非常多的科普基地，还在2017年发布了深圳科普地图，有时间你们可以根据科普地图去参观学习。今天的课就到这里，下课。

有效的科普文整合教学

《呼风唤雨的世纪》是中国科学院前院长路甬祥写的知识小品，讲述了20世纪百年间的科学技术发展历程，展示了科学技术的迅猛发展给人类生活带来的巨大变化和灿烂前景。本文是四年级上册第八组的一篇精读课文。本组课文以"科技的发展"为专题，可以使学生领略科学技术的神奇，感受科学技术的威力，还可以使学生学到描写或说明事物的基本方法，同时开阔学生的眼界，激发他们热爱科学的情感和学习科学、探索科学奥秘的兴趣。在教学过程中，我有很多体会。

一、科普文教学很适合采用整合课教学模式

科普文往往是小学的学生们最感兴趣的课文。在以往的教学中，科普文的学习过程中常有学生对科学知识追着听还觉得不够过瘾，而语文老师却感觉上了一堂科学课的情况。这是由于孩子们对科学的内容关注过多，而语文老师很难用简洁的语言介绍相关科学知识导致的。

因此在本课教学的时候，我采取了HSA整合课的模式，邀请科学老师一起来设计教学。语文老师可以更加聚焦科普文如何体现语文课的特点，科学老师则把重心放在文中提到的相关科学知识上。

在设计教学目标的时候，我从课文写了什么、怎么写的、有什么体会几个角度来分解，发现课文内容"写了什么"很容易了解，"有什么体会"也显而易见，那"怎么写的"这个部分就难一些。是从语言文字的运用方面着手，还是从说明方法着手？思前想后，总觉得琐碎了一些。再找出之前学过的几篇科普文来看，说明方法都讲过，再讲有点儿重复。于是我再进一步思考：这些文章有什么共同点？于是最终设计的时候，语文的教学目标就放在了科学小品文的特点上。

科学小品文具有知识性、趣味性和科学性，那么整合点就定在了科学性

上。语文老师主讲文体特点，科学老师主讲与科学性相关的科学知识正确、严谨的特点，既不失语文课的特点，又可以补充孩子们喜欢的科学知识。

二、科普文是调动学生课堂积极性的好机会

我们班学生的识字写字能力比较强，读书方法也有一定积累。大多数学生对于学习有主动性，上课的时候有能力边读边思考或者做批注。在课堂上积极主动发言的学生只有少部分，更多的学生显得被动。这类科普文是学生们喜欢的，我抓住机会在设计教学的时候，就有意识地思考怎么才能够调动学生主动参与。

比如，使用"学习单"自学，帮助学生自主学习的时候能够提取到课文关键信息。在自学的基础上，引导学生交流哪些知识可以不教，从而打开了学生们的话匣子。这样的形式，可以激发学生学习兴趣，促使学生们去自学，主动获得信息，老师也可以了解学生现有的知识水平，并以此作为学习的起点。

还有一个换角度思考的环节。让学生换角度思考还有哪些地方需要老师教，或是没看懂的，或是看完以后还想知道什么，或是预习时的疑问没解答的都可以提出来。这一部分的学习，既解决了学生阅读文本时心中的疑团，又让学生在具体的语言环境和语言实践中理解知识小品的知识性和趣味性。

最后还给学生们畅想未来科技的机会，同时也回应开头，总结学习，让学生在说"科学"中体会科学的力量，认识科学的重要性，激发学生从小爱科学，学科学的情感。

总体来说，利用科学的魅力，加上有意识的设计，这节课学生们参与度比较高，参与面也比较广。

三、科学的种子已经在学生的心中发芽

在整合课中，科学的部分主要包括两个环节。首先是列出20世纪科技发展的一些名称，然后通过玩儿分类游戏的方式，帮助学生理解发现和发明的区别，体现科学家用词的准确性。

例如，x射线、空调、洗衣机、磁悬浮列车、霓虹、维生素、第一条汽车生产线、彩色胶片、冰箱、电视、青霉素、石英钟、拉链、圆珠笔、激光、杂交水稻、因特网、移动电话。

学生们很快就分好类别，也明白了这两个词的区别。发现是指以前就存

在的，而发明是指以前不存在的。由此说明每个学生都有一定的科学知识储备，同时他们在学习科学的时候非常专注。

第二个环节是通过视频介绍21世纪的一些前沿的科技发明，例如波士顿公司的机器人、无人驾驶以及人工智能，激发学生们学习科学的兴趣。通过课堂反馈来看，学生们惊叹连连，感叹于科技发明如此智能，对科技发明的好奇溢于言表。由此，我想到如何能将学生的好奇转化为实际行动，比如可以借此契机在后续的教学中，开设一门机器人组装、人工智能编程的拓展课，在实践中培养学生的发明创造能力。

在科普文教学中，HSA教学模式使语文课的文学性与科普文的科学知识有机地融合，也是我们设计调动学生课堂参与积极性的好机会，也为以后学生写科学说明文奠定一定的基础。

《呼风唤雨的世纪》课堂整合教学过程

《苏东坡传》课堂整合教学过程

深圳明德实验学校　张嘉欣　庞志伟

苏东坡传

参见：

作者：林语堂

译者：张振玉

出版社：湖南文艺出版社

出版时间：2018年1月1日

【设计背景】

为了回归语文学习的本质，提高学生阅读质量，国家政策、课程研发、考试测评等多层面都在呼吁学生多读书、读好书、读整本的书。在日常教学中，语文教师常常会高呼学生要多读书，也会给学生提供必备的书目，但很多时候缺乏扎扎实实的指导，没有切实的点拨，没有明确的学习任务，学生的整本书阅读基本处于放任自流的状态。如此，整本书阅读的质量可想而知。此次《苏东坡传》整本书阅读课将结合课前读书笔记、课堂三分钟以及小组的学习任务进行汇报展示和总结。

【教学目标及重难点】

（1）通过《苏东坡传》的阅读，全面认识苏轼的生平事迹，熟悉苏轼的主要作品，体会苏轼的人格魅力及其在中国文化史上的影响和意义。（重点）

（2）通过课前完成的学习任务，能从多个方面整合、理解苏东坡的一生，以个人视角重现心中的苏东坡。（重点）

（3）在认识、了解苏东坡的基础上，回顾与了解时代背景，做到"知人论世"。最终能够习得、感悟其一生传递出的精神状态——乐观与豁达。（难点）

【教学时间】

一课时。

【教学过程】

（一）了解林语堂对苏东坡的情感态度

PPT展示《苏东坡传》的前言："知道一个人，或不知道一个人，与他是否为同代人，没有关系。主要的倒是对他是否有同情的了解。归根结底，我们只能知道自己真正了解的人，我们只能完全了解我们真正喜欢的人。我认为我完全知道苏东坡，因为我了解他。我了解他，是因为我喜欢他。"

学生谈感想。

（二）"苏东坡纪念馆筹建"任务展示

分三个小组依次进行投影展示。

（三）教师简要总结小组展示分享内容，以19个标签总结《苏东坡传》中的人物形象

一个无可救药的乐天派、一个伟大的人道主义者、一个百姓的朋友、一个大文豪、大书法家、创新的画家、造酒试验家、一个工程师、一个憎恨清教徒主义的人、一位瑜伽修行者、佛教徒、巨儒政治家、一个皇帝的秘书、酒仙、厚道的法官、一位在政治上专唱反调的人、一个月夜徘徊者、一个诗人、一个小丑。

（四）知人论世

历史老师结合学生分享展示的内容，回顾与总结宋朝的时代背景，提出宋朝的"重文轻武"政策以及一系列的经济政治因素对苏轼及同朝代的欧阳修、王安石等大家的影响与成就作用，让学生初步学会"在时代中了解人物"。

（五）教师总结

无论是先天的天赋，还是后天的风骨气韵，抑或是时代给予的波澜壮阔，可能我们穷尽一生也无法成为这样的一个人。但往往这本书会告诉我们书本内容梗概之外的东西，你会有所感悟，然后充盈，而不是仅仅知道苏东坡的生平，或是熟练背诵他的诗词。我们更能做的可能还有在千年之后冷静地观看苏东坡的一生，让他的命运、际遇投射到自己的内心。即便渺如沧海一粟的我们，也可以犬儒仔细地投入到自己庸常营役的人生中，活出自己的光彩。即便没有阳光，也依旧灿烂！

一、开篇引出林语堂对苏东坡的情感态度

师："知道一个人，或不知道一个人，与他是否为同代人，没有关系。主要的倒是对他是否有同情的了解。归根结底，我们只能知道自己真正了解的人，我们只能完全了解我们真正喜欢的人。我认为我完全知道苏东坡，因为我了解他。我了解他，是因为我喜欢他。"这是林语堂在《苏东坡传》中说的一段话。今天我们就一起了解一下林语堂喜欢、了解的这个人——苏东坡。

二、分小组展示"苏东坡纪念馆筹建"计划

生1：大家好！我们小组决定把苏东坡纪念馆建在黄州。黄州对苏东坡的一生有重大的影响，书中说"苏东坡幸而死里逃生，至少是个惊心动魄的经验，他开始深思人生的意义"，在苏东坡被贬黄州的那段时间，他同时也在沉思自己的个性。而苏东坡在黄州所做的二赋一词《赤壁赋》《后赤壁赋》和《念奴娇·赤壁怀古》，也成为流传千古的名作，可谓是苏东坡文学创作的顶峰时期。最重要的是，经在黄州生活的思考，苏东坡在心态上发生了根本性的转变，在书中也可以从他的文章分节中发现，写黄州这一章是"老练"的开篇，由此可以看出苏东坡在这个时候变得更加成熟，可以称为脱胎换骨。因此，从某些角度看，是黄州成就了苏东坡。第一个展区，是童年和青年时期的展区。之所以选择这一部分为展区，因为不管是谁，童年和青年的经历都会影响到他一生的性格，苏东坡亦是如此，他父母对他的教导，更是为他以后取得优异的成绩打下了坚实的基础。

接下来的第二个展区，也就是政治道路的展区了。从苏东坡考中进士正式踏入官场开始，他的一生便与政治联系了起来，也遇到了与之观点不同的政敌——王安石。两人虽是政敌，但却彼此欣赏。在这个展区中，可以看到苏东坡跌宕起伏的政治生涯和他乐观的精神。

最后一个展区是有关苏东坡兴趣爱好的展区。苏东坡是个兴趣爱好十分广泛的人。他热爱美食，也喜爱吟诗作赋，同时对书画也颇有造诣。这些爱好让他的生活变得更加精彩，而且也让他在哪都活得洒脱。整个展厅的设计从大门开始，分为三个展区，顺序为：小（童年青年）、大（政治道路）、中（兴趣爱好）。入口后是大厅，在此处可以租翻译器、讲解器等，正中央摆放苏东坡雕塑（苏东坡坐于桌前，桌上摆着画卷、书卷等，苏东坡正提笔作赋）。第一个展区入口处是苏洵的雕像，他正抱着幼时的苏东坡跟他讲诗词。再往里走便是第二个展区，展区里摆着王安石与苏东坡相对而立，辩论的雕像。第三个展区摆着苏子由的雕像，他此时正在桌前给他的哥哥苏东坡回信，旁边则是苏轼的信件。纵观苏东坡的一生，官场之路并不顺畅，遭遇了很多的挫折，但他却始终如一，做着自己认为正确的事，苦中作乐。他乐观的精神是值得现今人们敬佩与称颂的，对此我们组给出的对联是，上联：儒释道三家集一身叹生死两茫茫，下联：诗词文百篇汇千山唱明月几时有，横批：大江东去。

谢谢大家！

生2：大家好！关于纪念馆的选址，我们选在杭州。苏东坡一生的仕途，完全可以用颠沛流离来形容。在黄州赌气务农，自号东坡居士；在惠州调侃孔子，以安慰南下的自己；在儋州大食海鲜，还特意写家书让儿子为他独享鲜美海鲜一事保密等等。如此，他都是在用自己与生俱来的自嘲与乐观精神抵消着这消极的世界带给他的消极打击。唯有杭州，是真正带给他快乐，让他感到温暖的地方。两次在杭州为官，第一次任杭州太守时作为文人的他，毫不例外地被杭州的山水、书墨气息与那夜夜笙歌的环境所吸引。但他从不是贪图享乐之人。两次杭州之行，他赈灾、他修井、他浚湖、他引水、他开河。他浚湖遭受非议，就连赈灾也只得到了麻木淡漠的回应。可他一意孤行，偏就是要独行其道。这固执到"自掘坟墓式"的为官生涯，并不比他的"老朋友"王安石好到哪里去。

1. 关于展馆设计

苏东坡纪念馆以规则的长方体为主，中间以廊桥连接，以便观赏西湖景色。展馆高度渐渐上升（从展区"露"直到主展馆"不系之舟"，廊桥作楼梯），展馆外部采用不规则斜线，展馆中部做雕像展览，顶部为穹顶，半透明，透过光可以看见苏东坡半身像。展馆出口为桥型设计，在西湖水边，可观赏湖景，身临其境地感受苏东坡在西湖感受到的快乐。

第一展区取名"露"，代表的是苏东坡青年的意气风发、锋芒初现。外部为从左到右上升的斜线（斜线部分凹进墙体），可体现苏东坡早期仕途平坦通畅。第二展区命名为"锋"，代表的是东坡壮年时的刚正不阿、不拐弯抹角、恪守正义的性格。故第三展区命名"默"，表达的是东坡在王安石变法时受到无数打击后的老练、沉稳与逐渐的沉默。二、三展区斜线为从左到右下降的斜线，体现了他的仕途不顺、颠沛流离。第四展区命名"释"，意为东坡老年时对离开官场的愉悦以及对人生的释怀，很大程度上体现了东坡一生的生活信条——乐。主展馆为独立长方体，外墙不做更改，写上"苏东坡纪念馆"字样。

2. 关于花园雕塑

花园位于纪念馆中庭，塑有苏东坡、王弗、苏子由、王安石的雕塑。苏东坡之像靠近展区"锋"的一侧，位于雕塑正中央，面对入口。王弗与苏子由之像位于东坡左右，王安石之像正对东坡而立。这三人都是对东坡一生有过大影响的人。王弗作为东坡年少时的妻子，相比较王闰之、王朝云，她不如王闰之温婉，不如王朝云明媚动人。或许东坡将朝云当作是他一生的红颜知己，可在他最年少轻狂、最善良单纯的仕途初期，王弗精明能干，总是在东坡年轻气盛时提醒东坡为人处世，将苏轼这一生注定的固执和狂傲削去了一半。苏子由相较于哥哥苏东坡，一直都是一个沉稳又沉默的人。提起"三苏"，第一想到的便是东坡。其实，子由的才华完全不在哥哥之下。我倒觉得，这兄弟俩之间性格的巨大差异倒不完全是与生俱来的，或许便是年少单纯的时候，子由的轻狂少了些吧。再加上往后哥哥的名气大振，自然是多多少少有些被埋没了，也就成了沉默的人，成了心甘情愿站在哥哥身后的最忠实的支持者。他信任苏轼，这个小三岁的弟弟在心底里总是会隐约依赖着哥哥。在官场，他明哲保身的同时也在尽力支持着苏轼。他沉稳，办事总是能令人安心。很大程度上，他润化了东坡性格中的弊端——直言不讳、话语犀利。不过或许这正是东坡这一生可贵的地方吧。二者都是东坡的至亲，都与东坡相辅相成。若说东坡是火命，那么王弗和苏子由就是为东坡保驾护航，只让这簇火散出温暖而又不烧毁事物的温润的水。王安石固执，闭眼不见民间任何，只凭感觉与自信坚定地向前走，这一路上，踏毁了无数百姓的生活。东坡作为百姓之友，即使是作为史官，也要做好辞官的准备，也要上书反对新法。东坡恪守他的正道。他的星星之火虽然最终还是无法燎原，可是他燃尽了自己，将一生都奉献于此。二者都不求高官厚禄，二者都清廉无比。针锋相对，一生都在做斗争的原因，只是一个追求宏图大业，一个为了国泰民安。他们互相影响着，王安石是东坡一生浪迹大江南北、四处为居的主要原因，是对东坡一生仕途影响最大的人。

3. 关于楹联

我们原本决定化用东坡在经历乌台诗案时写的一首讽刺诗。

原诗：

> 仁义大捷径，诗书一旅亭。
>
> 相夸绶若若，犹诵麦青青。
>
> 腐鼠何劳吓，高鸿本自冥。
>
> 癫狂不用唤，酒尽渐须醒。

这体现的是他的从容、他的不屑、他的清高，抑或是他的孤独。最终，我们提取了其中的精神，以下是我们的楹联。

上联：朝朝暮暮，东坡夜饮醒复醉；

下联：年年岁岁，大江南北去复还。

横批：颠沛流离。

去或不去，留或不留。认命，不认输。

我命由我不由天，就算由天不由人。

我的分享汇报结束，谢谢大家！

生3：各位同学、老师好，今天我来给大家讲解一下我们小组在深度阅读《苏东坡传》后为苏东坡先生做的一个纪念馆。首先，我来介绍一下我们对于这个纪念馆的选址的想法。我们最终决定在常州建立这个纪念馆。原因有很多，在苏东坡的人生中，曾十多次到常州，其间两次上表朝廷乞居常州，并担任过常州团练副使。他曾经上书请求定居常州，却遭到了拒绝，我们选择这个地址也算是满足了苏东坡的一个心愿。苏东坡晚年自海南赦归后终老于常州。从地理位置上来说，常州也是一个十分不错的地方，常州位于长江中下游南岸，江苏省南部，人口密集。在这个充满着苏东坡气息的地方，游客也会更加体会到这位快乐的天才的生平。我们首先看到的是展馆大致的外形，在墙面上，我们看到的是一首苏东坡著名的诗。特别的是，它离墙面有一定的距离，太阳照射的角度不同，倒映在墙上的影子也不同，我们想表现出来的是一种时间的流逝。走进大门，向左走，可以看到一个小门，进入小门就进入了我们的展厅，在展厅上有一副对联，可以说概括了苏东坡的一生。我们想体现出来的是一种时光隧道的感觉，所以在游客参观完所有的展厅后，会从大门的另一侧出来。进入这个大门，就像是一种穿越，穿越到北宋，去切实体会苏东坡这一生所见所遇。

在左边小门的上面有一副对联：

上联：颠沛流离，游览华夏，晚年客死他乡。

下联：天性乐观，纵横九州，一生此起彼伏。

横批：万古不朽。

我们一共设有四个展厅，第一个叫"余忆童稚"，第二个叫"壮志未酬"，第三个叫"人生几何"，第四个叫"人生如梦"。每一个展厅代表苏东坡一段时间的事件，而且展厅的大小是根据每一个时期在苏东坡这一生中所占的比重来划分。他的一生就像是一条令人叹为观止的长路，每一段的风景都是那么的不一样，单单从里面提取一小段你便会体会到一代大家的风采。

第一个展厅主要讲述的是苏东坡从童年时期到当官之前的一些事情，也可以说是苏东坡最快乐的时光。儿童时期的快乐生活是苏东坡最为怀念的，他怀念曾经与弟弟一起玩耍的时光，怀念在学堂中的琅琅读书声，也怀念与父母在一起的时光。我们为它写的序言是：在一千年多年前的中国四川眉州，一位划时代的文学天才诞生了，他的名字叫苏轼。他不仅是位天才，更是一位全才，在书、文、词、画、佛道、儒道等方面都有极高造诣，他在他那个时代就已名声大噪，死后也依旧为世人津津乐道。他天性浪漫，不拘一格，活得洒脱，他的一生足以拍成一部剧情跌宕起伏的电影。

第二个展厅主要讲述的是苏东坡上任后的坎坷。由于王安石变法，苏东坡遭到罢黜，甚至遭到逮捕，但是他的精神永远乐观向上，就如同本书的题目"The Gay Genius（一个快乐的天才）"一样。如果有人问我这个世界上最快乐的人是什么人，我一定会说，是像苏东坡一样的人。他学会在看似暗淡无光的日子里寻找那独属于他的快乐。在第二个展厅，我们便引用了苏东坡写的一首诗：

人生到处知何似，应似飞鸿踏雪泥。

泥上偶然留趾爪，鸿飞哪复计东西。

第三个展厅主要讲述的就是苏东坡在面对一系列困难时的一种心态。他是乐观的，他已经看破了许多。他的余生，不过是图个清静，图个安心，这也是我们选择常州的理由，他曾想在常州度过余生，但是却遭到了拒绝，我们这样选址，也算是圆了他一个梦。

在本展厅，为了体现出苏东坡在做官时期，即使在被迫接受十分不公平

261

的对待时也能够保持乐观的心态，我们选择了一篇文言文中的名句：

何夜无月？何处无竹柏？但少闲人如吾两人者耳。

——《记承天寺夜游》苏轼

第四个展厅讲的就是苏东坡的流放岁月。不论是岭南还是海南，对于其他人来说应该都是一生的节点，但是对于苏东坡来说，他却可以在岭南建仙居，在海南做百姓之友，他在春风酣美的午休中听房后寺院的钟声。一代快乐天才的逝落，是这个世界的损失，他也终于去追随着那一抹快乐的朝阳，去奔跑。这个展馆选用的便是本书中林语堂对苏东坡的评价：

我们一直追随观察一个具有伟大思想，伟大心灵的伟人生活，这种思想不过在这个人间世上偶然成形，昙花一现而已。

——《苏东坡传》林语堂

接下来就来介绍一下我们为此纪念馆制作的群雕。我们选择了在苏东坡的一生中十分重要的四位人物：王朝云、苏子由、欧阳修和王安石。苏辙，字子由，晚号颍滨遗老，眉州眉山人，北宋文学家、宰相，"唐宋八大家"之一，苏轼之弟。这两兄弟从小感情就很好，重要的是后来，二人在政治上也是进退一致，互相扶持。苏子由其人性格成熟稳重，也有些沉默寡言，与其兄截然相反，这也形成了二人"互补"的性格。有这样一个弟弟也对苏东坡有着很大影响，苏辙对于苏轼来说应该是最为重要的人了。对于苏子由的形象设计，我们认为，他是位文学家，基于这样一个身份可以加上相关元素，手里拿着一卷书，有点文人雅士的形象。另外苏辙作为宰相应该也是要戴着官帽的。

欧阳修，字永叔，号醉翁，晚号六一居士，北宋政治家、文学家，且在政治上负有盛名。欧阳修对于苏轼来说，既似老师，也更是好友。而二人初次会面——苏轼在京城会考时，欧阳修也被苏轼的文章惊艳到，想助他"出人头地"。诗文革新运动中，欧阳修是整个运动的领袖，当时苏轼也有参与。其实这中间二人也有合作，共同引领北宋文学的辉煌时期。苏东坡也是诗人，二人在此方面可谓是"诗文好友"，苏轼在小时候就崇敬欧阳修，这对他之后的诗才发展或有一定影响，后来苏轼担任官职，这位老师也对他给予了帮助。而欧阳修作为当朝最有影响力的人之一，也需佩戴官帽。

王朝云，字子霞，浙江钱塘人。宋代大文豪苏东坡的红颜知己和侍妾。文中有道，苏东坡的妻子买了一个非常聪明的丫鬟，才十二岁，名叫朝云。她在苏东坡以后的生活里非常重要——"她在精神和艺术感受上，更能进入苏轼的精神世界。"王朝云可能并没有身为妻妾的持家本领，而是凭着对艺术生活的了解与体验，对细腻感情的把玩品味，与富有浪漫气质的苏轼相贴近的，当得上是"红颜知己"了。苏东坡谪居惠州时，有王朝云在，他愁闷的心情或也得以抒解。就主观而言，一个小小的侍妾或是对苏东坡影响最大的女性人物。我们在查找相关资料时了解到，王朝云整个人的气质其实是淡雅的，楚楚可人的。似乎是这样一个素净女子，才得以成为苏东坡的知己，总能抚平他的心。王朝云外表也应有几分清新佳人的形象。

王安石和他的变法，让苏东坡强烈反对，也就造成了苏东坡这一生都在途中。王安石固执己见，不听取别人的意见，他既不贪也不无才，他所求的只不过是个强大的帝国。王安石的形象，依旧是一位戴着官帽的人。只是他的神色不如欧阳修那般慈祥，甚至是有些许凶样，这也很好地体现了他的一丝不苟的性格。

关于雕塑位置的设计，苏东坡为主位，立于中间；王朝云位于苏轼身旁，妾应随夫，且朝云也是苏轼的红颜知己；苏子由同样位于苏轼身旁，作为苏轼的家人和知音，体现二人之间的亲近关系、重要联系。欧阳修——右派，苏东坡的老师、好友，会听取别人的意见，善解人意。王安石——左派，固执己见，行事偏激，并不认为自己所行是错的，是苏东坡的政敌。

苏东坡死后受到了无数人的追捧，他的许多作品也流传至今，成为千古佳句。他也许是以一位大文豪的身份被世人所记住，但我们依旧希望，假如有人能够看到这个纪念馆，将了解另一个苏东坡，那个拥有美好灵魂、乐观向上的苏东坡！最后将苏东坡写的我最喜爱的一句词献给大家："竹杖芒鞋轻胜马，谁怕？一蓑烟雨任平生。"

我的分享完毕，谢谢大家。

三、总结《苏东坡传》中的人物形象

师：听了三个小组独家设计的"苏东坡纪念馆"计划汇报，我真为大家的精彩表现感到骄傲和惊喜！正如书中所说，他是"一个无可救药的乐天派、一个伟大的人道主义者、一个百姓的朋友、一个大文豪、大书法家、创新的画家、造酒试验家、一个工程师、一个憎恨清教徒主义的人、一位瑜伽修行者、佛教徒、巨儒政治家、一个皇帝的秘书、酒仙、厚道的法官、一位在政治上专唱反调的人、一个月夜徘徊者、一个诗人、一个小丑"。通过阅读《苏东坡传》，设计纪念馆，我希望大家能够全面认识苏轼的生平事迹和他的主要作品，体会到东坡的人格魅力及其在中国文化史上的影响和意义。当然，阅读文学作品，尤其是传记类文学作品，我们还需要做到"知人论世"，接下来我们有请历史老师庞老师跟大家一起谈谈苏东坡生活的那个时代。

四、知人论世

师（历史老师）：同学们，我们历史讲求回到当时去思考问题。我们想一想苏东坡生活的宋朝是什么样的时代？

生4：这个时代重文轻武，苏东坡虽然多次被贬，但是基本性命无忧，衣食不愁，所以才给了他一个较为宽松的发挥环境。

生5：宋代社会较为稳定，与少数民族有矛盾，但是通过和约的方式解除战争，获得短暂的和平。

师（历史老师）：说的很对。大家提到了一个重要人物——王安石。他为什么会和苏轼有那么多的恩怨呢？

生6：王安石与苏东坡的矛盾是看问题的角度不同而已。苏东坡被陷害时，王安石也有鼎力相救。他们相处最融洽的时候是王安石被贬，罢相闲居时，他们那个时候惺惺相惜，彼此敬重。

师（历史老师）：所以我们看到林语堂在他的著作中对王安石极尽排挤是带有偏见的。综上所述，我们在读著作时更应该结合历史背景。

五、教师总结

师：同学们，无论是先天的天赋，还是后天的风骨气韵，抑或是时代给予的波澜壮阔，可能我们穷尽一生也无法成为这样的一个人。但往往这本书会告诉我们书本内容梗概之外的东西，你会有所感悟，然后充盈，而不是仅仅知道苏东坡的生平，或是熟练背诵他的诗词。我们更能做的可能还有在千年之后冷静地观看苏东坡的一生，让他的命运、际遇投射到自己的内心。即便渺如沧海一粟的我们，也可以犬儒仔细地投入到自己庸常营役的人生中，活出自己的光彩。即便没有阳光，也依旧灿烂！

整本书阅读下的学科整合新形式

近几年，随着《普通初中语文课程标准（实验）》的不断修订，"整本书阅读"成为语文教学改革的热点之一。整本书阅读已经从最开始的"多读书，读好书"转到了规定性的课程建设上来，比如语文教材上的名著阅读必读书目引入中考考查范围。

然而，当下学生的阅读现状是碎片化、拼接形的，碎片化的学习很难形成一个知识的框架。课堂上使用的语文教材以单篇文章为主，阅读时间短、阅读目的单一，难以建构文章间的意义关联。日常生活中的阅读常常依托数码产品，微信、微博等阅读形式直接导致阅读的碎片化。校园学习和社会生活中的阅读都带有明显的拼接印记，而学生的人文素养的形成需要积淀。

本学期，在学校文科组推进"整本书阅读"活动之下，我给学生布置的寒假作业就是通读林语堂的《苏东坡传》，并做好读书笔记。大多数学生在假期按照要求读了作品，读书笔记中有摘录，有感悟，有反思。但如果仅停留于此，孩子们对这本书中的人物形象、文学意义等的认知就比较浅。于是我在此基础之上开始进行内容整合，开展有趣且有效的语文活动，以此调动学生阅读整本书的兴趣。我将《苏东坡传》的整合活动设计为筹建苏东坡纪念馆。具体任务为选址、设计展厅、撰写前言、设计雕塑和撰写纪念馆主题楹联。学生们按照学习小组分配任务，各司其职，各尽其能。活动中，学生们有的翻书思考，有的借助网络资源，有的负责绘画撰写，有的小组特别严谨，还翻出了地理地图册对照文本内容。

在这个活动中，学生们的潜能和创造力被极大地调动起来。准备"苏东坡纪念馆汇报"的这两周来，学生们的专注和努力我看在眼里，对他们的满足和认可我藏在心底。

个人认为，这次的整合课堂相较于其他打破学科壁垒的整合形式有所创新，整合内容已经涉及艺术、文学、历史和建筑美学，也体现了整本书阅读

《苏东坡传》课堂整合教学过程

的教学价值，初步展现了"生本课堂"的魅力。这次尝试也让我在"如何引导学生阅读一本书"上有了新的收获和突破。当然，在准备阶段，对于初二的学生，教师还需要在"楹联撰写"上给予学生更有效的指导，在建筑美学方面为学生提供更多的资源帮助。

一课一灵魂，寻找灵魂是教师赋予课堂生命的秘密。历史部分在本课中的作用是还原背景，为全面了解苏东坡做基础。历史课魂的寻找不能忽略历史中的人，也不能忽略历史的细处，抓住历史事件的细节才能抓住中心主旨。所以，要关注苏东坡的人生经历和生活背景。

历史在本课最后一个环节中。体悟历史并不成功，原因是没有引起学生的情感体验，所以在抓住课魂的同时，也要寻找赋予情感的材料，让学生产生更多的情感共鸣。

《老王》课堂整合教学过程

深圳明德实验学校　鲍旭亮　李林青

老 王

杨 绛

　　我常坐老王的三轮。他蹬，我坐，一路上我们说着闲话。

　　据老王自己讲：北京解放后，蹬三轮的都组织起来，那时候他"脑袋慢""没绕过来""晚了一步"，就"进不去了"，他感叹自己"人老了，没用了"。老王常有失群落伍的惶恐，因为他是单干户。他靠着活命的只是一辆破旧的三轮车。有个哥哥，死了，有两个侄儿，"没出息"，此外就没什么亲人。

　　老王只有一只眼，另一只是"田螺眼"，瞎的。乘客不愿坐他的车，怕他看不清，撞了什么。有人说，这老光棍大约年轻时不老实，害了什么恶病，瞎掉了一只眼。他那只好眼也有病，天黑了就看不见。有一次，他撞在电杆上，撞得半面肿胀，又青又紫。那时候我们在干校，我女儿说他是夜盲症，给他吃了大瓶的鱼肝油，晚上就看得见了。他也许是从小营养不良而瞎了一眼，也许是得了恶病，反正同是不幸，而后者该是更深的不幸。

　　有一天傍晚，我们夫妇散步，经过一个荒僻的小胡同，看见一个破破落落的大院，里面有几间塌败的小屋；老王正蹬着他那辆三轮进大院去。后来我在坐着老王的车和他闲聊的时候，问起那里是不是他的家。他说，住那儿多年了。

有一年夏天，老王给我们楼下人家送冰，愿意给我们家带送，车费减半。我们当然不要他减半收费。每天清晨，老王抱着冰上三楼，代我们放入冰箱。他送的冰比他前任送的大一倍，冰价相等。胡同口蹬三轮的我们大多熟识，老王是其中最老实的。他从没看透我们是好欺负的主顾，他大概压根儿没想到这点。

"文化大革命"开始，默存不知怎么的一条腿走不得路了。我代他请了假，烦老王送他上医院。我自己不敢乘三轮，挤公共汽车到医院门口等待。老王帮我把默存扶下车，却坚决不肯拿钱。他说："我送钱先生看病，不要钱。"我一定要给他钱，他哑着嗓子悄悄问我："你还有钱吗？"我笑着说有钱，他拿了钱却还不大放心。

我们从干校回来，载客三轮都取缔了。老王只好把他那辆三轮改成运货的平板三轮。他并没有力气运送什么货物。幸亏有一位老先生愿把自己降格为"货"，让老王运送。老王欣然在三轮平板的周围装上半寸高的边缘，好像有了这半寸边缘，乘客就围住了不会掉落。我问老王凭这位主顾，是否能维持生活，他说可以凑合。可是过些时老王病了，不知什么病，花钱吃了不知什么药，总不见好。开始几个月他还能扶病到我家来，以后只好托他同院的老李来代他传话了。

有一天，我在家听到打门，开门看见老王直僵僵地镶嵌在门框里。往常他坐在蹬三轮的座上，或抱着冰俯着身子进我家来，不显得那么高。也许他平时不那么瘦，也不那么直僵僵的。他面如死灰，两只眼上都结着一层翳，分不清哪一只瞎，哪一只不瞎。说得可笑些，他简直像棺材里倒出来的，就像我想像里的僵尸，骷髅上绷着一层枯黄的干皮，打上一棍就会散成一堆白骨。我吃惊地说："啊呀，老王，你好些了吗？"

他"嗯"了一声，直着脚往里走，对我伸出两手。他一手提着个瓶子，一手提着一包东西。

我忙去接。瓶子里是香油，包裹里是鸡蛋。我记不清是十个还是二十个，因为在我记忆里多得数不完。我也记不起他是怎么说的，反正意思很明白，那是他送我们的。

我强笑说："老王，这么新鲜的大鸡蛋，都给我们吃？"

他只说："我不吃。"

我谢了他的好香油，谢了他的大鸡蛋，然后转身进屋去。他赶忙止住我说："我不是要钱。"

　　我也赶忙解释："我知道，我知道不过你既然来了，就免得托人捎了。"

　　他也许觉得我这话有理，站着等我。

　　我把他包鸡蛋的一方灰不灰、蓝不蓝的方格子破布叠好还他。他一手拿着布，一手攥着钱，滞笨地转过身子。我忙去给他开了门，站在楼梯口，看他直着脚一级一级下楼去，直担心他半楼梯摔倒。等到听不见脚步声，我回屋才感到抱歉，没请他坐坐喝口茶水。可是我害怕得糊涂了。那直僵僵的身体好像不能坐，稍一弯曲就会散成一堆骨头。我不能想象他是怎么回家的。

　　过了十多天，我碰见老王同院的老李。我问："老王怎么了？好些没有？"

　　"早埋了。"

　　"呀，他什么时候……"

　　"什么时候死的？就是到您那儿的第二天。"

　　我没再多问。

　　我回家看着还没动用的那瓶香油和没吃完的鸡蛋，一再追忆老王和我对答的话，捉摸他是否知道我领受他的谢意。我想他是知道的。但不知为什么，每想起老王，总觉得心上不安。因为吃了他的香油和鸡蛋？因为他来表示感谢，我却拿钱去侮辱他？都不是。几年过去了，我渐渐明白：那是一个幸运的人对一个不幸者的愧怍。

《骆驼祥子》与《老王》文本对比阅读

【教学目标及重难点】

（1）以教材文本（《老王》）为引，通过比较阅读，引导学生深入理解"骆驼祥子"和"老王"两个典型人物形象的文学意义和社会意义。（重点）

（2）通过小组合作探究的方式引导学生尝试从不同的视角对文学作品进行深入解读，通过学生小组展示的方式促进学生探究文学文本的多元表达。（重点）

（3）践行HSA整合课程的理念，在课堂引入美术老师对细节刻画的专业体悟，对学生的研读进行指导。（难点）

【教学方法】

讨论法、小组合作探究法、课堂展示法。

【教学时间】

两课时。

【教学过程】

（一）导入

这学期大家共读《骆驼祥子》，但我发现不少同学在读书这条道路上走得并不顺利。同学们在读书的时候还缺乏兴趣，缺乏方法。同学们都知道苏东坡，他曾经发明了一种激励自己读书的方法，叫作"八面受敌"读书法，其实也就是我们现在主题式的读书方法。很多人把读书看作是一种消遣，其实读书不是消遣，而是探险。当你带着一种漫无目的的心态读书，没有问题，没有激发探寻愿望的时候，是非常疲乏的。我们学习到第三单元《老王》的时候，有同学说，老王和骆驼祥子很像，我们就以教材中《老王》这一篇目来引导我们对《骆驼祥子》进行多主题式的研读。我们采取同学们自主选题、自主定题、自由组合、自主探究的方式。

（二）比较阅读主题的确定与选择

经过教师引导和学生讨论，在比较阅读上分为以下几个主题，学生经过自由组合、自主选题，展开探究性研读。

1. 主题：祥子和老王的苦与善

成员：林栩羽、张雅涵、沐子淇、郝韵淇。

2. 主题：品味祥子和老王的人情冷暖

成员：王雨妍、叶梦、林咏庭、李涛。

3. 主题：黑夜里的微光

成员：吴昌龙、杜家瑞、郑云祥、刘子豪。

4. 主题：简析祥子与老王的社会关系网

成员：黄瑜伟、彭灏、凌俊希、张原恺。

5. 主题：那是一个幸运的人对不幸者的愧怍

成员：杨采缨、赖姿颖。

6. 主题：关于骆驼祥子和老王的外貌描写

成员：黄若竹、方觉依。

7. 主题：绘画艺术与文学艺术中的外貌描绘

李林青老师。

8. 主题：蝼蚁人生

成员：刘培鸿、陈楚伦、黄洪森、徐智然。

（三）课堂展示

各组按照既定顺序进行研读报告。

要求：

（1）每个组员都参与。

（2）报告要有PPT展示。

（3）报告人声音洪亮，表达清晰。

（4）每个小组时间控制在7分钟以内。

（四）教师点评

教师对每组的报告进行针对性和总结性的点评，包括主题意义、研读深度和表达效果。

《骆驼祥子》与《老王》文本对比阅读

一、导入

老师：这学期以来大家在共读《骆驼祥子》，但我发现不少同学在读书这条道路上走得不太顺利。要么拿起书来马上就放下，要么读着读着就犯困。家长也表示：孩子就是不喜欢读书，从小没有养成读书的习惯，所以孩子读不进去，硬逼也不行。可见，我们在读书的时候还缺乏兴趣，缺乏方法。同学们都知道苏东坡，他曾经发明了一种激励自己读书的方法，叫作"八面受敌"读书法，其实就相当于我们现在的主题式读书方法。

《骆驼祥子》这本书并不算厚，但很多同学为什么从寒假到现在还没读完呢？那是因为没有兴趣，没有探寻的愿望。很多人把读书看作是一种消遣，老师告诉你们，读书不是消遣，而是探险（板书）。当你带着一种漫无目的的心态读书，没有问题，没有激发探寻愿望的时候，是非常疲乏的。

我们学到第三单元《老王》的时候，有同学说，老王和祥子很像，能不能以教材中《老王》这一篇目来引导我们对《骆驼祥子》进行多主题式的研读呢？我们班同学通过自主选题、自主定题、自由组合、自主探究的方式，结成了几个小组，今天我们就一起来看看同学们在读书研究的道路上有多少长进。

二、课堂展示

第一组主题：骆驼祥子和老王的苦与善

小组成员：林栩羽、沐子琪、郝韵淇、张雅涵。

各位老师、同学们好，今天我们为大家带来《骆驼祥子》与《老王》的对比阅读。在阅读的过程中，我们发现老王与祥子有许多异同点，现在我们小组就带领大家一起了解老王和祥子的苦与善。

1. 两人的"苦"

老王的苦：

（1）只能蹬一辆破旧的三轮车，谋生手段艰苦。

（2）眼睛残疾，因此生意受影响。

（3）住偏僻的小胡同和塌败的小屋里，居住条件恶劣。

（4）没有全名，地位低微，没有亲人，只有两个没有出息的侄子，备受轻视。

祥子的苦：

（1）（一落）连人带车被宪兵抓去当壮丁，理想第一次破灭。

（2）（二落）干包月时，祥子辛苦攒的钱被孙侦探搜去，第二次希望破灭。

（3）（三落）为了置办虎妞的丧事，祥子又卖掉了虎妞为他买的车。希望最后还是破灭了。

祥子的苦与老王的苦有哪些异同，可以从四个方面来看：

（1）精神方面：一开始祥子是积极向上的，经历买车三起三落后，变得懦弱、懒惰而贪财……

（2）生活背景方面：老王和祥子在谋生手段上都十分艰难，老王比祥子苦，因为老王在身体上有缺陷，而祥子没有，并且老王在生活上比祥子更艰难，更孤苦伶仃。

（3）物质方面：祥子比老王好些。从文章中我们了解到祥子果腹不是件难事，但是从老王的一句话："凑合着过生活吧。"我们可以看出，老王生活的温饱都成问题。

（4）心理方面：老王十分善良，在临死前还到作者家道谢报恩。而祥子从一个积极向上的、永不放弃梦想的人堕落为一具没有灵魂的躯体。

2. 两人的"善"

老王的善：

（1）送冰块，车费减半，体现他的老实厚道。

（2）送钱先生看病，不要钱，重感情，讲仁义。

（3）临死前送来香油和鸡蛋，知恩图报（体现在作者女儿把一大瓶鱼肝油给了老王……）。

祥子的善：

（1）祥子热爱劳动，不怕吃苦，他觉得拉车挣口饭吃，是天下最有骨气的事。

（2）他拉车出了事，自己被摔得很重，但他首先想到的是车上的曹先生。车碰坏了，曹先生被摔伤了，他深感内疚，并提出以自己的工钱赔偿损失。冒着极大的风险，为曹先生传讯、看门。

（3）看到并不认识的小马儿祖孙的悲苦境遇时，一声不响地买了十个包子，送到他们老小面前。

（4）对备受生活折磨的不幸的小福子，他也尽量给予同情和帮助。

3. 研读总结

（1）老王：生活艰辛，精神凄苦，是不幸者。精神上没有受到任何污染，自始至终憨厚善良，这又是幸运的。

（2）祥子：祥子买车这一愿望在经过多次挫折后，终于完全破灭。他喜爱的小福子自杀，熄灭了他心中最后一朵希望的火花，他丧失了对于生活的任何乞求和信心，从上进好强到沦为自甘堕落。祥子的命运三部曲是"昂扬进取—不甘失败—自甘堕落"。

4. 教师点评

感谢同学的分享，给我们开了好头。第一小组对老王和祥子的"苦"进行分析对比，让我觉得很残酷。一定要比出是老王苦还是祥子苦，我觉得这个比较艰难。列夫·托尔斯泰曾经说过一句话：幸福的家庭非常相似，不幸的家庭各有不同。就是说不幸我们很难对比，但是在我们阅读了《骆驼祥子》和《老王》以后，他们的苦我们可以感受到。除了苦之外还有没有别的感受呢？有请下一小组从人情冷暖的角度为大家分享，掌声欢迎。

第二组主题：黑夜里的微光——老王与祥子生命里的一丝暖意

小组成员：吴昌龙、郑云祥、杜家瑞、刘子豪。

通过阅读，我们发现老王和祥子被欺侮、被鄙夷、被呼来唤去，毫无一个人应有的权利。但是，生活中只有黑暗吗？不，虽然身披柴薪、脚踏荆棘，却有如杨绛先生一般柔如水的暖意，如曹先生一般朴实而坚定的信赖。从这些暖意中，我们看到了人性光辉的一面。

1. 老王生命中的微光

（1）"我们"一家关心、同情老王

我常坐老王的三轮。他蹬，我坐，一路上我们说着闲话。有个哥哥，死了，有两个侄儿，"没出息"，此外就没什么亲人。我们询问关心过老王的住处。（文摘）

品味微光：

① 从"常""他蹬，我坐"，可以看出"我"与"老王"感情很好，动作之间更透露着默契，表现出了我们和老王的亲近。

② 从"此外没有什么亲人"体现出老王的无依无靠，表现了老王可怜的处境，更进一步体现了"我们"对他的关怀（为下文做铺垫）；从"我们仔细询问老王的住处"体现出"我们"一家对老王的关心。

（2）"我们"一家愿意帮助老王

老王只有一只眼，另一只是"田螺眼"，瞎的。乘客不愿坐他的车，怕他看不清，撞了什么。……那时候我们在干校，我女儿说他是夜盲症，给他吃了大瓶的鱼肝油，晚上就看得见了。……有一年夏天，老王给我们楼下人家送冰，愿意给我们家带送，车费减半。我们当然不要他减半收费。（文摘）

品味微光：

① 从"乘客不愿坐他的车"，但"我们"却一直愿意坐他的车，写出了"我们"十分关心老王，从不排斥或鄙夷他。

② "给他吃了大瓶的鱼肝油"（杨绛女儿）写出了"我们"一家人善待、帮助老王，帮他治眼睛，摆脱疾病。

③ 作者通过"愿意"和"车费减半"写出了他对"我们"的感激。"我们当然不要他减半收费"，字里行间体现出"我们"对老王生计的关心与体谅。

（3）"我们"一家持续关心老王

我问老王凭这位主顾，是否能维持生活，他说可以凑合。可是过些时老王病了，不知什么病，花钱吃了不知什么药，总不见好。开始几个月他还能扶病到我家来，以后只好托他同院的老李来代他传话了。……过了十多天我碰见老王同院的老李。我问："老王怎么了？好些没有？"（文摘）

品味微光：

① 对"我问老王关乎他生计的内容"的分析：杨绛先生一家对老王的生计十分关心，写出了杨绛一家对老王的同情与肯定。

② 对"还能扶病到我家来""代他传话"的分析：杨绛先生一家对老王十分热心，在别人对老王不闻不问甚至避而远之的时候，杨绛先生依然十分关心老王，体现了杨绛先生一家对老王的关心、接纳与体谅。

③ 通过"我就问道"，可以看出杨绛先生对待老王十分关心，后面"怎么了"急切的语气更能凸显杨绛先生时刻挂念老王，所以才碰到老王同院的老李，就问起了老王的情况。

（4）"我"的愧疚与不舍

我回家看着还没动用的那瓶香油和没吃完的鸡蛋，一再追忆老王和我对答的话，捉摸他是否知道我领受他的谢意。我想他是知道的。但不知为什么，每想起老王，总觉得心上不安。因为吃了他的香油和鸡蛋？因为他来表示感谢，我却拿钱去侮辱他？都不是。几年过去了，我渐渐明白：那是一个幸运的人对一个不幸者的愧怍。（文摘）

品味微光：

文章结尾写到"一再追忆""捉摸""每想起老王总觉得心上不安"以及"愧怍"，分析：在所有人都排斥、鄙夷、远离老王的时候，杨绛先生一家不仅十分关心老王、体谅老王、同情老王，更有对老王的不舍与愧怍，这是杨绛先生一家人对待老王善良的举动。

2. 祥子生命中的微光

祥子历尽苦难，备受折磨，但他的生命中也不乏几丝光亮，曾经给予他温暖。就像老王遇见"我们"一家一样，祥子遇到了一个令他感到一丝温暖的人——曹先生。

（1）祥子称"曹先生"为"孔圣人"。曹先生是个普通阶层老百姓，自命社会主义者，他为人谦和，是祥子的雇主，在其他人都欺负祥子、漠视祥子时，他关心祥子，愿意帮助祥子，鼓励祥子追求新生活。

（2）在祥子无家可归，到处被人鄙视，被呼来唤去（在杨家拉包月）时，曹先生向祥子伸出了援手。曹先生答应祥子还拉包月，而且愿意把小福子也一并接来。祥子觉得生命又有了希望，他又从死里活了过来。

（3）曹先生从不责怪祥子，即使祥子摔了他的车，使他受了伤，曹先生还是没有扣祥子的工钱，也没让祥子离开曹宅。

3. 研读总结

在《老王》这一篇回忆性文章中，作者记叙了自己从前同老王交往的几个片段。当时正是"文化大革命"时期，无数脚踏三轮车的人组织起来，在那个特殊年代里，单干户老王受到常人难以忍受的不公平对待，失去了自由、失去了尊严，备受打击。"同是天涯沦落人"，如同老舍先生笔下的祥子。老王、祥子，正是这种被压迫的人物，却同样有像"孔圣人"一般的杨绛先生与曹先生对他们伸出善意的援手。善良别有一番意味，这种意味绝不仅仅是对善良的肯定，更是在苦难年代里人性的光辉。

这种人性的光辉非常宝贵，是人类不断从灾难中重新走出黑暗的源动力。这里有几句话跟同学们共勉：如果哪一天，我们也走进了黑暗，让我们互相温暖，用微光照亮微光，光明一定就在前方。

4. 教师点评

本组同学抓住了两篇文学作品中的"善"，这两个卑微的小人物在社会上所感受的一点温暖。刚才分享中讲到老王所处的时代时提到一个词，具体的时期是什么呀？"文化大革命"时期。那个时期是怎样的情景呢？离同学们有些遥远，老师刚好出生在那个年代，对我来说并不陌生，因为我的父亲全程经历了那个年代，而且他也因为"文化大革命"改变了命运。所以对我来说并不陌生，对在座的同学来说"文化大革命"已经比较遥远了。但是它给人带来的伤痛，给民族带来的创伤，永远不能忘记。

第三组主题：祥子与老王的社会关系网分析

小组成员：黄瑜伟、凌俊希、彭灏、张原恺。

1. 导入

祥子是20世纪20年代末一个普通的人力车夫，经历了三起三落的人生，故事的结局与其接触的人有很大的关系。祥子接触的大多都是社会中下层的人。他的性格很憨厚，也十分积极向上，但目光短浅，遇大事手忙脚乱，也有些懦弱，是一个典型的旧社会中国人。

老王是20世纪70年代北京的一个拉三轮的车夫，同祥子一样，结局悲惨。老王因为身体因素使他并无太多顾客，生活拮据，也因此没有太多知心朋友，使他总有落伍的惶恐。他为人很好、质朴，最后却孤独地病死，少人问津。

2. 祥子、老王的社会关系分析

（1）祥子社会关系

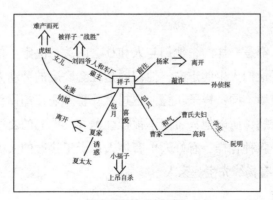

祥子社会关系图

祥子的人生三起三落，他从一开始的质朴、吃苦耐劳，到最后的麻木、潦倒、自暴自弃，与他所接触的人有很大的关系。比如曹先生、小福子、高妈，这都是祥子依赖、信任的人，当然也因为有孙侦探、刘四爷这些负面人物，才有祥子最后的结局。最后小福子的自杀使祥子彻底堕落。他的性格也致使他错过了他人给予的机会，落得最后的下场。

（2）老王社会关系

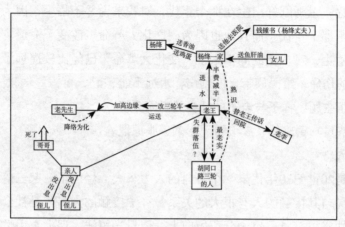

老王社会关系图

老王与祥子一样是处于社会底层的人，但不同的是，祥子的时代一直是尔虞我诈的，而老王的时代更多的是他人的冷漠。他们同是无亲无故，使他们在跌入低谷时，没有亲人的帮助，只有些心地善良、正直的人嘘寒问暖。老王备受同行侮辱，身体残疾，得不到应有的关爱，他就像茫茫大海中的一叶扁舟，一点浪潮便可将他淹没。最后的他形如尸骨，在病魔的折磨下死去。

3. 对比分析

祥子和老王都是一样的，他们与人和社会的关系决定了他们的命运，他们的职业决定了他们人生的走向。他们同是社会底层的劳动人民，同样孤苦伶仃。他们的处境不同：祥子年轻，也想有一番事业，却畏首畏尾；老王年迈，身体又有疾病，所以他只希望不被社会抛弃。他们的交往圈不一样：祥子接触的人广，各种各样，有好人也有坏人；老王接触的人少，大多关系不深，可信任的只有杨绛先生一家人。

4. 研读总结

祥子：交往圈大，接触人多，鱼龙混杂，以至于他分不清谁好谁坏，才会有故事中的三起三落，最后承受不住打击，堕落。

老王：交往圈小，接触人少，无依无靠，所以对唯一关心他的杨绛先生一家很信赖，所以才会死前将鸡蛋和油送给他们。

5. 教师点评

本小组同学通过自己绘制的树状图，以人物关系网的方式为我们介绍了祥子和老王身边的人物。我想问同学们一个问题，在《骆驼祥子》中哪个人是你觉得最可爱的人？我们可以参考树状图，这么多人物，有关心他的，也有侮辱他、欺诈他的；有喜欢他的，也有恨他的，在这里面相信同学们都有选择，你对哪个人印象最好呢？

生：曹家的人。祥子给曹家拉车的时候，将曹先生摔伤了，祥子想赔钱给他们，曹夫人不但拒绝了，还帮祥子擦药。

师：非常好，阅读得非常认真细致，我们就是要这样，不能把看书当成消遣，必须要打起十二分精神，要动脑子。

在这个关系网中，老师觉得最美最可爱的是小福子，有没有跟我看法相同的同学？来说说你为什么喜欢她呢？

生：我觉得小福子是祥子的精神支柱，自从祥子认识了小福子，他的人生就发生了变化。

师：大家都知道，祥子最后的堕落是因为小福子，在我眼中她美在有着非常坚韧的精神追求。她从小生活艰辛，她的父亲将她卖给军官，军官将她抛弃，她又回到穷苦的家庭，她的父亲逼迫她做妓女，她用出卖肉体的方式养活这个家，虽然饱受摧残，难以启齿，但是为了弟弟她无奈接受了这个选择。最后在祥子离开她的时候，她的希望破灭了，选择了自杀，同时也把祥子的希望带走了，这是时代的悲剧。同学们，悲剧是什么呢？鲁迅先生曾说，悲剧是把最美好的东西毁坏了给你看。小福子这样一个柔弱女子，在那个黑暗腐朽的时代，几经折磨都没有放弃，从虎妞去世后她跟祥子的对话可以看出，她跟祥子一样充满了对未来的希冀，但最后还是被社会吞噬，这就是把最美好的事物毁坏了给你看的悲剧。很多人真正理解了悲剧，才明白小福子是最大的悲剧。下面我们有请第五组同学对《老王》文章中的最后一句话"那是一个幸运的人对不幸者的愧怍"进行解读。

第四组主题：那是一个幸运的人对不幸者的愧怍

小组成员：赖姿颖、杨采缨。

279

《老王》课堂整合教学过程

1. 老王的生活背景

故事发生在"文化大革命"时期，以"我"与老王的交往为线索，回忆了老王的几个生活片段，刻画了一个穷苦卑微但心地善良、老实厚道的"老王"形象，表达了作者一家对老王这样一个不幸者的关心、同情和尊重。作者也提出了一个引人深思的问题：社会到底应不应该以平等观念来看待不幸者？

2. 如何理解"那是一个幸运的人对一个不幸者的愧怍"

从文中看出，句中的幸运者指的是作者杨绛先生，而不幸者则是老王。这个社会中总有幸运者和不幸者，幸运者有责任关爱不幸者，关注他们的命运，帮助改善他们的处境。

3. 杨绛先生为什么愧怍

《孟子》中记载，"仰不愧于天，俯不怍于人"。老王是一个善良的人，他虽然有许多外在的不幸，但他是一个精神上没有受到任何污染的极其淳朴的好人。或许杨绛先生觉得，相比之下老王的"善良"更为纯粹，在灵魂的层面上，自己是不如老王的，自己辜负了老王这份纯粹的善意和他把自己看作亲人的深厚情谊，因而觉得愧怍。

文中写道："他（老王）也许觉得我这话有理，站着等我。"我不知道所谓的"等"有多长时间，但我想那时气氛一定很沉郁。老王在此后再也没有说话了，我有些猜不透这位不幸者临终的心思。是因为他被病痛折磨得说不出话吗？是因为他并没有在临终前得到"亲人"的慰藉，反而得了一堆无用的金钱而感到悲伤？还是他当时根本就什么都没想呢？

当老王说"我不是要钱的"，杨绛解释说："我知道，我知道。"其实她并不知道，在那一瞬间她只知道用物质交换精神，而不知道老王需要的只是一点临终关怀。就那么简单，她却本能地拒绝了。

4. 研读总结

通过深入地阅读这篇文章，我们认为，杨绛先生对老王付出的情感顶多是同情，同情他的苦，同情他的残疾，同情他的贫困。老王对杨绛先生是亲人般的爱，而杨绛先生付出的是怜悯。

杨绛先生写这篇文章，一是为了通过描写社会底层的小人物，来赞扬老王这一类底层人物身上的人性光芒；二是通过老王与自己的对比，进行深刻反思。在我看来，杨绛先生写这篇《老王》是有感而发的，因为老王值得她写，她更愿意写。

5. 教师点评

老师刚才问过一个问题：你们觉得杨绛先生一家和老王是朋友关系吗？通过同学们对文章最后一句话的分析，思考杨绛先生有没有真正地把老王当作朋友？他们的关系是对等的吗？是的，老王有而杨绛先生没有。那为什么杨绛先生对他那么关照呢？

生：杨绛先生和老王处境不同，杨绛先生对老王是怜悯和同情。

师：处境不同，情感也不同，谁对谁的依赖更深？我们回想一下，老王对杨绛先生做了"三送"，送冰、送人、送鸡蛋和香油。特别是临死前送鸡蛋和香油时，杨绛先生怎么做的呢？给他钱。同学们想一下，老王临死前去给杨绛先生送东西是要钱吗？他希望得到什么呢？他需要的是关心和关爱。在那个时代中，老王这样一个孤苦伶仃的人，在他心中已经把杨绛先生一家当作救命稻草，杨绛先生是他的港湾。所以在临死之前，他将自己最宝贵的东西送给杨绛先生，他是感恩于怀的，老王需要的不是钱，是关心关爱。但是杨绛先生的所作所为中有没有体现出关心和关爱呀？同学们想象一下，老王拿着钱转身走下楼梯的心情是怎样的，也许他即将枯竭的泪腺慢慢流出眼泪，他非常失望。文章最后一句就是杨绛先生写这篇文章时的自我反省，她没有平等地对待老王。所以当杨绛先生在1984年穿越了"文化大革命"的时期，经历了家庭和人生的苦难之后，她回首过去，进行了自我剖析和反省，我觉得这种反省非常宝贵。"那是一个幸运的人对不幸者的愧怍"，这句话打动了很多人，引人深思。所以阅读的时候我们一定要不断地追问探寻，才能对文章的思想感情有更全面准确地把握。

第五组主题：绘画艺术与文学艺术中的外貌描写

美术老师：李林青

同学们已经对老王的形象有了全面深刻的分析，画面感十足啊！老师相信同学们都有一个自己心目中的老王了，甚至有同学画出来了，作为美术老师，我也摩拳擦掌要用画笔呈现出我心目中的老王，跟同学们一起来探讨外貌描写在人物塑造中的作用。

首先老师想问大家一个问题，文章中哪个部分着重描写了老王的外貌？同学们都非常熟悉了，是老王病入膏肓给杨绛先生送鸡蛋和香油的时候。我们就一起从文章的描写入手。首先让我印象深刻的是："老王有一只眼是'田螺眼'，瞎的"。那"田螺眼"具体是什么形象呢？我要求证一下。通过搜索我知道"田螺眼"不仅可以指高度近视、瞎眼等眼睛缺陷，还可以形

281

容姑娘的眼睛大而圆。这个时候我就想到了，原来田螺看起来鼓鼓圆圆的，可以形容鼓鼓圆圆的眼睛。所以结合文章描述，我要画老王的"田螺眼"应该是眼睛睁得大大的，眼球有些突出，瞳孔是模糊混沌的形象。跟着课文往下走，老王病入膏肓了：他的"两只眼睛都结着一层翳，分不清哪一只瞎，哪一只不瞎"。那眼翳是什么样子的呢？要呈现出准确生动的绘画形象，老师还是要求证准确的形象。眼翳就是眼球表面有一层结膜，像一层赘肉覆盖在眼球上，这里有病例图片，画面过于真实，同学们准备好了吗？一起来看。老师根据文章的描写不断探讨，我心目中的老王形象越来越鲜明了。

跟着文章，老王的形象继续浮现。老王病入膏肓，他直僵僵，面如死灰；像骷髅上绷着一层枯黄的干皮；像想象中的僵尸；简直像棺材里倒出来的。根据这些描写，我脑海中浮现的老王非常消瘦，他的皮肤像一块褶皱的布，还胡子拉碴……接下来请同学们思考：他会有什么样的神态表情呢？同学们想一想在老王生命即将结束的时候，他来看望杨绛先生，这是多么热烈多么诚挚的感情，但是他没说什么话，他只说"嗯""我不吃""我不要钱"。他的感情如此强烈，他的表达却少得可怜，就像他自己说的"脑袋慢"，他可能不知道如何表达自己的情感，或是对杨绛先生的漠然有些伤心……所以我觉得他的神态一定是滞笨的，他的表情一定是嘴唇微启、欲言又止的。同学们跟我有同感吗？

通过以上探讨，我完成了一幅草稿。完成这幅画时我想到了一幅名画——毕加索先生的《直面死亡》，同学们看图是不是有些相似？非常戏剧性的是，《直面死亡》是毕加索先生离开人世前几个小时，用生命最后的时光完成的。此时此刻，毕加索的《直面死亡》和杨绛先生的《老王》，都让我感受到：生命就像一条大河，自然而平静地流淌，让我感受到一种对生命的坦然和真诚。

《老王》和毕加索的《直面死亡》

虽然感受颇丰，但是把自己的草稿和名画放在一起似乎有些不妥，而且我觉得我心目中的老王不该像毕加索有如此强烈的冲击力。老王应该更加平凡，面对生活的困难他应该更加有血有肉，经过修改最终完成我心目中的老王，他是一位在苦难中保有善良和感恩的平凡的老人。老师也带来了这幅作品，分享给大家！

《老王》图

从老舍先生笔下的祥子、杨绛先生描写的老王，到毕加索的《直面死亡》、老师心目中的老王，我们可以发现，不论是绘画作品的直观生动，还是文学作品的娓娓道来，都是从丰富的细节到丰满的情感，为我们呈现有血有肉的人物形象。

第六组主题：蝼蚁人生——祥子和老王只不过是乱世中的一只蝼蚁

小组成员：刘培鸿、徐智然、陈楚伦、黄洪森。

1. 蝼蚁的梦想也会闪光，每一个微小的梦想，都不应该被辜负

祥子是一个破产农民，他身上带着农民勤劳、淳朴的品质。祥子从农村来到京城，渴望用自己的力气改变生活，他独自在京城奋斗、打拼，和生活做抗争，直到自己被生活捉弄得面目全非，最终迷失了自己，堕落成一个自私的陌路鬼：一生波折、命运坎坷。实际上祥子的一生是大多数人命运的写照，每个人从小就有许多美好的憧憬，并且为了实现自己的理想，不断地去付出。但是理想很丰满，现实很骨感，碰到挫折是人生的常态，于是在一次次的碰壁之后，许多人意志消沉，渐渐忘掉了最初的梦想，慢慢地磨平了自己的棱角，选择与现实妥协，最后庸庸碌碌地度过自己的人生。

2. 不随波逐流的人生，有多少艰辛就有多少希望

要清醒地看到，人的能力总是有局限性的，理想与现实也总会有些差距的，这就需要人在成长的过程当中，不断地调整，不断去适应环境，正如同

《易经》中所说，穷则变，变则通，通则久。

人就像骆驼在人生的沙漠中前行，烈日、狂风、暴雨、沙尘随时都会出现，如果投降我们就成了祥子，如果我们继续咬紧牙关前行，我们就是《老人与海》中的圣地亚哥。

虽然命运多舛，但是永不服输，永不言败，哪怕自己遍体鳞伤，失败只是一种心态！不随波逐流的人生，有多少艰辛就有多少希望。心若在，梦就在，只不过是从头再来。

3. 教师点评

现在我们生逢盛世，我们要像祥子和老王身边那些善良的人一样，给予他们力所能及的帮助，为他们点亮一丝生命的烛光，让他们在这个世界上感受到一点温暖，勇敢地活下去。

三、结语

今天同学们的分享都很好，虽然有些观点还稍显稚嫩，也不一定非常准确，但这都是你们原汁原味的解读，这是值得我们珍惜的。从本次小组合作探究文本的尝试中，我看到了同学们的阅读能力和个性化解读能力，这是我们阅读持续开展的基础，我希望每个同学都能从这次主题式阅读中感受到阅读的魅力，不断培养阅读经典的兴趣，开拓自己的阅读宽度，增强自己的阅读能力，促进自己思想的不断成熟，不断提升。

由浅入深，发挥学科整合优势

整本书阅读是语文学习的重要一环。1941年，叶圣陶在《论中学国文课程标准的修订》中提道："把整本书作主体，把单篇短章作辅佐。"

但现实是，在这个流行碎片阅读的时代，学生很难沉下心来进行整本书的阅读，正如叶老当时说的："学生并不读整本的书，除了作为国文教材的一些单篇短章，以及各科的教本之外，很少和书本接触。""试问，养成读书的习惯，不教他们读整本的书，那习惯怎么养得成？"可见，整本书阅读是一直以来的老大难问题。但读整本的书能够养成读书习惯，培养语文能力的学习功能又是不可以替代的。

本学期，根据课程要求，学生要细读《骆驼祥子》，但事实上，限于学生的阅读能力，以及故事背景的深远，学生阅读的兴趣不大，阅读效果不佳。

七年级下册教材中的《老王》，是杨绛先生写的一篇写人记事的散文，这是一篇文字浅显，字里行间流淌着爱的清泉，闪动着人性人道光芒的散文。

经过比较阅读，我发现《骆驼祥子》与《老王》有很多共通之处。如果把这两个阅读材料放在一起，引导学生进行个性化的比较阅读，是否能让篇幅较短、内容较少的《老王》引领学生走进《骆驼祥子》的精神世界呢？一点火花能够点燃一堆篝火，我相信星火燎原的力量。

我决定做个尝试，用《老王》这一篇目来引导学生对《骆驼祥子》进行多主题式的研读。为发扬学生阅读的自主性，我采取自主选题、自主定题、自由组合、自主探究的方式，让学生进行个性化解读，带动他们的阅读积极性，把他们引上自主阅读的大道。

在反复进行阅读文本比较之后，我将这节课的教学重点确定为：

（1）以教材文本《老王》为引，通过比较阅读，引导学生深入理解"祥子"和"老王"这两个典型人物形象的文学意义和社会意义。

（2）通过小组合作探究的方式，引导学生尝试从不同的视角对文学作品

《老王》课堂整合教学过程

进行深入解读。

（3）通过学生小组展示的方式促进学生探究文学文本的多元表达。

（4）践行HSA整合课程的理念，在课堂中引入美术老师对细节刻画的专业体悟，对学生的研读进行指导。

通过学生的努力，在课堂上展示出来的阅读探究精神令人鼓舞，他们的阅读自主性被激发出来，达到了预期效果。特别是我在课堂上引进美术老师对外貌描写进行不同专业的解读，引发了学生的思维碰撞，实在是点睛之笔。

整个课堂教学的实施很顺利，充分体现了教师的主导作用，尊重了学生在阅读中的主体地位和情感体验，较好地体现了新课标的教学理念。我认为成功的原因主要表现在以下几个方面。

1. 把握比较阅读的兴趣点，学生由浅入深乐于探索

整个教学过程能够由浅入深、由表及里地引导学生在阅读中理解，实在是因为选择了《老王》这篇相对浅显的文章进行导引。学生往往怕整本书的阅读量，但是给予学生主题式的探究悬疑，学生的兴趣会迅速被激发出来，阅读更加有主动性，更加有针对性，让他们在读中品味，在读中感悟，发挥了学生学习的主体性。

2. 立足语文课堂主体，进行HSA课程整合

HSA课程整合是打破学科壁垒的尝试，对知识系统的相互联结有很好的作用，对学生的学习热情有很大的提升。在本节课中，我让李林青老师根据自己的美术专业对外貌描写进行多角度的解读，学生从这样的课堂组合中感受到知识是相互联系、相互沟通的。李林青老师绘声绘色的教学风范，给学生留下了深刻的印象，学生对她讲解的内容倍感兴趣，教学效果较好。同时我请一组同学对"文化大革命"进行研究，虽然他们的研究比较粗浅，但这也是在课堂中引入历史学科的知识，知人论世，是每一次阅读体验中相当重要的一环。学生通过自己的视角去理解"文化大革命"，比我们简单灌输要更有效果。特别是学生把他姥姥、姥爷的"文化大革命"遭遇跟大家一说，更令人眼前一亮，他们没有生搬硬抄，而是有更多自己的思考。

3. 面向全体学生，小组合作探究不流于形式

我采用小组合作探究的方式，侧重学生的自我感知、自我体会，调动了学生的学习积极性，使有些不爱参与的学生也必须深入其中，因为每个人都有任务。这样，每个学生都能在课后感受到自己的作用，都有一定的获得感。特别是在课堂展示环节，那些平时不太爱发言的学生也侃侃而谈，得到的锻炼是显而易见的。

4. 以本次阅读为范例，为学生自主阅读赋能

本节课的所有准备过程，由学生自主完成，教师只做幕后辅导，所有的环节都充满着学生的思维流量。作为教师，"授人以鱼，不如授人以渔""教是为了不教"的道理是懂的，但很多时候还是习惯于灌输。通过本次尝试，教师变身为导演，学生成为舞台的主人，他们的自主性完全被激发出来，在自己探索的过程中，也积累了很多关于整本书阅读的方法，探究质疑的阅读精神也会埋下种子。

这节课也存在着很多不足。比如在时间安排上还是有些仓促，导致辅导不能更加有效，不同组别的学生表现差异还比较大。给学生讨论的时间不够充分，有些问题挖掘不深，学生探讨的宽度与深度不够，这些问题都要在以后的教学中进行优化。

《老王》课堂整合教学过程